Michel Foucault

Botschaften der Macht

Das Buch: In einem Interview Anfang der 80er Jahre sprach sich der französische Sozialwissenschaftler Michel Foucault gegen eine protektionistische Haltung aus, um zu verhindern, daß die »schlechten« Informationen die »guten« ersticken. Statt dessen käme es darauf an, die Hin- und Her-Wege zu vermehren und so die Ausdifferenzierung und Gleichzeitigkeit unterschiedlicher Netze zu ermöglichen.
Foucaults Studien galten den gesellschaftlichen, kulturellen und wissenschaftlichen Institutionen und Maßnahmen, die die Verarbeitung und den Austausch von Information einschränken, kanalisieren und kontrollieren. Damit berühren sie ganz massiv Fragen der Medienanalyse und -kritik, für die seine Texte und Begriffe bislang jedoch erst kaum fruchtbar gemacht worden sind. Zu den wenigen rühmlichen Ausnahmen gehört die Medienarchäologie Friedrich Kittlers, dessen Geleitwort zentrale Stichworte für den bevorstehenden Foucault-Turn der Medien- und Kommunikationswissenschaften liefert.
Der Foucault-Reader stellt zentrale, darunter in deutscher Sprache bislang unveröffentlichte Texte eines mutigen Autors zusammen, der sich als »Rezeptaussteller, Richtungsanzeiger, Kartograph und Waffenschmied« verstand. Resultat ist ein strukturierter Einstieg in das Œuvre Foucaults unter dem Blickwinkel der Diskurs- und Medienanalyse.

»Foucaults Intelligenz kannte buchstäblich keine Grenzen.«
Georges Dumézil

Der Autor: Michel Foucault, Jg. 1926, ist bis heute, 14 Jahre nach seinem Tod, einer der einflußreichsten Denker der Gegenwart. Seine Texte sind Pflichtlektüre in den Geistes- und Sozial-, aber auch in den Medien- und Kommunikationswissenschaften.

Der Herausgeber: Jan Engelmann ist freier Lektor; er lebt in Köln.

Michel Foucault
Botschaften der Macht

Der Foucault-Reader

Diskurs und Medien

Herausgegeben von Jan Engelmann

Deutsche Verlags-Anstalt

1 Wissen und Sagen
Autorschaft / Diskurstheorie

2 Speichern und Informieren
Archiv / Repräsentation

3 Steuern und Prüfen
Wahrheitsproduktion / Informationsräume

4 Schalten und Walten
Macht / Technologie

Zum Geleit

von Friedrich Kittler

»Die neue Technologie des Notizblocks bei den Griechen war genauso revolutionär wie die Einführung von Computern ins Privatleben.«
Foucault

Foucault hat die Archäologie bekanntlich ihrem Wortsinn entwendet. Er grub nicht in Orchomenos oder Memphis, sondern in Archiven. Diese Archive aber hatten das Schöne, seit Bonapartes Raubzügen meist in Paris zu liegen. Es waren zunächst Bibliotheken, durch die ein unermüdlicher Leser, der die Einfältigkeit philosophischer Nichtzitiertechniken nicht mehr ertrug, von Buch zu Buch, von Wissenschaft zu Wissenschaft navigierte. Bald reichte ihm aber selbst die Bibliothèque nationale nicht mehr, weil im Schatten der Argumente und heiligen Texte Strategien auftauchten, die sie ungesagt ließen. »Anstatt, wie das so gern getan wird, allein die Bibliothek der wissenschaftlichen Schriften zu durchmustern, mußte ein ganzer Komplex von Archiven gesichtet werden, der Verordnungen, Krankenhaus- oder Gefängnisreglements, juristische Akten usw. umfaßte« (*Titres et traveaux*).

Foucault, einer der elegantesten Schreiber unserer Zeit, hat das Medium Schrift wahrhaft durchmessen: von den handschriftlichen, nie zuvor erhörten Klagen absolutistischer Gefangener bis zu den großen Systemen oder Werkausgaben der Philosophie. Nicht einmal die Schreibmaschinentastatur, wenn sie ihre eigene Anordnung auf ein Blatt Papier schreibt, ließ seine Wissenschaft der Aussage unerwähnt. Foucault, den es schauderte, den Strukturalisten zugerechnet zu werden, hat gleichwohl einen Strukturalismus der Materialitäten begründet. Alle Systeme der Zeichen, Aussagen und Wissenschaften, lange bevor sie auf irgendein *Was* verweisen, sind ihrem eigenen *Daß* ausgesetzt. Das Ereignis in seiner Einmaligkeit vergibt die Serien, Perioden und Wiedererkennbarkeiten.

Der Materialismus des Ereignisses machte es möglich, das Verfahren der Archäologie oder Diskursanalyse von den Büchern, aus denen es herkam, auf andere Medien übertragen. Foucault war im Exportieren und Importieren ein Meister. Die berühmte Schrift über Magrittes selbstreferentielle Pfeife und der immer noch ungedruckte Vortrag über Manet (*Le Noir de la surface*) haben das Medium Tafelbild auf seine eigene, von der Liebe zur Kunst aber immer schon übersprungene Existenz hin analysiert. Umgekehrt waren die tragenden Begriffe des Ereignisses und der Serie Theorieimporte aus einer Musik, deren mathematischen Kalkül der junge Foucault an Boulez und mehr noch Barraqué geliebt hatte. Je kürzer oder okkasioneller seine Texte ausfielen, desto weiter navigierte Foucault vom festen Ufer seiner Bibliotheken ins offene Meer der Medientechniken, bis am transatlantischen Horizont ihrer aller Theorie der mathematische Nachrichtenbegriff Wieners und Shannons auftauchte. Wenn Foucault vor versammelten Ärzten die ärztliche Tätigkeit, ohne Wieners Kybernetik auch nur zu erwähnen, als Ausfilterung von Nachrichten aus einem Rauschspektrum beschrieb, beanspruchte er selber den Ort eines Kyberneten oder Steuermanns, der vom Tod des Menschen gar nicht mehr zu sprechen brauchte, weil der Begriff der Nachricht ihn schon impliziert.

Sicher, die großen Monographien endeten alle mit genau der Epoche, als das gedruckte Buch sein Wissensmonopol einbüßte: *Überwachen und Strafen* machte 1830 Schluß, *Wahnsinn und Gesellschaft* 1889, nur *Die Ordnung der Dinge* brachte es bis zu Freud und Saussure. Andere Leitfäden durch die europäische Geschichte als jenes Alphabet, das ihr zugrunde liegt, scheint Foucault nicht gesichtet zu haben. Weshalb seine Navigationen in die Mediengeschichte Heterotopien im eigenen Werk geblieben sind. Aber schon Peter von Blois wußte um 1200, daß Zwerge auf den Schultern von Riesen weiter als die Riesen sehen können. Möge dieser Reader uns Foucault-Lesern von 1999 dasselbe bescheren.

Michel Foucault und Simone Signoret 1982
Foto: Frédéric Pitchal

1 Wissen und Sagen
Autorschaft / Diskurstheorie

Der maskierte Philosoph

Gespräch mit Christian Delacampagne

Wir haben es hier mit einem nicht unbekannten französischen Schriftsteller zu tun, der mehrere Bücher veröffentlicht hat, die auch weit über die Grenzen Frankreichs hinaus einigen Erfolg hatten. Ein unabhängiger Denker, der mit keiner Mode oder Partei verbunden ist. Gleichwohl hat er es nur akzeptiert, mit uns ein Gespräch über den Status des Intellektuellen und den Ort der Kultur und der Philosophie zu führen, wenn eine Bedingung eingehalten wird: daß seine Anonymität gewahrt bleibt. Warum die Diskretion? Aus Scham, aus Berechnung oder aus Furcht? Die Frage verdient gestellt zu werden, selbst wenn am Ende dieser Unterhaltung sich für die pfiffigsten Leser das Geheimnis wahrscheinlich aufgelöst haben wird. Gestatten Sie mir zunächst, Sie zu fragen, warum Sie sich entschieden haben, anonym zu bleiben?

Sie kennen sicher die Geschichte von jenen Psychologen, die in ein Dorf im hintersten Winkel Afrikas gekommen waren, um einen kleinen Test-Film zu zeigen. Anschließend bitten sie die Zuschauer, die Geschichte so zu erzählen, wie sie sie verstanden haben. Na ja, in dieser Story mit drei Personen hatte diese nur eines interessiert: das Gleiten der Schatten und Lichter durch die Bäume. Bei uns bestimmen die Personen die Wahrnehmung. Die Augen richten sich mit Vorliebe auf Gestalten, die kommen und gehen, auftauchen und verschwinden.
Warum ich Ihnen nahegelegt habe, daß wir die Anonymität benutzen? Aus Sehnsucht nach der Zeit, in der – da ich völlig unbekannt war – das, was ich sagte, einige Chance hatte, Gehör zu finden. Die Berührungsstelle mit dem möglichen Leser war nicht vorgezeichnet. Die Wirkungen des Buchs tauchten an unerwarteten Orten auf, und es zeichneten sich Formen ab, an

die ich nicht gedacht hatte. Mit dem Autorennamen macht man es sich einfach. Ich schlage ein Spiel vor: das des »Jahres ohne Namen«. Ein Jahr lang würde man Bücher ohne Autorennamen veröffentlichen. Die Kritiker hätten mit einer rein anonymen Produktion klarzukommen. Aber vielleicht – wie mir gerade einfällt – hätten sie nichts zu sagen: alle Autoren würden das nächste Jahr abwarten, um ihre Bücher zu publizieren.

Würden Sie sagen, daß die Intellektuellen heute zuviel reden? Daß sie uns mit ihren Diskursen bei jeder passenden und unpassenden Gelegenheit überschütten?

Intellektueller scheint mir ein seltsames Wort zu sein. Intellektuelle – ich habe noch nie welche getroffen. Ich habe Leute getroffen, die Romane schreiben, und andere, die mit Kranken arbeiten. Leute, die ökonomische Analysen machen, und andere, die elektronische Musik komponieren. Ich habe Leute getroffen, die lehren, Leute, die malen, und Leute, bei denen ich nicht so recht verstanden habe, ob sie überhaupt etwas machen. Aber Intellektuelle, nie. Ich habe indessen viele Leute getroffen, die über den Intellektuellen reden. Und durch vieles Zuhören konnte ich mir ein Bild davon machen, was dieses Lebewesen sein mag. Das ist nicht schwer, es ist der, der schuld hat. Schuld an allem möglichen: zu sprechen, zu schweigen, nichts zu tun, sich in alles einzumischen ... Kurz, wo es um Rechtsfindung, Aburteilen, Verurteilen und Ausschließen geht, muß der Intellektuelle her. Ich finde nicht, daß die Intellektuellen zuviel reden, für mich gibt es sie ja nicht. Ich finde, daß der Diskurs über die Intellektuellen stark um sich greift und wenig Anlaß zur Ruhe gibt.
Ich habe eine gräßliche Angewohnheit. Wenn die Leute so daherreden, versuche ich mir vorzustellen, was das, umgeschrieben in die Realität, ergäbe. Wenn sie irgendeinen »kritisieren«, wenn sie vor seinen Ideen »warnen«, wenn sie »verurteilen«, was er schreibt, stelle ich sie mir in der idealen Situation vor, da sie alle Macht über ihn hätten. Die Wörter, die sie benutzen, lasse ich ihren Lauf zurück in einen ursprünglichen Sinn nehmen: »zerstören«, »schlachten«, »zum Schweigen

bringen«, »begraben«. Und ich sehe den strahlenden Staat am Horizont, in dem der Intellektuelle im Gefängnis säße und natürlich aufgehängt würde, wenn er außerdem noch Theoretiker ist. Zugegeben, wir leben nicht in einem Regime, wo man die Intellektuellen zur Reisernte schickt; aber haben Sie nicht auch schon von einem gewissen Toni Negri reden gehört? Befindet er sich nicht im Gefängnis, insofern er ein Intellektueller ist?

Was hat Sie also dazu gebracht, sich hinter der Anonymität zu verschanzen? Daß Philosophen ihren Namen zu einem Markenartikel machen oder machen lassen?

Das stört mich überhaupt nicht. Ich habe in den Gängen meines Gymnasiums große Männer in Gips gesehen. Und jetzt sehe ich unten auf der ersten Seite der Zeitungen das Foto des Denkers. Ich weiß nicht, ob sich die Ästhetik verbessert hat. Die ökonomische Effizienz dagegen ganz sicher.
Sehr ergreifend ist für mich ein Brief, den Kant in einem schon fortgeschrittenen Alter geschrieben hatte: er beeile sich, erzählt er, gegen das Alter und die schlechter werdenden Augen und die sich verwirrenden Gedanken ankämpfend, eines seiner Bücher zur Leipziger Messe fertigzustellen. Ich erzähle das, um zu zeigen, daß es völlig unerheblich ist, ob Publicity oder nicht, ob Messe oder nicht, das Buch ist etwas ganz anderes. Nie wird man mir weismachen, daß ein Buch schlecht ist, weil sein Autor im Fernsehen zu sehen war. Aber nie ist es aus eben diesem Grunde auch schon gut. Ich habe die Anonymität nicht etwa gewählt, diesen oder jenen zu kritisieren – das tue ich nie. Es ist ein Weg, mich direkter an den eventuellen Leser zu wenden, an die einzige Person, die mich interessiert: »Da Du nicht weißt, wer ich bin, bist Du nicht der Versuchung ausgesetzt, nach den Gründen zu suchen, warum ich sage, was Du liest; nimm Dir die Freiheit, Dir ganz einfach zu sagen: das ist wahr, das ist falsch. Das gefällt mir, das gefällt mir nicht. Punkt, Schluß.«

Aber erwartet das Publikum nicht von der Kritik, daß sie ihm genaue Einschätzungen gibt über den Wert eines Werkes?

Ich weiß nicht, ob das Publikum wirklich erwartet, daß der Kritiker über die Werke oder die Autoren sein Urteil fällt. Die Richter gab es wohl schon, bevor noch das Publikum hat sagen können, wozu es Lust hat. Courbet soll einen Freund gehabt haben, der nachts aufwachte und schrie: »Richten, ich will richten«. Kaum zu glauben, wie scharf die Leute darauf sind, zu richten. Überall und partout wird gerichtet. Wahrscheinlich handelt es sich hier um eines der einfachsten Dinge, wozu die Menschheit imstande ist. Wie Sie wissen, wird der letzte Mensch, wenn endlich eine letzte Strahlung seinen Feind zu Asche gemacht haben wird, einen wackeligen Tisch nehmen, sich dahinter stellen und beginnen, dem Verantwortlichen den Prozeß zu machen.
Ich kann nicht umhin, an eine Kritik zu denken, die nicht versuchte zu richten, sondern die einem Werk, einem Buch, einem Satz, einer Idee zur Wirklichkeit verhilft; sie würde Fackeln anzünden, das Gras wachsen sehen, dem Winde zuhören und den Schaum im Fluge auffangen und wirbeln lassen. Sie häuft nicht Urteil auf Urteil, sondern sie sammelt möglichst viele Existenzzeichen; sie würde sie herbeirufen, sie aus ihrem Schlaf rütteln. Mitunter würde sie sie erfinden? Um so besser, um so besser. Die Kritik durch Richtspruch langweilt mich; ich möchte eine Kritik mit Funken der Phantasie. Sie wäre nicht souverän, noch in roter Robe. Sie wäre geladen mit den Blitzen aller Gewitter des Denkbaren.

Es gibt also so viel kennenzulernen, so viele interessante Arbeiten, daß die Medien in einem fort von Philosophie reden sollten?

Sicher gibt es ein traditionelles Unbehagen zwischen der »Kritik« und denen, die Bücher schreiben. Die einen fühlen sich schlecht verstanden, und die anderen glauben, daß man sie bei der Stange halten will. Aber so ist das Spiel. Mir scheint, daß wir uns heute in einer recht eigenartigen Situation befinden. Wir haben Institutionen des Mangels, während wir uns in einer Situation der Überfülle befinden. Jeder hat den Überschwang erlebt, der oft die Publikation (oder Neuauflage) von – übrigens manchmal interessanten – Büchern begleitet. Zumindest sind sie stets »die Subversion aller Codes«, das »totale Nein zur zeitgenössischen Kultur«, die »radikale Infragestellung aller unserer Denkgewohnheiten«. Ihr Autor muß ein verkannter Outsider sein. Und dafür ist es natürlich nötig, daß die anderen in die Nacht verwiesen werden, aus der sie niemals hätten auftauchen dürfen; sie waren nur der Abschaum »einer Mode, für die man nur ein müdes Lächeln übrig haben kann«, nichts als ein Produkt der Institution etc. Typisch für Paris, sagt man, und oberflächlich. Ich nehme darin eher die Wirkung einer tiefen Unruhe wahr. Das Gefühl des »kein Platz«, »er oder ich«, »jeder ist mal dran«. Man steht in einer Schlange wegen der extremen Enge der Räume, in denen man hören und sich Gehör verschaffen kann.

Daher eine Art Angst, die sich an tausend Symptomen zeigt, drolligen und weniger komischen. Daher bei denen, die schreiben, das Gefühl ihrer Ohnmacht angesichts der Medien, denen sie vorwerfen, die Welt der Bücher zu beherrschen und die, die ihnen gefallen oder mißfallen, existieren oder verschwinden zu lassen. Daher auch bei den Kritikern das Gefühl, daß sie sich kein Gehör verschaffen können, es sei denn, sie werden frecher oder zaubern jede Woche ein Kaninchen aus ihrem Hut hervor. Daher auch eine Pseudopolitisierung, die hinter der Notwendigkeit, den »ideologischen Kampf« zu führen und »gefährliche Gedanken« aufzuspüren, die tiefe Angst verbirgt, nicht gelesen und nicht gehört zu werden. Daher auch die phantasmatische Phobie vor der Macht: wer schreibt, übt eine beunruhigende Macht aus, die man, wenn man ihr kein Ende machen kann, wenigstens in ihre Schranken weisen muß. Daher gleichermaßen die ein wenig beschwörende Behauptung, daß gegenwärtig alles leer, öde, uninteressant und unbedeutend sei: eine Behauptung, die offensichtlich von jenen kommt, die, da sie selbst nichts machen, finden, daß die anderen überflüssig sind.

Glauben Sie nicht auch, daß es unserer Zeit in der Tat an Geistern und großen Schriftstellern fehlt, die auf der Höhe ihrer Probleme wären?

Nein, ich glaube nicht an die alte Leier von der Dekadenz, vom Mangel an Schriftstellern, von der Sterilität des Denkens, von dem verhangenen und düsteren Horizont. Ich glaube im Gegenteil, daß es eine Überfülle gibt. Und daß wir nicht an einer Leere leiden, sondern daran, daß es zu wenig Mittel gibt, um all das zu denken, was geschieht. Und dies in einer Zeit, in der es einen Überfluß an Dingen gibt, die man wissen will: wesentliche und schreckliche, wunderbare, ulkige, winzig kleine und ausschlaggebende, alles gleichzeitig. Und außerdem gibt es eine gewaltige Wißbegierde, ein Bedürfnis oder einen Wunsch nach Wissen. Man beklagt sich immer, daß die Medien die Leute manipulieren. Etwas Menschenverachtung steckt in dieser Vorstellung. Demgegenüber glaube ich, daß die Leute reagieren; je mehr man sie überzeugen will, desto mehr stellen sie sich Fragen. Der Geist ist nicht weich wie Wachs. Er ist eine reaktive Substanz. Und der Wunsch, mehr und besser und anderes zu wissen, wächst in dem Maße, wie man die Schädel vollstopft.

Wenn Sie das zugestehen und dem noch hinzufügen, daß sich an der Universität und anderswo eine Masse von Leuten bildet, die als Drehscheibe zwischen dieser Masse von Dingen und dieser Wißbegierde dienen können, folgern Sie daraus schnell, daß die Arbeitslosigkeit der Studenten die absurdeste Sache ist, die es gibt. Das Problem besteht darin, die Informationskanäle, -brücken, -mittel, die Radio- und Fernsehnetze, die Zeitungen zu vervielfältigen. Die Wißbegierde ist ein Laster, das nach und nach vom Christentum, von der Philosophie und sogar von einer bestimmten Wissenschaftskonzeption stigmatisiert worden ist. Wißbegierde, Nichtigkeit. Dennoch gefällt mir das Wort; es suggeriert mir etwas anderes: es evoziert die »Sorge«; es evoziert, daß man sich um das, was existiert und was existieren könnte, bemüht; ein geschärfter Sinn fürs Wirkliche, der aber niemals vor ihm zur Ruhe kommt; eine Bereitschaft, das, was uns umgibt, fremd und einzigartig zu finden; eine gewisse

Versessenheit, uns von unseren nicht nur familialen Gewohnheiten zu lösen und die gleichen Dinge anders zu betrachten; eine Leidenschaft, das, was kommt und geht, zu ergreifen; eine Ungezwungenheit hinsichtlich der traditionellen Hierarchien von wichtig und wesentlich.
Ich träume von einem neuen Zeitalter der Wißbegierde. Man hat die technischen Mittel dazu; das Begehren ist da; die zu wissenden Dinge sind unendlich; es gibt die Leute, die sich mit dieser Arbeit beschäftigen möchten. Woran leidet man? Am »Zuwenig«: ungenügende, quasi-monopolisierte, kurze, enge Kanäle. Es geht nicht darum, eine protektionistische Haltung anzunehmen, um zu verhindern, daß die »schlechte« Information durchkommt und die »gute« erstickt. Man müßte eher die Hin- und Her-Wege und -Möglichkeiten vermehren. Kein Merkantilismus à la Colbert auf diesem Gebiet. Was nicht heißen soll, wie man es oft befürchtet, Uniformisierung und Nivellierung von unten aus. Sondern im Gegenteil, Differenzierung und Gleichzeitigkeit unterschiedlicher Netze.

Ich könnte mir vorstellen, daß auf dieser Ebene Medien und Universität, statt weiterhin gegeneinander zu arbeiten, dahin kommen könnten, komplementäre Rollen zu spielen.

Sie erinnern sich sicher an das herrliche Wort von Sylvain Lévi: Lehre ist, wenn man einen Hörer hat; sobald man zwei hat, ist es Vulgarisierung. Bücher, Universität, wissenschaftliche Zeitschriften sind auch Medien. Man muß sich hüten, als Medien nur jene Informationskanäle zu bezeichnen, zu denen man keinen Zugang haben will oder kann. Das Problem ist, zu wissen, wie man die Differenzen spielen lassen kann; zu wissen, ob man einen reservierten Bereich einrichten muß, einen »Naturschutzpark« für die zerbrechliche Gattung der von den großen Raubvögeln der Information bedrohten Wissenschaftler, während der Rest des Raums ein riesiger Markt für wertlose Produkte wäre. Eine solche Einteilung scheint mir der Realität nicht zu entsprechen. Schlimmer noch: überhaupt nicht wünschbar zu sein. Damit fruchtbare Differenzierungen ihr Spiel treiben, darf es keine Teilung geben.

Wagen wir ein paar konkrete Vorschläge. Wo soll man anfangen, wenn alles schlecht läuft?

Aber nein, es läuft nicht alles schlecht. Ich glaube jedenfalls, daß eine fruchtbare Kritik nicht mit den ständigen Klageliedern der Leute zu vermengen ist. Was die konkreten Vorschläge angeht, so können sie nur wie Gadgets erscheinen, wenn man nicht zuerst einige allgemeine Prinzipien zugesteht. Und vor allem dies: daß das Recht auf Wissen nicht einem Lebensalter und bestimmten Kategorien von Individuen vorbehalten sein darf, sondern daß man es ohne Stillstand und in vielfältigen Formen muß ausüben können.

Ist dieser Wissensdurst nicht zweideutig? Was sollen die Leute denn schließlich mit all dem Wissen machen, das sie bekommen? Was können sie damit anfangen?

Es war eine Hauptfunktion des Unterrichts, die Bildung des Einzelnen mit der Bestimmung seines Platzes in der Gesellschaft zu verbinden. Heute müßte man den Unterricht so gestalten, daß er dem Einzelnen ermöglicht, sich nach eigenem Ermessen zu verändern, was aber nur unter der Bedingung möglich ist, daß die Lehre eine »permanent« angebotene Möglichkeit ist.

Kurz, sind Sie für eine Gesellschaft der Kenner?

Ich sage, daß der Anschluß der Leute an die Kultur nicht aufhören darf und so polymorph als möglich sein soll. Es sollte nicht einerseits jene Bildung geben, die man erfährt, und andererseits jene Information, der man ausgeliefert ist.

Was wird in dieser Gesellschaft der Kenner aus der ewigen Philosophie? Braucht man sie noch, sie und ihre Fragen ohne Antwort und ihre Schweigen angesichts des Unerkennbaren?

Die Philosophie, was ist sie, wenn nicht eine Weise, nicht so sehr über das, was wahr oder falsch ist, zu reflektieren als über unser Verhältnis zur Wahrheit. Man beklagt sich manchmal, daß es in Frankreich keine herrschende Philosophie gibt. Um so besser. Keine souveräne Philosophie, das stimmt; aber immerhin eine Philosophie oder besser: Philosophie als Aktivität. Denn Philosophie ist eine Bewegung, mit deren Hilfe man sich nicht ohne Anstrengung und Zögern, nicht ohne Träume und Illusionen von dem freimacht, was für wahr gilt, und nach anderen Spielregeln sucht. Philosophie ist jene Verschiebung und Transformation der Denkrahmen, die Modifizierung etablierter Werte und all der Arbeit, die gemacht wird, um anders zu denken, um anderes zu machen und anders zu werden, als man ist. Unter diesem Gesichtspunkt waren die letzten dreißig Jahre eine Zeit intensiver philosophischer Aktivität. Die Interferenz zwischen der Analyse, der Forschung, der »wissenschaftlichen« bzw. »theoretischen« Kritik und den Veränderungen im Verhalten, im wirklichen Verhalten der Leute, in ihrer Art und Weise zu sein, in ihrem Verhältnis zu sich selbst und anderen ist bemerkenswert und war stets vorhanden. Ich sagte eben, daß die Philosophie eine Weise war, über unsere Beziehung zur Wahrheit zu reflektieren. Das muß vervollständigt werden; sie ist eine Weise, sich folgendes zu fragen: wenn dies das Verhältnis ist, was wir zur Wahrheit haben, wie müssen wir uns verhalten? Ich glaube, daß gegenwärtig und seit jeher eine bemerkenswerte und vielfältige Arbeit geleistet wird, die gleichzeitig unser Verhältnis zur Wahrheit und unsere Verhaltensweisen verändert. Und zwar verbinden sich dabei eine Reihe von Forschungen und ein Ensemble von sozialen Bewegungen auf komplexe Weise miteinander. Das ist das Leben der Philosophie selbst.

Man versteht, daß einige über die gegenwärtige Leere jammern und wünschen, daß es in der Ordnung der Ideen ein wenig Monarchie gäbe. Aber die, die einmal in ihrem Leben einen neuen Ton, eine neue Weise zu blicken, eine andere Art zu tun gefunden haben, sie, so glaube ich, werden niemals das Bedürfnis verspüren zu bejammern, daß die Welt ein Irrtum und die Geschichte vollgestopft von Nicht-Existenzen ist und daß es Zeit sei, daß die anderen verstummen, um – endlich – die Glocke ihrer Verdammung zu hören …

Die politische Funktion des Intellektuellen

Lange Zeit hinweg hat der sogenannte »linke« Intellektuelle das Wort geführt, und es ist ihm das Recht zugestanden worden, als Meister der Wahrheit und Gerechtigkeit zu sprechen. Man hörte ihm zu, oder er tat so, als gelänge es ihm, sich als Repräsentant des Universellen Gehör zu verschaffen. Intellektueller zu sein, bedeutete fast, das Gewissen aller zu sein. Ich glaube, daß man hier eine Idee wiederfindet, die vom Marxismus – und zwar von einem farblosen Marxismus – übernommen wurde: So wie das Proletariat aus seiner historischen Position heraus Träger des Universellen ist (aber ein unmittelbarer, nicht reflektierter und seiner selbst nicht wirklich bewußter Träger), so will auch der Intellektuelle aufgrund seiner moralischen, theoretischen und politischen Wahl Träger dieser Universalität sein, aber in einer bewußten, reflektierten Form. Der Intellektuelle wäre die leuchtende, individuelle Figur einer Universalität, deren finstere, kollektive Form das Proletariat darstellte.

Seit geraumer Zeit jedoch bittet niemand mehr den Intellektuellen, diese Rolle zu übernehmen. Eine neue Form der »Verbindung zwischen Theorie und Praxis« hat sich herauskristallisiert. Die Intellektuellen haben sich daran gewöhnt, nicht im »Universellen«, »Exemplarischen«, im »für alle Richtigen und Wahren« zu arbeiten, sondern in abgegrenzten Bereichen, an genau definierten Orten, an die sie ihre berufliche Situation oder ihre Lebensumstände (Wohnsituation, Krankenhaus, Asyl, Labor, Universität, familiäre und sexuelle Beziehungen) gebracht hat. Gewiß haben sie dabei ein viel konkreteres, unmittelbareres Bewußtsein des Kampfes erlangt. Und sie sind dort spezifischen, »nicht-universellen« Problemen begegnet, die sich oft von denen des Proletariats, der Massen unterscheiden. Und trotzdem haben sie sich den Massen meiner Meinung nach aus zwei Gründen tatsächlich angenähert: weil es sich um reale, materielle, alltägliche Kämpfe handelte, und weil sie oft genau jenen Gegnern begegnet sind, denen sich auch das Proletariat, die Bauernschaft oder die Massen gegenüber sehen, wenn auch in einer anderen Form: den multinationalen Unternehmen, dem Justiz- und Polizeiapparat, der Immobilienspekulation usw. Das ist es, was ich im Gegensatz zum »universellen« Intellektuellen einen »spezifischen« Intellektuellen nennen würde.

Diese neue Figur hat eine andere politische Bedeutung: Ihr ist es gelungen, nah verwandte, bislang voneinander getrennte Kategorien wenn schon nicht zu verschmelzen, dann doch zumindest neu zu artikulieren. Bisher war der Schriftsteller der Intellektuelle *par excellence*: als universelles Bewußtsein, als freies Subjekt stand er in Gegensatz zu jenen, die nur bloße *Kompetenz* im Dienste des Staates oder des Kapitals waren (Ingenieure, Beamte, Professoren).

Seit die Politisierung ausgehend von der spezifischen Betätigung des Einzelnen geschieht, verschwindet die Schwelle des *Schreibens* als sakralisierendes Kennzeichen des Intellektuellen. Es können nun transversale Linien entstehen: von Wissen zu Wissen, von einem Punkt der Politisierung zu einem anderen: So können die Beamten und die Psychiater, die Ärzte und die Sozialarbeiter, die Laborarbeiter und die Soziologen jeweils an ihrem Ort und mittels Austausch und Unterstützung an einer Politisierung der Intellektuellen auf globaler Ebene teilhaben. Dieser Prozeß erklärt, daß in dem Moment, in dem der Schriftsteller als Gallionsfigur zu verschwinden tendiert, der Professor und die Universität auftauchen, wenn auch vielleicht nicht als wesentliche Elemente, so aber als »Austauscher«, als privilegierte Kreuzungspunkte. Dies mag außerdem erklären, warum die Universität und die Lehre politisch hoch sensible Gebiete geworden sind. Und das, was man die Krise der Universitäten nennt, darf nicht als Machtverlust interpretiert werden, sondern im Gegenteil als Multiplikation und Verstärkung ihrer Machtwirkung inmitten eines vielgestaltigen Ensembles von Intellektuellen, die praktisch alle durch sie hindurchgehen und sich auf sie beziehen.

Es scheint mir, als hätte sich diese Figur des »spezifischen« Intellektuellen seit dem Zweiten Weltkrieg herauszukristallisieren begonnen. Vielleicht war es der Atomphysiker – nennen wir ihn ruhig beim Namen: Oppenheimer –, der den Übergang zwischen dem universellen und dem spezifischen Intellektuellen bildete. Der Atomphysiker ist deswegen auf der Bildfläche erschienen, weil er einen direkten und verortbaren Bezug zum wissenschaftlichen Wissen und zu den Institutionen der Wissenschaft hat. Da aber die atomare Bedrohung das Schicksal der gesamten Menschheit, ja, der ganzen Erde betrifft, konnte sein Diskurs gleichzeitig auch der Diskurs des Universellen sein. Unter dem Mantel dieses Protests, der alle betraf, hat der Atomgelehrte seine spezifische Position in der Ordnung des Wissens eingesetzt. Und ich glaube, dies war das erste Mal, daß der Intellektuelle von der politischen Macht verfolgt wurde, und zwar nicht aufgrund des allgemeinen Diskurses, den er führte, sondern aufgrund des Wissens, über das er verfügte: Das war die Ebene, auf der er eine politische Gefahr darstellte.

Man kann davon ausgehen, daß der »universelle« Intellektuelle, wie er im 19. Jahrhundert und am Beginn des 20. Jahrhunderts gewirkt hat, sich in Wirklichkeit von einer speziellen historischen Gestalt ableitet: vom Mann der Gerechtigkeit, vom Mann des Gesetzes, also von dem, der der Macht, dem Despotismus, dem Mißbrauch, der Arroganz des Reichtums die Universalität der Gerechtigkeit und der Gleichheit vor einem idealen Gesetz entgegenstellte. Die großen politischen Kämpfe des 18. Jahrhunderts wurden um das Gesetz, die Konstitution, um das, was der Vernunft und der Natur nach richtig und universell gültig sein kann und muß, gefochten. Das, was man heutzutage einen »Intellektuellen« nennt (ich meine hier den Intellektuellen im politischen, nicht im soziologischen oder berufsbezogenen Sinn, d. h. denjenigen, der sein Wissen, seine Kompetenz, seine Beziehung zur Wahrheit im politischen Kampf einsetzt), ist meiner Meinung nach aus dem Juristen hervorgegangen, oder zumindest aus dem Menschen, der sich auf die Universalität des gerechten Gesetzes berief und sich dabei unter Umständen gegen die Rechtsfachleute stellte (in Frankreich war Voltaire der Prototyp dieser Art von Intellektuellem). Der »universelle« Intellektuelle leitet sich von den Juristen / Notabeln ab und findet seinen vollsten Ausdruck im Schriftsteller, dem Träger von Bedeutungen und Werten, in denen sich alle wiedererkennen können. Der »spezifische« Intellektuelle hingegen stammt von einer völlig anderen Figur ab, nicht vom Juristen/Notabeln, sondern vom »Gelehrten/ Experten«.

Aber kehren wir wieder zu Konkreterem zurück. Anerkennen wir die Bedeutung, die der spezifische Intellektuelle seit einigen Jahrzehnten aufgrund der Entwicklung techno-wissenschaftlicher Strukturen in der modernen Gesellschaft gewonnen hat. Anerkennen wir außerdem, daß sich diese Entwicklung seit den sechziger Jahren beschleunigt hat. Der spezifische Intellektuelle trifft auf Hindernisse und setzt sich Gefahren und Risken aus: der Gefahr, sich in situationsabhängige Kämpfe, in sektorielle Forderungen zu verstricken. Er setzt sich dem Risiko aus, sich von politischen Parteien oder dem Gewerkschaftsapparat, die ihre lokalen Kämpfe austragen, manipulieren zu lassen. Vor allem aber setzt er sich dem Risiko aus, diese Kämpfe nicht weiterentwickeln zu können, weil eine globale Strategie und Unterstützung von außen fehlen. Und er riskiert, daß sich niemand oder nur sehr kleine Gruppen dem Kampf anschließen. In Frankreich haben wir zur Zeit ein sehr schönes Beispiel dafür: den Kampf um die Gefängnisse, den Strafvollzug, den Polizei- und Justizapparat, der sich »im geschlossenen Kreis« von Sozialarbeitern und ehemaligen Häftlingen entwickelt und sich dadurch immer mehr von all dem abgekoppelt hat, was es ihm erlaubt hätte, sich auszudehnen. Er hat sich von einer naiven, archaischen Ideologie durchdringen lassen, die aus dem Straffälligen nicht nur ein unschuldiges Opfer, sondern auch den reinen Revoltierten macht – das Lamm des großen sozialen Opfers, den jungen Wolf zukünftiger Revolutionen. Diese Rückkehr zu anarchistischen Themen vom Ende des 19. Jahrhunderts war nur deswegen möglich, weil es an einer Integration in aktuelle Strategien mangelte. Und das Resultat ist eine tiefe Kluft zwischen diesem kleinen monotonen, lyrischen Lied, das nur bei ganz kleinen Grüppchen Gehör findet, und einer Masse, die gute Gründe hat, es nicht für bare Münze zu nehmen, die aber, weil die Angst vor der Kriminalität sorgfältig aufrechterhalten wird, für die Beibehaltung, ja, sogar für die Verstärkung des Polizei- und Justizapparats eintritt.

Mir scheint, wir befinden uns an einem Punkt, an dem die Funktion des spezifischen Intellektuellen neu definiert werden muß. Sie darf nicht verworfen werden, trotz der Sehnsucht nach den großen »universellen« Intellektuellen, die noch immer einige plagt (»Wir brauchen«, sagen sie, »eine Philosophie, eine Vision der Welt«). Es reicht, sich die wichtigen Errungenschaften in der Psychiatrie vor Augen zu halten: Sie beweisen, daß diese lokalen, spezifische Kämpfe kein Irrtum waren und nicht in eine Sackgasse geführt haben. Man könnte sogar sagen, daß die Rolle des spezifischen Intellektuellen in dem Maße an Bedeutung gewinnen muß, wie er, ob er will oder nicht, als Atomphysiker, Genetiker, Informatiker, Pharmakologe usw. gezwungen ist, politische Verantwortung zu übernehmen. Es wäre gefährlich, ihn in seiner spezifischen Beziehung zu einem lokalen Wissen zu disqualifizieren, unter dem Vorwand, daß dies die Angelegenheit von Spezialisten sei, die die Massen nicht interessiert (was in zweifacher Hinsicht falsch ist: Die Massen sind sich dessen sehr wohl bewußt, und sie sind ohnehin involviert), oder daß dies dem Interesse des Kapitals oder des Staates diente (was zwar stimmt, aber gleichzeitig auch zeigt, welch strategisch wichtigen Platz er einnimmt) oder daß er eine szientistische Ideologie transportiert (was nicht immer zutrifft und im Hinblick auf das, was vorrangig ist, sicher nur von untergeordneter Bedeutung ist: die den wahren Diskursen eigenen Wirkungen).

Möchten Sie noch mehr über unser Verlags-programm wissen, dann schicken Sie uns bitte einfach diese Karte zurück.
DVA

Das Wichtige ist, glaube ich, daß die Wahrheit nicht außer Kraft gesetzt und nicht ihrer Kraft beraubt ist (trotz eines Mythos, dessen Geschichte und Funktion man näher untersuchen müßte, ist sie nicht eine den freien Geistern vorbehaltene Belohnung, sie ist nicht das Kind langer Einsamkeiten, das Privileg derer, die es verstanden haben, sich zu befreien). Die Wahrheit ist von dieser Welt, und sie wird hier aufgrund vielfältiger Zwänge erzeugt. Und sie besitzt dort bestimmten Regeln gehorchende Machtwirkung. Jede Gesellschaft hat ihr Wahrheitsregime, ihre »allgemeine Politik« der Wahrheit, d. h. jene Diskursformen, die sie als wahr anerkennt und funktionieren läßt; sie hat ihre Mechanismen und Instanzen, die es erlauben, falsche und wahre Aussagen voneinander zu unterscheiden; sie verfügt über bestimmte Methoden, die einen wie die anderen zu sanktionieren, und über Techniken und Prozeduren, die als geeignet zur Erlangung der Wahrheit angesehen werden – nicht zu vergessen der Status jener, deren Aufgabe es ist zu sagen, was als wahr funktioniert.

Fünf historisch bedeutsame Merkmale charakterisieren in Gesellschaften wie den unseren die »politische Ökonomie« der Wahrheit: Die »Wahrheit« ist auf die Form des wissenschaftlichen Diskurses und auf die Institutionen, die diesen hervorbringen, fixiert; sie ist konstanten Forderungen seitens der Ökonomie und Politik ausgesetzt (sowohl die ökonomische Produktion als auch die politische Macht brauchen eine Wahrheit); in verschiedenster Form ist sie Gegenstand einer immensen Verbreitung und eines gewaltigen Konsums (sie zirkuliert in den Bildungs- oder Informationsapparaten, die einen beträchtlichen Raum innerhalb des sozialen Körpers einnehmen, obwohl sie gewissen strikten Beschränkungen unterliegen); ihre Produktion und Verbreitung unterliegt der zwar nicht ausschließlichen, aber doch dominierenden Kontrolle durch einige große politische oder wirtschaftliche Apparate (Universität, Armee, Schrift, Medien), und schließlich steht sie im Mittelpunkt einer ganzen politischen Debatte und sozialen Konfrontation (»ideologische« Kämpfe).

Mir scheint, daß bei einem modernen Intellektuellen nicht die Tatsache entscheidend ist, daß er »Träger universeller Werte« ist, sondern daß er eine spezifische Position besetzt – aber dieses Spezifische steht in Zusammenhang mit den allgemeinen Funktionen des Wahrheitsdispositivs in einer Gesellschaft wie der unseren. Mit anderen Worten: Der Intellektuelle weist eine dreifache Spezifizität auf: die Spezifizität seiner Klasse (Kleinbürger im Dienste des Kapitalismus, »organischer« Intellektueller des Proletariats); die Spezifizität seiner Lebens- und Arbeitsbedingungen, die mit seiner Situation als Intellektueller zu tun haben (sein Forschungsgebiet, sein Platz in einem Labor, die wirtschaftlichen oder politischen Anforderungen, denen er sich unterwirft oder gegen die er sich erhebt, sei es an der Universität, im Krankenhaus etc.), und schließlich die Spezifizität der Politik der Wahrheit in unserer Gesellschaft.

Und genau hier kann seine Position eine generelle Bedeutung annehmen, hier kann der lokale oder spezifische Kampf, den er führt, Wirkungen oder Implikationen zeigen, die nicht einfach auf sein Berufsgebiet oder einen bestimmten Sektor begrenzt bleiben. Er arbeitet oder kämpft auf einem generellen Niveau dieses für die Strukturen und das Funktionieren unserer Gesellschaft so wesentlichen Wahrheitsregimes. Es gibt einen Kampf »für die Wahrheit« oder zumindest einen »sich der Wahrheit annähernden« Kampf, wobei ich noch einmal betonen will, daß ich unter »Wahrheit« nicht »die Gesamtheit der wahren Dinge, die es zu entdecken oder aufzuzwingen gilt«, verstehe, sondern »die Gesamtheit der Regeln, nach denen man das Wahre vom Falschen trennt und dem Wahren spezifische Machtwirkung zuspricht«. Es versteht sich, daß es sich dabei nicht um einen Kampf »zugunsten« der Wahrheit handelt, sondern um das Statut der Wahrheit und um die ökonomisch-politische Rolle, die sie spielt. Man darf die politischen Probleme der Intellektuellen nicht in den Begriffen »Wissenschaft / Ideologie« denken, sondern in den Begriffen »Wahrheit / Macht«. Und hier kann die Frage der Professionalisierung des Intellektuellen, die Frage der Trennung zwischen manueller / intellektueller Arbeit vielleicht neu überdacht werden.

All dies muß recht verwirrend und vage erscheinen. Vage ja, und was ich hier sage, sage ich vor allem als Hypothese. Damit es aber ein bißchen weniger verwirrend wird, möchte ich einige »Behauptungen« aufstellen, die aber nicht als allgemein gültige Tatsachen, sondern lediglich als Vorschläge für zukünftige Versuche oder Überprüfungen verstanden werden dürfen:

• Als »Wahrheit« ist ein Ensemble an geregelten Prozeduren zu verstehen, das die Erzeugung, die Gesetzmäßigkeiten, die Verteilung, die Zirkulation und das Funktionieren von Äußerungen bestimmt.

• Die »Wahrheit« ist zirkulär mit Machtsystemen verbunden, die sie hervorbringen und stützen, sowie mit Machtwirkungen, die sie induziert und welche sie fortführen – Wahrheits»regime«.

• Ein solches Regime betrifft nicht einfach die Ideologie oder den Überbau: Es war eine Bedingung zur Formung und Entwicklung des Kapitalismus. Und dieses Regime funktioniert – mit einigen Abänderungen – in den meisten sozialistischen Ländern (wobei ich China, das ich nicht kenne, ausklammern möchte).

• Das wesentliche politische Problem besteht für einen Intellektuellen nicht darin, ideologische Inhalte, die in Zusammenhang mit der Wissenschaft stehen, zu kritisieren oder dafür zu sorgen, daß seine wissenschaftliche Praxis von der richtigen Ideologie begleitet wird. Sein Problem besteht vielmehr darin zu ergründen, ob es möglich ist, eine neue Politik der Wahrheit zu begründen. Es geht nicht darum, das »Bewußtsein« der Menschen oder das, was sie in ihrem Kopf haben, zu verändern, sondern das politische, ökonomische, institutionelle Regime der Wahrheitsproduktion zu verändern.

• Es geht nicht darum, die Wahrheit von jedem Machtsystem zu befreien – das hieße, einem Hirngespinst nachzulaufen, denn die Wahrheit ist selbst Macht. Es geht vielmehr darum, die Macht der Wahrheit von den Formen von (sozialer, ökonomischer, kultureller) Hegemonie zu lösen, innerhalb derer sie im Moment noch funktioniert.

Was ist ein Autor?

Der Begriff Autor ist der Angelpunkt für die Individualisierung in der Geistes-, Ideen und Literaturgeschichte, auch in der Philosophie- und Wissenschaftsgeschichte. Selbst wenn man heute die Geschichte eines Begriffs, einer literarischen Gattung oder eines bestimmten Philosophietyps nachzeichnet, glaube ich, betrachtet man diese Einheiten wohl als relativ schwache, zweitrangige und überlagerte Ordnungsprinzipien verglichen mit der ersten, soliden und grundlegenden Einheit: Autor und Werk.

Zumindest für diesen Vortrag möchte ich die historisch-soziologische Analyse der Autor-Person beiseitelassen. Wie sich der Autor in einer Kultur wie der unseren individualisiert hat, welchen Status man ihm zugewiesen hat, seit wann man sich zum Beispiel daran gemacht hat, Authentizitäts- und Zuschreibungsuntersuchungen anzustellen, in welches Wertsystem der Autor eingeordnet wurde, von welchem Zeitpunkt an man begonnen hat, nicht mehr das Leben von Helden, sondern das von Autoren zu erzählen, wie sich die Grundkategorie der Kritik »Mensch und Werk« herausgebildet hat – all das wäre sicher wert, untersucht zu werden. Für den Moment möchte ich nur den Bezug Text-Autor ins Auge fassen, die Art, in der der Text auf jene Figur verweist, die ihm, wenigstens dem Anschein nach, äußerlich ist und ihm vorausgeht.

Die Formulierung des Themas, von dem ich ausgehen möchte, übernehme ich von Beckett: »Wen kümmert's, wer spricht, hat jemand gesagt, wen kümmert's, wer spricht.« In dieser Gleichgültigkeit muß man wohl eines der ethischen Grundprinzipien heutigen Schreibens erkennen. Ich sage »ethisch«, denn diese Gleichgültigkeit kennzeichnet nicht eigentlich die Art, wie man spricht oder schreibt; sie ist eher eine Art immanenter Regel, die immer wieder aufgegriffen wird und derer man sich doch nie ganz bedient, ein Prinzip, das das Schreiben nicht als Ergebnis kennzeichnet, sondern es als Praxis beherrscht. Diese Regel ist so bekannt, daß man sie nicht noch lange analysieren muß; es soll hier damit getan sein, sie durch zwei ihrer großen Themen zu spezifizieren. Zunächst läßt sich sagen, daß sich das Schreiben heute vom Thema Ausdruck befreit hat: es ist auf sich selbst bezogen, und doch wird es nicht für eine Form von Innerlichkeit gehalten, es identifiziert sich mit seiner eigenen entfalteten Äußerlichkeit. Dies besagt, daß das Schreiben ein Zeichenspiel ist, das sich weniger nach seinem bedeuteten Inhalt als nach dem Wesen des Bedeutenden richtet; dies besagt aber ebenso, daß man mit dieser Schreibregularität immer wieder von seinen Grenzen her experimentiert; immer übertritt und kehrt es diese Regularität um, die es anerkennt und mit der es spielt. Das Schreiben entwickelt sich wie ein Spiel, das zwangsläufig seine Regeln überschreitet und so nach außen tritt. Im Schreiben geht es nicht um die Bekundung oder um die Lobpreisung des Schreibens als Geste, es handelt sich nicht darum, einen Stoff im Sprechen festzumachen; in Frage steht die Öffnung eines Raumes, in dem das schreibende Subjekt immer wieder verschwindet.

Das zweite Thema ist noch vertrauter; es ist die Verwandtschaft des Schreibens mit dem Tod. Diese Verbindung kehrt ein jahrtausendealtes Thema um; die Erzählung oder das Epos der Griechen war dazu bestimmt, die Unsterblichkeit des Helden zu verewigen, und wenn der Held zustimmte, jung zu sterben, so geschah dies, damit sein geweihtes und durch den Tod erhöhtes Leben in die Unsterblichkeit eingehen konnte; die Erzählung löste den hingenommenen Tod ein. In anderer Weise hatte auch die arabische Erzählung – ich denke an *Tausendundeine Nacht* – das Nichtsterben zur Motivation, zum Thema und zum Vorwand: man sprach, man erzählte bis zum Morgengrauen, um dem Tod auszuweichen, um die Frist hinauszuschieben, die dem Erzähler den Mund schließen sollte. Die Erzählungen Scheherazades sind die verbissene Kehrseite des Mords, sie sind die nächtelange Bemühung, den Tod aus dem Bezirk des Lebens fernzuhalten. Dieses Thema: Erzählen und Schreiben, um den Tod abzuwenden, hat in unserer Kultur eine Metamorphose erfahren; das Schreiben ist heute an das Opfer gebunden, selbst an das Opfer des Lebens; an das freiwillige Auslöschen, das in den Büchern nicht dargestellt werden soll, da es im Leben des Schriftstellers selbst sich vollzieht. Das Werk, das die Aufgabe hatte, unsterblich zu machen, hat das Recht erhalten, zu töten, seinen Autor umzubringen. Denken Sie an Flaubert, Proust, Kafka. Aber da ist noch etwas anderes: die Beziehung des Schreibens zum Tod äußert sich auch in der Verwischung der individuellen Züge des schreibenden Subjekts. Mit Hilfe all der Hindernisse, die das schreibende Subjekt zwischen sich und dem errichtet, was es schreibt, lenkt es alle Zeichen von seiner eigenen Individualität ab; das Kennzeichen des Schriftstellers ist nur noch die Einmaligkeit seiner Abwesenheit; er muß die Rolle des Toten im Schreib-Spiel übernehmen. All das ist bekannt; und schon seit geraumer Zeit haben Kritik und Philosophie von diesem Verschwinden oder diesem Tod des Autors Kenntnis genommen.

Ich bin jedoch nicht sicher, ob man auch rigoros alle notwendigen Konsequenzen aus dieser Feststellung gezogen und ob man das Ereignis in seiner Tragweite ganz erkannt hat. Genauer gesagt, es scheint mir, daß eine Reihe von Begriffen, die heute das Privileg des Autors ersetzen sollen, es eigentlich blockieren und das umgehen, was im Grunde ausgeräumt sein sollte. Ich nehme einfach zwei von diesen Begriffen heraus, die meiner Meinung nach heute ganz besonders wichtig sind.

Zunächst der Begriff Werk. Man sagt ja (und das ist eine weitere sehr bekannte These), daß das Besondere der Kritik nicht darin bestehe, die Beziehungen zwischen Werk und Autor aufzudecken oder mit Hilfe der Texte Denken oder Erfahrung zu rekonstruieren; die Kritik soll vielmehr das Werk in seiner Struktur analysieren, in seinem Bau, in seiner inneren Form und im Wechselspiel seiner inneren Beziehungen. Nun muß man aber gleich eine Frage stellen: »Was ist ein Werk? Was ist das für eine komische Einheit, die man mit dem Namen Werk bezeichnet? Aus welchen Elementen besteht es? Ist ein Werk nicht das, was der geschrieben hat, der Autor ist?« Man sieht Schwierigkeiten auftauchen. Wenn nicht ein Individuum Autor wäre, könnte man dann sagen, daß das, was es geschrieben oder gesagt hat, das, was es in seinen Papieren hinterlassen hat, das, was man aus seinen Äußerungen anführen kann, »Werk« genannt werden könnte? Wäre also Sade kein Autor, was wären dann seine Papiere? Papierrollen, auf denen er während seiner Gefängnistage endlos seine Wahnvorstellungen entrollte.

Aber nehmen wir an, daß man es mit einem Autor zu tun hat: ist alles, was er geschrieben hat, alles, was er hinterlassen hat, Teil seines Werks? Ein zugleich theoretisches und technisches Problem. Wenn man zum Beispiel an die Veröffentlichung der Werke Nietzsches geht, wo soll man haltmachen? Man soll alles veröffentlichen, ganz sicher, aber was heißt denn dieses »alles«? Alles, was Nietzsche selbst veröffentlicht hat, einverstanden. Seine Werkentwürfe? Zweifellos. Aphorismusprojekte? Ja. Aber wenn man in einem Notizbuch voller Aphorismen einen Bezug, einen Hinweis auf ein Rendezvous oder eine Adresse oder eine Wäschereirechnung findet: Werk oder nicht Werk? Aber warum nicht? Und so weiter ad infinitum. Wie kann man aus den Millionen Spuren, die jemand nach seinem Tod hinterläßt, ein Werk bestimmen? Die Werktheorie existiert nicht und denen, die naiv beginnen, ein Werk herauszugeben, fehlt eine solche Theorie, so daß ihre empirische Arbeit deshalb sehr rasch ins Stocken gerät. Und man könnte fortfahren: Kann man sagen, daß *Tausendundeine Nacht* ein Werk ist? Und die *Stromaten* von Clemens von Alexandrien oder die *Vitae* des Diogenes Laertes? Man sieht, wie es um den Werkbegriff herum vor Fragen wimmelt. Deshalb ist es nicht genug, wenn man sagt: verzichten wir auf den Schriftsteller, verzichten wir auf den Autor, untersuchen wir nur das Werk in sich selbst. Das Wort »Werk« und die Einheit, die es bezeichnet, sind wahrscheinlich genauso problematisch wie die Individualität des Autors.

Ich glaube, noch ein anderer Begriff blockiert die Feststellung vom Verschwinden des Autors und hält das Denken in gewisser Weise am Rande dieses Verlöschens fest; listenreich sichert er noch immer das Fortleben des Autors. Es handelt sich um den Begriff Schreiben. Streng genommen müßte er nicht nur die Bezugnahme auf den Autor überflüssig machen können, sondern seiner ja neuen Abwesenheit das entsprechende Statut zuweisen. In dem Statut, das augenblicklich für den Begriff Schreiben gilt, geht es denn auch nicht um die Geste des Schreibens, auch nicht um die Kennzeichnung (Symptom oder Zeichen) dessen, was jemand hätte sagen wollen; man bemüht sich beachtenswert tiefgründig, die Bedingungen des Textes schlechthin zu durchdenken, zugleich die des Raumes, in dem er sich verliert, und der Zeit, in der er sich entfaltet.

Ich frage mich, ob dieser Begriff, wenn er wie manchmal auf seinen landläufigen Gebrauch reduziert ist, nicht die empirischen Charakterzüge des Autors in eine transzendentale Anonymität überträgt. Es kann geschehen, daß man sich damit zufrieden gibt, die offensichtlichsten Kennzeichen des empirischen Autors zu verwischen und spielt dabei, parallel oder gegeneinander, zwei Charakterisierungsarten aus: die kritische und die religiöse. Wenn man nämlich dem Schreiben ein ursprüngliches Statut zuweist, so ist das wohl nur eine Art, einerseits die theologische Behauptung vom geheiligten Charakter des Geschriebenen und andererseits die kritische Behauptung seines schöpferischen Charakters ins Transzendentale rückzuübersetzen. Wenn man zugesteht, daß das Schreiben durch den geschichtlichen Ablauf, der es erst möglich macht, in gewisser Weise dem Vergessen und der Unterdrückung anheimgestellt ist, heißt das dann nicht, das religiöse Prinzip vom verborgenen Sinn (mit der Notwendigkeit, ihn zu interpretieren) und das kritische Prinzip impliziter Bedeutungen, stillschweigender Determinationen und dunkler Inhalte (mit der Notwendigkeit, sie zu kommentieren) in transzendentalen Begriffen darstellen? Schließlich, wenn man das Schreiben als Abwesenheit begreift, heißt das dann nicht einfach, in transzendentalen Worten das religiöse Prinzip der zugleich unwandelbaren und nie erfüllten Tradition und das ästhetische Prinzip vom Überleben des Werks, von seinem Fortbestand über den Tod hinaus, von seinem rätselhaften Überschuß im Verhältnis zum Autor zu wiederholen?

Ich meine also, daß ein solcher Gebrauch des Begriffs Schreiben Gefahr läuft, die Privilegien des Autors im Schutz des *a priori* zu bewahren: er läßt im grauen Licht von Neutralisierungen die Vorstellungen fortbestehen, die ein bestimmtes Autorbild geschaffen haben. Das Verschwinden des Autors, ein Ereignis, das seit Mallarmé anhält, wird einer transzendentalen Blockierung unterworfen. Gibt es nicht eine augenblicklich wichtige Trennungslinie zwischen denen, die immer noch glauben, die Brüche des Heute in der historisch transzendentalen Tradition des 19. Jahrhunderts begreifen zu können, und denen, die sich davon endgültig zu befreien suchen?

Als Leeraussage zu wiederholen, daß der Autor verschwunden ist, reicht aber offenbar nicht aus. Ebenso reicht es nicht aus, endlos zu wiederholen, daß Gott und Mensch eines gemeinsamen Todes gestorben sind. Was man tun müßte, wäre, den durch das Verschwinden des Autors freigewordenen Raum ausfindig zu machen, der Verteilung der Lücken und Risse nachzugehen und die freien Stellen und Funktionen, die dieses Verschwinden sichtbar macht, auszukundschaften.

Ich möchte Ihnen zunächst in wenigen Worten eine Vorstellung von den Problemen geben, die mit dem Gebrauch des Autornamens verbunden sind. Was ist ein Autorname? Und wie funktioniert er? Ich bin weit davon entfernt, Ihnen eine Lösung anbieten zu können, sondern ich will nur auf einige der Schwierigkeiten hinweisen, die er aufwirft.
Der Autorname ist ein Eigenname; er stellt die gleichen Probleme wie dieser. (Ich beziehe mich unter anderem auf die Untersuchungen von Searle.) Es ist offenbar nicht möglich, aus dem Eigennamen einfach einen Verweis zu machen. Der Eigenname (und der Autorname ebenso) haben nicht nur hinweisende Funktionen. Er ist mehr als ein Hinweis, eine Geste,

ein Fingerzeig; in gewisser Weise ist er das Äquivalent für eine Beschreibung. Sagt man »Aristoteles«, so verwendet man ein Wort, das Äquivalent für eine Beschreibung oder eine Reihe von Beschreibungen ist, etwa von der Art: »Der Autor der *Analytischen Schriften*« oder der »Begründer der Ontologie« usw. Aber dabei kann man es nicht bewenden lassen; ein Eigenname hat nicht nur einfach eine Bedeutung; wenn man entdeckt, daß Rimbaud nicht *La Chasse spirituelle* geschrieben hat, so kann man doch nicht verlangen, daß etwa dieser Eigenname oder dieser Autorname seine Bedeutung geändert hätte. Der Eigenname und der Autorname liegen zwischen den beiden Polen der Beschreibung und der Bezeichnung; sie haben ganz sicher eine gewisse Verbindung zu dem, was sie benennen, aber weder ganz im Sinne der Bezeichnung noch ganz im Sinne der Beschreibung: es ist eine ganz besondere Verbindung. Jedoch – und hier tauchen die eigentlichen Schwierigkeiten des Autornamens auf – die Verbindung des Eigennamens mit dem benannten Individuum und die Verbindung des Autornamens mit dem, was er benennt, sind nicht isomorph und funktionieren nicht in gleicher Weise. Hier einige der Unterschiede:

Wenn ich zum Beispiel merke, daß Pierre Dupont keine blauen Augen hat oder nicht in Paris geboren ist oder nicht Arzt ist usw., so bleibt es doch dabei, daß dieser Name, Pierre Dupont, sich immer noch auf die gleiche Person bezieht; der Bezeichnungsbezug ändert sich nicht um so viel. Im Gegensatz dazu sind die Probleme, die der Autorname aufwirft, wesentlich komplizierter: wenn ich entdecke, daß Shakespeare nicht in dem Haus geboren wurde, das man heute als Shakespearehaus besucht, so ist das eine Modifizierung, die das Funktionieren des Autornamens nicht ungünstig beeinflußt; aber wenn man bewiese, daß Shakespeare nicht die *Sonette* geschrieben hat, die man für die seinen hält, so wäre das eine Veränderung anderer Art: sie zieht das Funktionieren des Autornamens in Mitleidenschaft. Und wenn man bewiese, daß Shakespeare das *Organon* von Bacon geschrieben hat, einfach weil der Autor der Werke Bacons und der Shakespeares der gleiche ist, so wäre das ein dritter Typ von Veränderung, der das Funktionieren des

Autornamens gänzlich modifizierte. Der Autorname ist also nicht unbedingt ein Eigenname wie alle anderen.

Ganz andere Fakten signalisieren die paradoxe Einmaligkeit des Autornamens. Es ist keineswegs gleich, ob ich sage, daß es Pierre Dupont nicht gibt oder ob ich sage, daß es Homer oder Hermes Trismegistos nicht gab; im einen Fall will man sagen, daß niemand den Namen Pierre Dupont trägt; im anderen, daß mehrere mit dem gleichen Namen verwechselt wurden oder daß der wirkliche Autor keinen der Züge trägt, die man herkömmlicherweise mit Homer oder mit Hermes verbindet. Es ist auch nicht gleich, ob ich sage, daß Pierre Dupont nicht der wirkliche Name von X ist sondern Jacques Durand, oder ob ich sage, daß Stendhal Henri Beyle hieß. Man könnte sich auch Gedanken machen über Sinn und Wirkung eines Satzes wie »Bourbaki ist der und der, usw.« und »Victor Eremita, Climacus, Anticlimacus, Frater Taciturnus, Constantin Constantius ist Kierkegaard«.

Die Unterschiede liegen vielleicht in folgendem: ein Autorname ist nicht einfach ein Element in einem Diskurs (der Subjekt oder Ergänzung sein kann, die von einem Pronomen ersetzt werden kann, usw.); er hat bezogen auf den Diskurs eine bestimmte Rolle: er besitzt klassifikatorische Funktion; mit einem solchen Namen kann man eine gewisse Zahl von Texten gruppieren, sie abgrenzen, einige ausschließen, sie anderen gegenüberstellen. Außerdem bewirkt er eine Inbezugsetzung der Texte zueinander. Hermes Trismegistos gab es nicht, Hippokrates auch nicht – so wie man sagen könnte, daß es Balzac gibt –, aber daß mehrere Texte unter dem gleichen Namen laufen, weist darauf hin, daß man zwischen ihnen ein Homogenitäts- oder Filiations- oder ein Beglaubigungsverhältnis der einen durch die anderen herstellte, oder auch ein Verhältnis gegenseitiger Erklärung und gleichzeitiger Verwendung. Schließlich hat der Autorname die Funktion, eine bestimmte Seinsweise des Diskurses zu kennzeichnen. Hat ein Diskurs einen Autornamen, kann man sagen, »das da ist von dem da geschrieben worden« oder »ein gewisser … ist der Autor von … «, so besagt dies, daß dieser Diskurs nicht aus alltäglichen, gleichgültigen Worten besteht, nicht aus Worten, die vergehen, vorbeitreiben, vorüberziehen, nicht aus unmittelbar konsumierbaren Worten, sondern aus Worten, die in bestimmter Weise rezipiert werden und in einer gegebenen Kultur ein bestimmtes Statut erhalten müssen.

Man könnte schließlich auf die Idee kommen, daß der Autorname nicht wie der Eigenname vom Inneren eines Diskurses zum realen, äußeren Individuum geht, sondern daß er in gewisser Weise an die Grenze der Texte drängt, daß er sie zuschneidet, ihren Kanten folgt, daß er ihre Seinsweise offenbart oder wenigstens daß er sie kennzeichnet. Er macht das Ereignis eines gewissen Diskurses sichtbar, und er bezieht sich auf das Statut dieses Diskurses in einer Gesellschaft und in einer Kultur. Der Autorname hat seinen Ort nicht im Personenstand der Menschen, nicht in der Werkfiktion, sondern in dem Bruch, der eine bestimmte Gruppe von Diskursen und ihre einmalige Seinsweise hervorbringt. Folglich könnte man sagen, daß es in einer Kultur wie der unseren eine bestimmte Anzahl von Diskursen gibt, die die Funktion »Autor« haben, während andere sie nicht haben. Ein Privatbrief kann einen Schreiber haben, er hat aber keinen Autor; ein Vertrag kann wohl einen Bürgen haben, aber keinen Autor. Ein anonymer Text, den man an einer Hauswand liest, wird einen Verfasser haben, aber keinen Autor. Die Funktion Autor ist also charakteristisch für Existenz-, Verbreitungs- und Funktionsweisen bestimmter Diskurse in einer Gesellschaft.

Wir sollten jetzt die Funktion »Autor« untersuchen. Wie bestimmt sich in unserer Kultur ein Diskurs, der Träger der Funktion Autor ist? Worin unterscheidet er sich von anderen Diskursen? Betrachtet man nur den Autor eines Buches oder eines Textes, so glaube ich, daß man ihn an vier verschiedenen Merkmalen erkennen kann.

Zunächst sind sie Aneignungsobjekte; die Eigentumsform, auf der sie beruhen, ist recht eigenartig; sie ist inzwischen seit einer Reihe von Jahren rechtlich fixiert. Angemerkt werden muß, daß dieses Eigentum später kam als das, was man widerrechtliche Aneignung nennen könnte. Texte, Bücher, Reden haben wirkliche Autoren (die sich von mythischen Personen und von den großen geheiligten und heiligenden Figuren unterscheiden) in dem Maße, wie der Autor bestraft werden oder die Reden Gesetze übertreten konnten. Die Rede war am Ursprung unserer Kultur (und wohl auch in anderen) kein Produkt, keine Sache, kein Gut; sie war wesentlich ein Akt – ein Akt, der seinen Platz hatte in der Bipolarität des Heiligen und Profanen, des Erlaubten und Verbotenen, des Religiösen und Blasphemischen. Historisch gesehen war sie eine gefahrenreiche Tat, bevor sie zu einem Gut im Einzugsbereich des Eigentums wurde. Und als man Eigentumsverhältnisse für Texte schuf, als man Gesetze erließ über Autorenrechte, über die Beziehungen zwischen Autor und Verleger, über Wiedergaberechte, usw. – das heißt zwischen Ende des 18. und Anfang des 19. Jahrhunderts – wurde aus der Möglichkeit der Übertretung, die dem Schreibakt eigen war, immer mehr ein der Literatur eigener Imperativ. So als ob der Autor, seitdem er in das Eigentumssystem unserer Gesellschaft aufgenommen wurde, den so erreichten Status kompensierte durch die Rückkehr zur alten Bipolarität der Rede, durch systematische Übertretung, durch die Wiederherstellung der Gefahr beim Schreiben, dem man andererseits ja den Vorteil des Eigentums garantierte.

Andererseits gilt die Funktion Autor nicht überall und nicht ständig für alle Diskurse. In unserer Kultur haben nicht immer die gleichen Texte einer Zuschreibung bedurft. Es gab eine Zeit, in der die Texte, die wir heute »literarisch« nennen (Berichte, Erzählungen, Epen, Tragödien, Komödien), aufgenommen, verbreitet und gewertet wurden, ohne daß sich die Autorfrage stellte; ihre Anonymität machte keine Schwierigkeit, ihr echtes oder vermutetes Alter war für sie Garantie genug. Im Gegensatz dazu wurden die Texte, die wir heute »wissenschaftlich« nennen, über die Kosmologie und den Himmel, die Medizin und die Krankheiten, die Naturwissenschaften oder die Geographie im Mittelalter nur akzeptiert und hatten nur dann Wahrheitswert, wenn sie durch den Namen des Autors gekennzeichnet waren. »Hippokrates sagte«, »Plinius erzählt« waren nicht nur die Formeln eines Autoritätsverweises, sondern die Indizien für Diskurse, die als bewiesen angenommen werden sollten. Zu einer Umkehrung kam es im 17. oder im 18. Jahrhundert; man begann, wissenschaftliche Texte um ihrer selbst willen zu akzeptieren, in der Anonymität einer feststehenden oder immer neu beweisbaren Wahrheit; ihre Zugehörigkeit zu einem systematischen Ganzen sicherte sie ab, nicht der Rückverweis auf die Person, die sie geschaffen hatte. Die Funktion Autor verwischt sich, der Name des Erfinders dient höchstens noch dazu, einem Theorem, einem Satz, einem bemerkenswerten Effekt, einer Eigenschaft, einem Körper, einer Menge von Elementen, einem Krankheitssyndrom einen Namen zu geben. Aber »literarische« Diskurse können nur noch rezipiert werden, wenn sie mit der Funktion Autor versehen sind: jeden Poesie- oder Fiktionstext befragt man danach, woher er kommt, wer ihn geschrieben hat, zu welchem Zeitpunkt, unter welchen Umständen oder nach welchem Entwurf. Die Bedeutung, die man ihm zugesteht, und der Status oder der Wert, den man ihm beimißt, hängen davon ab, wie man diese Fragen beantwortet. Und wenn infolge eines Mißgeschicks oder des ausdrücklichen Autorwillens uns der Text anonym erreicht, spielt man sofort das Spiel der Autorsuche. Literarische Anonymität ist uns unerträglich; wir akzeptieren sie nur als Rätsel. Die Funktion Autor hat heutzutage ihren vollen Spielraum in den literarischen Werken. (Natürlich müßte man all dies nuancieren: Die Kritik hat seit einiger Zeit damit begonnen, die Werke nach ihrer Gattung oder ihrem Typ zu behandeln, nach vorkommenden rekurrenten Elementen, nach den Variationen um eine Invarianz herum, die nichts mehr mit dem individuellen Schöpfer zu tun hat.) Ebenso, wenn der Verweis auf einen Namen in der Mathematik kaum mehr als eine Art ist, Theoreme oder Satzgruppen zu benennen, so spielt in der Biologie und in der Medizin die Angabe des Autors und des Zeitpunkts seiner Arbeit eine recht andere

Rolle: es ist nämlich nicht nur eine Art, die Quelle anzugeben, sondern ein »Glaubwürdigkeits«-Indiz zu erbringen bezogen auf die Techniken und Untersuchungsgegenstände, die man zu einem bestimmten Zeitpunkt und in einem bestimmten Laboratorium benutzte.

Drittes Merkmal der Funktion Autor. Sie bildet sich nicht so spontan, wie man einen Diskurs einem Autor zuschreibt. Sie ist das Ergebnis einer komplizierten Operation, die ein gewisses Vernunftwesen konstruiert, das man Autor nennt. Zwar versucht man, diesem Vernunftwesen einen realistischen Status zu geben: im Individuum soll es einen »tiefen« Drang geben, schöpferische Kraft, einen »Entwurf«, und das soll der Ursprungsort des Schreibens sein, tatsächlich aber ist das, was man an einem Individuum als Autor bezeichnet (oder das, was aus einem Individuum einen Autor macht) nur die mehr bis minder psychologisierende Projektion der Behandlung, die man Texten angedeihen läßt, der Annäherungen, die man vornimmt, der Merkmale, die man für erheblich hält, der Kontinuitäten, die man zuläßt, oder der Ausschlüsse, die man macht. All diese Operationen variieren je nach den Epochen und den Diskurs-Typen. Man konstruiert einen »philosophischen Autor« nicht wie einen »Dichter«; man konstruierte den Autor eines Romanwerkes im 18. Jahrhundert nicht wie einen heutzutage. Dennoch kann man über verschiedene Epochen hinweg eine gewisse Invarianz in den Regeln der Autor-Konstruktion finden.

Es scheint mir zum Beispiel, daß die Art, wie die Literaturkritik lange Zeit den Autor bestimmte – oder besser noch: die Form Autor, die man ausgehend von Texten und Diskursen konstruierte – recht gradlinig abgeleitet ist von der Art, wie die christliche Tradition Texte beglaubigte (oder verwarf), über die sie verfügte. Mit anderen Worten, um den Autor im Werk »aufzufinden«, verwendet die moderne Kritik Schemata, die der christlichen Exegese sehr nahe stehen, wenn diese den Wert eines Textes durch die Heiligkeit des Autors beweisen wollte. In *De Viris illustribus* erklärt der heilige Hieronymus, daß die

Gleichlautung des Namens nicht ausreicht, um rechtmäßig die Autoren mehrerer Werke zu identifizieren: verschiedene Individuen könnten den gleichen Namen tragen, oder einer hätte widerrechtlich den Nachnamen eines anderen annehmen können. Der Name ist als individuelle Kennzeichnung nicht genug, wenn man sich der Texttradition zuwendet. Wie soll man also mehrere Texte ein und demselben Autor zuschreiben? Wie die Funktion Autor ausspielen, um zu erfahren, ob man es mit einem oder mit mehreren Individuen zu tun hat? Der heilige Hieronymus führt vier Kriterien an: wenn unter mehreren Büchern, die man einem Autor zuschreibt, eines schlechter als die anderen ist, so muß man es aus dem Katalog seiner Werke streichen (der Autor wird demnach als bestimmtes konstantes Wertniveau definiert); auch wenn bestimmte Texte der Meinung der anderen Werke eines Autors widersprechen (dann wird der Autor als Feld eines begrifflichen und theoretischen Zusammenhangs definiert); auch die Werke müssen ausgeschlossen werden, die in einem anderen Stil geschrieben sind, mit Worten und Wendungen, die man gewöhnlich nicht bei diesem Autor findet (das ist der Autor als stilistische Einheit); schließlich müssen die Texte als falsch angesehen werden, die sich auf Ereignisse und Personen beziehen, die erst nach dem Tod des Autors kommen (dann ist der Autor ein bestimmter geschichtlicher Augenblick und Schnittpunkt einer Reihe von Ereignissen). Nun definiert die moderne Literaturkritik, selbst wenn sie keine Beglaubigungssorgen hat (was der Regelfall ist) den Autor kaum anders: Autor ist derjenige, durch den gewisse Ereignisse in einem Werk ebenso wie deren Transformationen erklärt werden können, deren Deformationen, deren verschiedene Modifikationen (und dies durch die Autorbiographie, die Suche nach der individuellen Sichtweise, die Analyse seiner sozialen Zugehörigkeit oder seiner Klassenlage, die Entdeckung seines Grundentwurfs). Der Autor ist ebenso das Prinzip einer gewissen Einheit des Schreibens, da alle Unterschiede mindestens durch Entwicklung, Reifung oder Einfluß reduziert werden. Mit Hilfe des Autors kann man auch Widersprüche lösen, die sich in einer Reihe von Texten finden mögen: es muß da – in einer gewissen Schicht seines Denkens oder seines Wünschens, seines Bewußtseins oder seines Unterbewußtseins – einen Punkt geben, von dem her sich die Widersprüche lösen, an dem sich die unvereinbaren Elemente endlich verketten lassen oder sich um einen tiefen und ursprünglichen Widerspruch gruppieren. Schließlich ist der Autor ein bestimmter Brennpunkt des Ausdrucks, der sich in mehr oder minder vollendeter Form genauso und im gleichen Wert in den Werken, den Skizzen, den Briefen und den Fragmenten offenbart. Die vier Authentizitätskriterien des heiligen Hieronymus (Kriterien, die dem heutigen Exegeten recht ungenügend erscheinen) bestimmen die vier Modalitäten, aufgrund derer die moderne Kritik die Funktion Autor ausspielt.

Aber die Funktion Autor ist nicht einfach eine Rekonstruktion aus zweiter Hand, die von einem gegebenen Text wie von einer trägen Masse ausgeht. Der Text trägt in sich immer eine Reihe von Zeichen, die auf den Autor verweisen. Diese Zeichen sind den Grammatikern wohlbekannt: es sind die Personalpronomen, die Adverbien der Zeit und des Ortes, die Verbkonjugation. Es muß jedoch darauf hingewiesen werden, daß diese Elemente in den Diskursen mit Autor-Funktion nicht genauso wirken wie in denen ohne. In denen ohne die Funktion Autor verweisen solche »Einschübe« auf den realen Sprecher und die räumlich-zeitlichen Koordinaten seines Diskurses (obgleich es gewisse Abweichungen gibt: so zum Beispiel, wenn man einen Diskurs in der ersten Person wiedergibt). In den Diskursen mit Autor-Funktion ist ihre Rolle schwieriger und veränderlicher. Es ist bekannt, daß in einem Roman, der so aussieht wie der Bericht eines Erzählers, das Personalpronomen in der ersten Person, das Präsens Indikativ, die Zeichen für die Ortsbestimmung nie genau auf einen Schriftsteller verweisen, weder auf den Augenblick, in dem er schreibt, noch auf die Schreibgeste; sondern auf ein *alter ego*, dessen Distanz zum Schriftsteller verschieden groß sein und im selben Werk auch variieren kann. Es wäre also ebenso falsch, wollte man den Autor beim wirklichen Schriftsteller oder auch beim fiktionalen Sprecher suchen; die Funktion Autor vollzieht sich gerade in diesem Bruch – in dieser Trennung und dieser Distanz. Vielleicht wird jemand sagen, daß das nur eine Eigenheit des romanhaften oder des poetischen Diskurses sei: eines Spiels, bei dem nur »Quasi-Diskurse« eingesetzt werden. Alle Diskurse mit der Funktion Autor haben diese Ego-Pluralität. Das Ego, das im Vorwort eines mathematischen Traktats spricht – und auf die Umstände der Abfassung hinweist – ist weder in seiner Position noch in seiner Funktion identisch mit demjenigen, der im Unterricht von einem Beweis spricht und sich in der Form eines »ich schließe daraus« oder »ich nehme an« ausdrückt: in dem einen Fall verweist das »ich« auf ein Individuum ohne Äquivalent, das an einem bestimmten Ort und zu einer bestimmten Zeit eine bestimmte Arbeit getan hat; im zweiten Fall bezeichnet das »ich« einen Plan und einen Moment des Beweises, den jedes Individuum nachvollziehen kann, vorausgesetzt, es hat das gleiche Zeichensystem anerkannt, das gleiche Axiomsspiel, die gleiche Menge von vorherigen Beweisen. Man könnte aber auch im gleichen Traktat noch ein drittes Ich ausfindig machen; denjenigen, der spricht, um über den Sinn der Arbeit, die Schwierigkeiten, die Ergebnisse, die sich noch stellenden Probleme zu reden; dieses Ego findet seinen Platz im Bereich schon bestehender oder noch entstehender mathematischer Texte. Die Funktion Autor wird nicht durch eines dieser Egos (das erste) gewährleistet auf Kosten der beiden anderen, die dann ja nichts weiter wären als dessen fiktive Verdoppelung. Im Gegenteil muß gesagt werden, daß in solchen Diskursen die Funktion Autor die Zersplitterung dieser drei simultanen Egos bewirkt.

Ich bin mir im klaren darüber, daß ich bisher mein Thema ungerechtfertigt eng gefaßt habe. Sicherlich hätte man darüber sprechen sollen, was die Funktion Autor in der Malerei, in der Musik, in der Technik usw. ist. Einmal angenommen jedoch, man hielte sich an die Welt der Diskurse, wie ich es heute tun möchte, so glaube ich doch, dem Begriff »Autor« eine viel zu enge Bedeutung gegeben zu haben. Ich habe mich auf den Autor eines Buchtexts oder eines Werks beschränkt, dessen

Produktion man ihm rechtmäßig zuschreiben kann. Nun ist aber leicht einzusehen, daß man im Ordnungsbereich des Diskurses Autor von weit mehr als einem Buch sein kann – Autor einer Theorie, einer Tradition, eines Fachs, in denen dann andere Bücher und andere Autoren ihrerseits Platz finden können. Mit einem Wort würde ich sagen, daß diese Autoren sich in einer »transdiskursiven« Position befinden.

Es handelt sich um eine konstante Erscheinung, die sicherlich so alt ist wie unsere Kultur. Homer und Aristoteles, die Kirchenväter haben diese Rolle gespielt; aber auch die ersten Mathematiker und die, die am Anfang der hippokratischen Tradition stehen. Es scheint mir aber, daß man im Laufe des 19. Jahrhunderts in Europa recht eigenartige Autortypen hat in Erscheinung treten sehen, die man nicht mit den »großen« literarischen Autoren, nicht mit den Autoren kanonischer Texte der Religion und auch nicht mit den Begründern von Wissenschaften verwechseln sollte. Nennen wir sie etwas willkürlich »Diskursivitätsbegründer«.

Das Besondere an diesen Autoren ist, daß sie nicht nur die Autoren ihrer Werke, ihrer Bücher sind. Sie haben noch mehr geschaffen: die Möglichkeit und die Bildungsgesetze für andere Texte. In diesem Sinn sind sie ganz anders als zum Beispiel ein Romanautor, der im Grunde immer nur Autor seines eigenen Textes ist. Freud ist nicht einfach der Autor der *Traumdeutung* oder des *Witzes*; Marx ist nicht einfach der Autor des *Manifests* oder des *Kapitals*: sie haben eine unbegrenzte Möglichkeit zum Diskurs geschaffen. Natürlich kann man hier leicht einen Einwand machen. Es stimmt nicht, daß ein Romanautor nur der Autor seines eigenen Textes ist; in gewissem Sinn, vorausgesetzt, er ist sozusagen ein bißchen »bedeutend«, lenkt und leitet er mehr als das. Um ein einfaches Beispiel zu nennen, kann man sagen, daß Ann Radcliffe nicht nur das *Schloß in den Pyrenäen* und einige weitere Romane geschrieben hat, sondern sie hat die Schauerromane zu Beginn des 19. Jahrhunderts ermöglicht, und in diesem Maß geht ihre Autor-Funktion über ihr Werk hinaus. Nur glaube ich, daß man auf diesen Einwand entgegnen kann: was die Diskursivitätsbegründer ermöglichen (ich wähle Marx und Freud als Beispiele, weil ich glaube, daß sie zugleich die ersten und die wichtigsten sind), was sie ermöglichen, ist etwas anderes als das, was ein Romanautor ermöglicht. Die Texte der Ann Radcliffe haben das Terrain für bestimmte Ähnlichkeiten und Analogien erschlossen, die ihr Modell oder Prinzip in ihrem Werk haben. Dieses Werk enthält charakteristische Zeichen, Figuren, Beziehungen, Strukturen, die von anderen wiederverwendet werden konnten. Sagt man, daß Ann Radcliffe den Schauerroman begründet hat, so heißt das letztlich: in den Schauerromanen des 19. Jahrhunderts wird man wie bei Ann Radcliffe das Thema der Heldin finden, deren Unschuld ihr zur Falle wird, das Bild des geheimen Schlosses, das die Funktion einer Gegen-Stadt hat, die Person des schwarzen, verdammten Helden, der dazu verurteilt ist, der Welt das Böse heimzuzahlen, was sie ihm antat, usw. Wenn ich hingegen von Marx oder von Freud als »Diskursivitätsbegründern« spreche, so will ich nicht sagen, daß sie einfach eine gewisse Zahl von Analogien ermöglicht haben, sondern daß sie eine Reihe von Unterschieden ermöglicht haben (und diese ebenso vollständig). Sie haben Raum gegeben für etwas anderes als sie selbst, das jedoch zu dem gehört, was sie begründet haben. Sagt man, daß Freud die Psychoanalyse begründet hat, so heißt das nicht (so heißt das nicht einfach), daß man den Libidobegriff oder die Technik der Traumdeutung bei Abraham und Melanie Klein wiederfindet, sondern daß Freud eine Reihe von Unterschieden ermöglichte verglichen mit seinen Texten, seinen Begriffen, seinen Hypothesen, die alle aus dem psychoanalytischen Diskurs stammen. [...]

Würde man eine solche Analyse weiterentwickeln, so könnte sie vielleicht zu einer Typologie der Diskurse führen. Es scheint mir nämlich, zumindest bei erster Annäherung, daß eine solche Typologie nicht nur ausgehen dürfte von den grammatischen Merkmalen der Diskurse, ihren formalen Strukturen oder gar ihren Gegenständen; es gibt nämlich besondere diskursive Eigenschaften oder Relationen (die nicht auf die Regeln der Grammatik oder der Logik, auch nicht auf die Gesetze der

Gegenstände zurückgeführt werden können) und gerade auf diese sollte man seinen Blick richten, um die großen Diskurskategorien unterscheiden zu können. Der Bezug (oder der Nicht-Bezug) zu einem Autor und die verschiedenen Formen dieses Bezugs bilden – recht sichtbar – eines der diskursiven Merkmale.

Ich glaube andererseits, daß man hier einen Einstieg in die historische Analyse der Diskurse finden könnte. Vielleicht ist es an der Zeit, Diskurse nicht mehr nur nach ihrem Ausdruckswert oder ihren formalen Transformationen zu untersuchen, sondern in ihren Existenzweisen: die Art der Verbreitung, der Wertung, der Zuschreibung, der Aneignung ist in jeder Kultur anders und wandelt sich in jeder einzelnen; die Art, wie sie sich über die gesellschaftlichen Beziehungen äußern, läßt sich meiner Meinung nach direkter durch die Funktion Autor und ihre Veränderungen entziffern als in den Themen und Begriffen, die sie verwenden. Könnte man nicht auch ausgehend von solchen Analysen den Vorrang des Stoffs neu überprüfen? Ich weiß schon, daß man bei einer werkinternen Untersuchung der Bauweise (ganz gleich, ob es sich um einen literarischen Text, ein philosophisches System oder ein wissenschaftliches Werk handelt) und man dabei biographische oder psychologische Bezugspunkte ausklammert, bereits den absoluten Charakter und die begründende Rolle des Stoffs in Frage gestellt hatte. Aber vielleicht sollte man auf das zurückkommen, was da in der Schwebe ist, keinesfalls um das Thema vom ursprünglichen Stoff zu restaurieren, sondern um die Einfügungspunkte, die Funktionsweisen und die Abhängigkeiten des Stoffs zu begreifen. Die traditionelle Frage muß umgekehrt werden: man sollte nicht mehr fragen, wie kann sich die Freiheit eines Stoffs in die Kompaktheit der Dinge einfügen und ihr einen Sinn geben, wie kann er von innen die Regeln einer Sprache beleben und so seine eigenen Ziele an den Tag bringen? Man sollte vielmehr fragen: wie, aufgrund welcher Bedingungen und in welchen Formen kann so etwas wie Stoff im Diskurs erscheinen? Welche Stelle kann er in jedem einzelnen Diskurs haben, welche Funktionen übernehmen, welchen

Regeln gehorchen? Kurz, es geht darum, dem Stoff (oder seinem Ersatz) seine Rolle ursprünglicher Begründung zu nehmen und ihn als variable und komplexe Funktion des Diskurses zu analysieren.

Der Autor – oder das, was ich als Funktion Autor zu beschreiben versuchte – ist wohl nur eine der möglichen Spezifikationen der Funktion Stoff. Mögliche oder nötige Spezifikation? Betrachtet man die Wandlungen, zu denen es im Laufe der Geschichte gekommen ist, so muß die Funktion Autor keineswegs konstant in ihrer Form, in ihrer Komplexität oder gar in ihrem Vorhandensein bleiben – ganz im Gegenteil. Man kann sich eine Kultur vorstellen, in der Diskurse verbreitet oder rezipiert würden, ohne daß die Funktion Autor jemals erschiene. Ganz gleich welchen Status, welche Form und welchen Wert ein Diskurs hätte und welche Behandlung man ihm angedeihen ließe, alle würden sich in der Namenlosigkeit des Gemurmels entrollen. Folgende so lange wiedergekäute Fragen würde man nicht mehr hören: »Wer hat eigentlich gesprochen? Ist das auch er und kein anderer? Mit welcher Authentizität oder welcher Originalität? Und was hat er vom Tiefsten seiner selbst in seiner Rede ausgedrückt?« Dafür wird man andere hören: »Welche Existenzbedingungen hat dieser Diskurs? Von woher kommt er? Wie kann er sich verbreiten, wer kann ihn sich aneignen? Wie sind die Stellen für mögliche Stoffe verteilt?« Und hinter all diesen Fragen würde man kaum mehr als das gleichgültige Geräusch hören: »Wen kümmert's, wer spricht?«

Was ist eine Aussage?

Wenn man die Aussagen individualisieren will, kann man keines der der Grammatik, der Logik oder der »Analyse« entnommenen Modelle ohne Vorbehalt zulassen. In allen drei Fällen bemerkt man, daß die vorgeschlagenen Kriterien zu zahlreich und zu gewichtig sind, daß sie der Aussage nicht ihre ganze Ausdehnung lassen und daß, wenn manchmal die Aussage durchaus die beschriebenen Formen annimmt und sich ihnen genau anpaßt, es auch vorkommt, daß sie ihnen nicht gehorcht: Man findet Aussagen ohne legitime propositionelle Struktur; man findet Aussagen dort, wo man keinen Satz erkennen kann; man findet mehr Aussagen, als man Sprechakte isolieren kann. Als sei die Aussage feiner, weniger mit Determinationen beladen, weniger stark strukturiert, auch allgegenwärtiger als all diese Figuren; als seien ihre Merkmale an Zahl geringer und weniger schwierig zusammenzufassen, als weise sie aber gerade dadurch jede Möglichkeit der Beschreibung zurück. Und das um so mehr, als man schlecht sieht, auf welcher Ebene man sie einordnen soll und mit welcher Methode man sich ihr nähern soll: für alle Analysen, die man gerade heranzieht, ist sie stets nur Unterstützung oder akzidentielle Substanz: in der logischen Analyse ist sie das, was »bleibt«, wenn man die Satzstruktur herausgearbeitet und definiert hat; für die grammatische Analyse ist sie die Folge von sprachlichen Elementen, in der man die Form eines Satzes erkennen oder nicht erkennen kann. Für die Analyse der Sprechakte erscheint sie als der sichtbare Körper, in dem sie sich manifestieren. In Beziehung zu all diesen deskriptiven Annäherungen spielt sie die Rolle eines residualen Elements, de facto unbedingt, aus nicht passendem Material.

Muß man schließlich zugeben, daß die Aussage keinen eigenen Charakter haben kann und daß sie für eine adäquate Definition ungeeignet ist, insoweit sie für alle Analysen der Sprache der äußerliche Stoff ist, von dem aus sie ihren Gegenstand determinierten? Muß man zugestehen, daß irgendeine Folge von Zeichen, von Figuren, von Graphismen oder Spuren – gleich welcher Organisation oder welcher Wahrscheinlichkeit – für die Konstituierung einer Aussage genügt; und daß die Grammatik sagen muß, ob es sich um einen Satz handelt oder nicht, daß es der Logik zufällt zu definieren, ob er eine propositionelle Form hat oder nicht, und daß die Analyse präzisieren muß, welcher Sprechakt ihn durchqueren kann? In diesem Fall müßte man zugeben, daß eine Aussage vorliegt, sobald es mehrere nebeneinanderstehende Zeichen gibt – und warum vielleicht nicht? – sobald es eines und nur eines gibt. Die Schwelle der Aussage wäre die Schwelle der Existenz der Zeichen. Dennoch sind, auch hier, die Dinge nicht so einfach, und der Sinn, den man einem Ausdruck wie »die Existenz der Zeichen« geben muß, verlangt eine Erhellung. Was will man sagen, wenn man sagt, daß es Zeichen gibt und daß es genügt, daß es Zeichen *gibt*, damit es eine Aussage *gibt*? Welchen besonderen Status will man diesem »es gibt« einräumen?

Es ist nämlich evident, daß die Aussagen nicht in dem Sinne existieren, in dem eine Sprache existiert und mit ihr eine Menge von durch ihre oppositionellen Züge und ihre Anwendungsregeln definierten Zeichen; die Sprache ist in der Tat niemals in sich selbst und in ihrer Totalität gegeben; sie könnte es nur auf sekundäre Weise und auf dem Umweg über eine Beschreibung, die sie zum Gegenstand nimmt, sein. Die Zeichen, die ihre Elemente konstituieren, sind Formen, die sich den Aussagen auferlegen und sie von innen beherrschen. Wenn es keine Aussagen gäbe, existierte die Sprache nicht. Aber keine Aussage ist unerläßlich, damit die Sprache existiert (und man kann immer an der Stelle irgendeiner Aussage eine andere Aussage annehmen, die die Sprache als solche nicht ändern würde). Die Sprache existiert nur als Konstruktionssystem für mögliche Aussagen; andererseits existiert sie nur als (mehr oder weniger erschöpfende) Beschreibung, die man aus einer Menge wirklicher Aussagen erhält. Sprache und Aussage stehen nicht auf der gleichen Existenzstufe; und man kann nicht sagen, daß es Aussagen gibt, so wie man sagt, daß es Sprache gibt. Genügt es aber dann, daß die Zeichen einer Sprache eine Aussage konstituieren, wenn sie auf die eine oder andere Weise produziert (artikuliert, gezeichnet, fabriziert, geschrieben) worden sind, wenn sie in einem Augenblick der Zeit und in einem Punkt des Raumes erschienen sind, wenn die Stimme, die sie ausgesprochen hat, oder die Geste, die sie vollzogen hat, ihnen die Dimensionen einer materiellen Existenz gegeben haben? Können die Buchstaben des Alphabets, die ich zufällig auf ein Blatt Papier geschrieben habe als ein Beispiel dafür, was keine Aussage ist, können die Bleilettern, die man zum Druck der Bücher benutzt – und man kann ihre Materialität bezüglich Raum und Umfang nicht leugnen –, können diese ausgebreiteten, sichtbaren, greifbaren Zeichen vernünftigerweise als Aussagen betrachtet werden?

Wenn man ein wenig näher hinschaut, sind diese beiden Beispiele (von den Bleilettern und von den von mir geschriebenen Buchstaben) nicht völlig deckungsgleich. Diese Handvoll Druckbuchstaben, die ich zwischen den Fingern halten kann, oder auch die Buchstaben, die auf der Tastatur einer Schreibmaschine angezeigt sind, konstituieren keine Aussagen: es sind höchstens Instrumente, mit denen man Aussagen schreiben kann. Die Buchstaben umgekehrt, die ich zufällig auf ein Blatt Papier schreibe, wie sie mir in den Kopf kommen, und um zu zeigen, daß sie in ihrer Unordnung keine Aussage konstituieren, was sind sie, welche Figur bilden sie? Was, wenn nicht eine Tabelle von auf kontingente Weise ausgesuchten Buchstaben, die Aussage einer alphabetischen Folge, die keine anderen Gesetze hat als den Zufall? Ebenso ist die Tabelle der zufälligen Zahlen, die die Statistiker benutzen, eine Folge von numerischen Symbolen, die durch keine syntaktische Struktur miteinander verbunden sind; dennoch ist sie eine Aussage: die einer Menge von Ziffern, die man durch ein Vorgehen gewonnen hat, das alles eliminiert, was die Wahrscheinlichkeit der aufeinanderfolgenden Ausgänge wachsen lassen könnte. Engen wir das Beispiel noch mehr ein: Die Tastatur einer Schreibmaschine ist keine Aussage; aber die gleiche Serie von Buchstaben A, Z, E, R, T, in einem Lehrbuch für das Schreibmaschineschreiben aufgezählt, ist die Aussage der alphabetischen Ordnung, die für die französischen Schreibmaschinen angewendet wird. Wir stehen hier also vor einer bestimmten Zahl negativer Konsequenzen: eine reguläre sprachliche Konstellation wird nicht zur Bildung einer Aussage verlangt (diese kann durch eine Folge mit sehr geringer Wahrscheinlichkeit konstituiert werden); aber es genügt ebenfalls nicht irgendeine materielle Auswirkung von sprachlichen Elementen, es genügt nicht irgendein Auftauchen von Zeichen in der Zeit und im Raum, damit eine Aussage erscheint und zu existieren beginnt. Die Aussage existiert also weder auf dieselbe Weise wie die Sprache (obwohl sie aus Zeichen zusammengesetzt ist, die in ihrer Individualität nur innerhalb eines natürlichen oder künstlichen sprachlichen Systems definierbar sind), noch auf dieselbe Weise wie irgendwelche der Wahrnehmung gegebenen Gegenstände (obwohl sie immer mit einer bestimmten Materialität ausgestattet ist und man sie stets gemäß räumlich-zeitlichen Koordinaten einordnen kann).

Es ist noch nicht an der Zeit, auf die allgemeine Frage nach der Aussage zu antworten, aber man kann künftig das Problem eingrenzen: die Aussage ist keine Einheit derselben Art wie der Satz, die Proposition oder der Sprechakt; sie gehorcht nicht den gleichen Kriterien; aber sie ist ebenfalls keine Einheit, wie ein materieller Gegenstand es sein könnte, der seine Grenzen und seine Unabhängigkeit besitzt. Sie ist in ihrer besonderen Seinsweise (keiner völlig sprachlichen noch ausschließlich materiellen) unerläßlich dafür, daß man sagen kann, ob ein Satz, eine Proposition, ein Sprechakt vorliegt oder nicht; und damit man sagen kann, ob der Satz korrekt (oder akzeptabel oder interpretierbar), ob die Proposition legitim und wohlgeformt, ob der Sprechakt den Erfordernissen konform ist und ob er richtig bewerkstelligt worden ist. Man darf in der Aussage keine lange oder kurze, stark oder schwach strukturierte Einheit suchen, sondern eine, die wie die anderen in einer logischen, grammatischen oder lokutorischen Verflechtung erfaßt ist. Es handelt sich weniger um ein Element unter anderen, weniger um einen auf einer bestimmten Ebene der Analyse feststellbaren Ausschnitt, es handelt sich vielmehr um eine Funktion, die in Beziehung zu diesen verschiedenen Einheiten sich vertikal auswirkt und die von einer Serie von Zeichen zu sagen gestattet, ob sie darin vorhanden sind oder nicht. Die Aussage ist also nicht eine Struktur (das heißt eine Menge von Beziehungen zwischen variablen Elementen, die so eine vielleicht unendliche Zahl von konkreten Modellen gestattet); sie ist eine Existenzfunktion, die den Zeichen eigen ist und von der ausgehend man dann durch die Analyse oder die Anschauung entscheiden kann, ob sie einen »Sinn ergeben« oder nicht, gemäß welcher Regel sie aufeinanderfolgen und nebeneinanderstehen, wovon sie ein Zeichen sind und welche Art von Akt sich durch ihre (mündliche oder schriftliche) Formulierung bewirkt findet. Man braucht also nicht zu staunen, daß man für die Aussage keine strukturellen Einheitskriterien gefunden hat. Das liegt daran, daß sie in sich selbst keine Einheit ist, sondern eine Funktion, die ein Gebiet von Strukturen und möglichen Einheiten durchkreuzt und sie mit konkreten Inhalten in der Zeit und im Raum erscheinen läßt.

Die Ordnung des Diskurses

Die Hypothese, die ich hier entwickeln möchte, um den Ort – oder vielleicht das sehr provisorische Theater meiner Arbeit zu fixieren: Ich setze voraus, daß in jeder Gesellschaft die Produktion des Diskurses zugleich kontrolliert, selektiert, organisiert und kanalisiert wird – und zwar durch gewisse Prozeduren, deren Aufgabe es ist, die Kräfte und die Gefahren des Diskurses zu bändigen, sein unberechenbar Ereignishaftes zu bannen, seine schwere und bedrohliche Materialität zu umgehen.

In einer Gesellschaft wie der unseren kennt man sehr wohl Prozeduren der *Ausschließung*. Die sichtbarste und vertrauteste ist das *Verbot*. Man weiß, daß man nicht das Recht hat, alles zu sagen, daß man nicht bei jeder Gelegenheit von allem sprechen kann, daß schließlich nicht jeder beliebige über alles beliebige reden kann. Tabu des Gegenstandes, Ritual der Umstände, bevorzugtes oder ausschließliches Recht des sprechenden Subjekts – dies sind die drei Typen von Verboten, die sich überschneiden, verstärken oder ausgleichen und so einen komplexen Raster bilden, der sich ständig ändert. Ich möchte nur anmerken, daß es heute zwei Bereiche gibt, in denen der Raster besonders eng ist und die Verbote immer zahlreicher werden: die Bereiche der Sexualität und der Politik. Offensichtlich ist der Diskurs keineswegs jenes transparente und neutrale Element, in dem die Sexualität sich entwaffnet und die Politik sich befriedet, vielmehr ist er ein bevorzugter Ort, einige ihrer bedrohlichsten Kräfte zu entfalten. Der Diskurs mag dem Anschein nach fast ein Nichts sein – die Verbote, die ihn treffen, offenbaren nur allzubald seine Verbindung mit dem Begehren und der Macht. Und das ist nicht erstaunlich. Denn der Diskurs

– die Psychoanalyse hat es uns gezeigt – ist nicht einfach das, was das Begehren offenbart (oder verbirgt): er ist auch Gegenstand des Begehrens; und der Diskurs – dies lehrt uns immer wieder die Geschichte – ist auch nicht bloß das, was die Kämpfe oder die Systeme der Beherrschung in Sprache übersetzt: er ist dasjenige, worum und womit man kämpft; er ist die Macht, deren man sich zu bemächtigen sucht.

Es gibt in unserer Gesellschaft noch ein anderes Prinzip der Ausschließung: kein Verbot, sondern eine Grenzziehung und eine Verwerfung. Ich denke an die Entgegensetzung von Vernunft und Wahnsinn. Seit dem Mittelalter ist der Wahnsinnige derjenige, dessen Diskurs nicht ebenso zirkulieren kann wie der der andern: sein Wort gilt für null und nichtig, es hat weder Wahrheit noch Bedeutung, kann vor Gericht nichts bezeugen, kein Rechtsgeschäft und keinen Vertrag beglaubigen, kann nicht einmal im Meßopfer die Transsubstantiation sich vollziehen lassen und aus dem Brot einen Leib machen; andererseits kann es aber auch geschehen, daß man dem Wort des Wahnsinnigen im Gegensatz zu jedem andern eigenartige Kräfte zutraut: die Macht, eine verborgene Wahrheit zu sagen oder die Zukunft vorauszukünden oder in aller Naivität das zu sehen, was die Weisheit der andern nicht wahrzunehmen vermag. Seltsamerweise wurde in Europa jahrhundertelang das Wort des Wahnsinnigen entweder nicht vernommen oder, wenn es vernommen wurde, als Wahrspruch gehört. Entweder fiel es ins Nichts, indem es mit seinem Auftauchen sofort verworfen wurde; oder man entzifferte darin eine naive oder listige Vernunft, eine vernünftigere Vernunft als die der vernünftigen Leute. Ob es nun ausgesperrt wurde oder insgeheim die Weihen der Vernunft erhielt – es existierte nicht. Zwar hat man an seinen Worten den Wahnsinnigen erkannt; seine Worte zogen die Grenze, aber niemals wurden sie gesammelt, niemals hörte man wirklich auf sie. Vor dem Ende des 18. Jahrhunderts ist kein Arzt auf die Idee gekommen, sich zu fragen, was denn in diesem Wort gesagt wird (und wie und warum es gesagt wird) – in dem Wort, das doch den Unterschied setzte. Der ganze unermeßliche Diskurs des Wahnsinnigen wurde wieder zu sinnlosem Geräusch. Nur symbolisch erteilte man ihm das Wort: auf dem Theater, wo er entwaffnet und versöhnt auftrat, weil er die Rolle der maskierten Wahrheit spielte.

Man wird mir sagen, daß all das heute zu Ende ist oder zu Ende geht; daß das Wort des Wahnsinnigen nicht mehr auf der anderen Seite steht; daß es nicht mehr null und nichtig ist; daß es uns vielmehr auflauert; daß wir in ihm einen Sinn suchen oder die Ruinen eines Werks; und daß wir es bereits in dem überraschen, was wir selbst artikulieren: in dem winzigen Riß, in dem uns entgeht, was wir sagen. Aber noch soviel Aufmerksamkeit beweist nicht, daß die alte Grenze nicht mehr besteht. Man denke nur an den ganzen Wissensapparat, mit dem wir jenes Wort entziffern; man denke nur an das ganze Netz von Institutionen, das einem – Arzt oder Psychoanalytiker – erlaubt, jenes Wort zu hören, und das gleichzeitig dem Patienten erlaubt, seine armseligen Wörter hervorzuholen oder verzweifelt zurückzuhalten. Man braucht nur an all das zu denken, um den Verdacht zu erwecken, daß die Grenze keineswegs beseitigt ist, daß sie nur anders gezogen ist: nach anderen Linien, durch neue Institutionen und mit Wirkungen, die nicht dieselben sind. Und selbst wenn die Rolle des Arztes nur die wäre, das Ohr einem endlich freien Wort zu leihen – das Horchen läßt die Zäsur immer bestehen. Es wird einem Diskurs gelauscht, der vom Begehren durchdrungen ist und sich – in seinem äußersten Hochgefühl oder in seiner äußersten Angst – mit schrecklichen Mächten begabt glaubt. Wenn es des Schweigens der Vernunft bedarf, um die Ungeheuer zu heilen, so muß das Schweigen doch auf der Hut sein: also bleibt die Grenzziehung. Vielleicht ist es gewagt, den Gegensatz zwischen dem Wahren und dem Falschen als ein drittes Ausschließungssystem zu betrachten – neben den beiden, von denen ich eben sprach. Wie sollte man vernünftigerweise den Zwang der Wahrheit mit solchen Grenzziehungen vergleichen können, die von vornherein willkürlich sind oder sich zumindest um geschichtliche Zufälligkeiten herum organisieren, mit Grenzziehungen, die nicht nur verändert werden können, sondern sich tatsächlich ständig verschieben, die von einem ganzen Netz von Institutionen getragen sind, welche sie aufzwingen und absichern, und die sich zwangsweise, ja zum Teil gewaltsam durchsetzen?

Gewiß, auf der Ebene eines Urteils innerhalb eines Diskurses ist die Grenzziehung zwischen dem Wahren und dem Falschen weder willkürlich noch veränderbar, weder institutionell noch gewaltsam. Begibt man sich aber auf eine andere Ebene, stellt man die Frage nach jenem Willen zur Wahrheit, der seit Jahrhunderten unsere Diskurse durchdringt, oder fragt man allgemeiner, welche Grenzziehung unseren Willen zum Wissen bestimmt, so wird man vielleicht ein Ausschließungssystem (ein historisches, veränderbares, institutionell zwingendes System) sich abzeichnen sehen.

Zweifellos hat sich diese Grenzziehung geschichtlich konstituiert. Denn noch bei den griechischen Dichtern des 6. Jahrhunderts war der wahre Diskurs – im starken und wertbetonten Sinn des Wortes: der wahre Diskurs, vor dem man Achtung und Ehrfurcht hatte und dem man sich unterwerfen mußte, weil er der herrschende war – eben der Diskurs, der von den hierzu Befugten nach dem erforderlichen Ritual verlautbart worden ist; es war der Diskurs, der Recht sprach und jedem sein Teil zuwies; es war der Diskurs, der die Zukunft prophezeiend nicht nur ankündigte, was geschehen würde, sondern auch zu seiner Verwirklichung beitrug, der die Zustimmung der Menschen herbeiführte und sich so mit dem Geschick verflocht. Aber schon ein Jahrhundert später lag die höchste Wahrheit nicht mehr in dem, was der Diskurs *war*, oder in dem, was er *tat*, sie lag in dem, was er *sagte*: eines Tages hatte sich die Wahrheit vom ritualisierten, wirksamen und gerechten Akt der Aussage weg und zur Aussage selbst hin verschoben: zu ihrem Sinn, ihrer Form, ihrem Gegenstand, ihrem referentiellen Bezug. Zwischen Hesiod und Platon hat sich eine Teilung durchgesetzt, welche den wahren Diskurs und den falschen Diskurs trennte; diese Teilung war neu, denn nunmehr war der wahre Diskurs nicht mehr der kostbare und begehrenswerte Diskurs, der an die Ausübung von Macht gebunden ist. Der Sophist ist vertrieben.

Diese historische Grenzziehung hat unserem Willen zum Wissen zweifellos seine allgemeine Form gegeben. Aber sie hat sich auch immer wieder verschoben: die großen wissenschaftlichen Mutationen können vielleicht manchmal als die Folgen einer Entdeckung verstanden werden, sie können aber auch als das Erscheinen neuer Formen des Willens zur Wahrheit gesehen werden. Es gibt ohne Zweifel im 19. Jahrhundert einen Willen zur Wahrheit, der weder in seinen Formen noch in seinen Gegenstandsbereichen, noch in den von ihm verwendeten Techniken, mit dem Willen zum Wissen übereinstimmt, welcher die Kultur der Klassik charakterisiert. Gehen wir noch weiter zurück: an der Wende vom 16. zum 17. Jahrhundert ist (vor allem in England) ein Wille zum Wissen aufgetreten, der im Vorgriff auf seine wirklichen Inhalte Ebenen von möglichen beobachtbaren, meßbaren, klassifizierbaren Gegenständen entwarf; ein Wille zum Wissen, der dem erkennenden Subjekt (gewissermaßen vor aller Erfahrung) eine bestimmte Position, einen bestimmten Blick und eine bestimmte Funktion (zu sehen anstatt zu lesen, zu verifizieren anstatt zu kommentieren) zuwies; ein Wille zum Wissen, der (in einem allgemeineren Sinn als irgendein technisches Instrument) das technische Niveau vorschrieb, auf dem allein die Erkenntnisse verifizierbar und nützlich sein konnten. Es sieht so aus, als hätte seit der großen Platonischen Grenzziehung der Wille zur Wahrheit seine eigene Geschichte, welche nicht die der zwingenden Wahrheiten ist: eine Geschichte der Ebenen der Erkenntnisgegenstände, eine Geschichte der Funktionen und Positionen des erkennenden Subjekts, eine Geschichte der materiellen, technischen, instrumentellen Investitionen der Erkenntnis.

Dieser Wille zur Wahrheit stützt sich, ebenso wie die übrigen Ausschließungssysteme, auf eine institutionelle Basis: er wird zugleich verstärkt und ständig erneuert von einem ganzen Geflecht von Praktiken wie vor allem natürlich der Pädagogik, dem System der Bücher, der Verlage und der Bibliotheken, den gelehrten Gesellschaften einstmals und den Laboratorien heute. Gründlicher noch abgesichert wird er zweifellos durch die Art und Weise, in der das Wissen in einer Gesellschaft eingesetzt wird, in der es gewertet und sortiert, verteilt und zugewiesen wird. Es sei hier nur symbolisch an das alte griechische Prinzip erinnert: daß die Arithmetik in den demokratischen Städten betrieben werden kann, da in ihr Gleichheitsbeziehungen gelehrt werden; daß aber die Geometrie nur in den Oligarchien unterrichtet werden darf, da sie die Proportionen in der Ungleichheit aufzeigt.

Schließlich glaube ich, daß dieser auf einer institutionellen Basis und Verteilung beruhende Wille zur Wahrheit in unserer Gesellschaft dazu tendiert, auf die anderen Diskurse Druck und Zwang auszuüben. Ich denke daran, wie sich die abendländische Literatur seit Jahrhunderten ans Natürliche und Wahrscheinliche, an die Wahrhaftigkeit und sogar an die Wissenschaft – also an den wahren Diskurs – anlehnen muß. Ich denke gleichfalls daran, wie die ökonomischen Praktiken, die als Vorschriften oder Rezepte oder auch als Moral kodifiziert sind, sich seit dem 16. Jahrhundert zu rationalisieren und zu rechtfertigen suchen, indem sie sich auf eine Theorie der Reichtümer und der Produktion stützen. Ich denke auch daran, wie das so gebieterische System der Strafjustiz seine Grundlage oder seine Rechtfertigung zunächst in einer Theorie des Rechts und seit dem 19. Jahrhundert in einem soziologischen, psychologischen, medizinischen, psychiatrischen Wissen sucht: als ob selbst das Wort des Gesetzes in unserer Gesellschaft nur noch durch einen Diskurs der Wahrheit autorisiert werden könnte.

Drei große Ausschließungssysteme treffen den Diskurs: das verbotene Wort; die Ausgrenzung des Wahnsinns; der Wille zur Wahrheit. Vom letzten habe ich am meisten gesprochen. Denn auf dieses bewegen sich die beiden anderen seit Jahrhunderten zu; immer mehr versucht es, sie sich unterzuordnen, um sie gleichzeitig zu modifizieren und zu begründen. Während die beiden ersten immer schwächer werden, und ungewisser, sofern sie vom Willen zur Wahrheit durchkreuzt werden, wird dieser immer stärker, immer tiefer und unausweichlicher.

Und doch spricht man von ihm am wenigsten. Es ist, als würden der Wille zur Wahrheit und seine Wendungen für uns gerade von der Wahrheit und ihrem notwendigen Ablauf verdeckt. Der Grund dafür ist vielleicht dieser: Wenn der wahre Diskurs seit den Griechen nicht mehr derjenige ist, der dem Begehren antwortet oder der die Macht ausübt, was ist dann im Willen zur Wahrheit, im Willen, den wahren Diskurs zu sagen, am Werk – wenn nicht das Begehren und die Macht? Der wahre Diskurs, den die Notwendigkeit seiner Form vom Begehren ablöst und von der Macht befreit, kann den Willen zur Wahrheit, der ihn durchdringt, nicht anerkennen; und der Wille zur Wahrheit, der sich uns seit langem aufzwingt, ist so beschaffen, daß die Wahrheit, die er will, gar nicht anders kann, als ihn zu verschleiern.

So bietet sich unseren Augen eine Wahrheit dar, welche Reichtum und Fruchtbarkeit ist, sanfte und listig universelle Kraft. Und wir übersehen dabei den Willen zur Wahrheit – jene gewaltige Ausschließungsmaschinerie. Alle jene, die in unserer Geschichte immer wieder versucht haben, diesen Willen zur Wahrheit umzubiegen und ihn gegen die Wahrheit zu wenden, gerade dort, wo die Wahrheit es unternimmt, das Verbot zu rechtfertigen und den Wahnsinn zu definieren, alle jene – von Nietzsche zu Artaud und Bataille – müssen uns nun als – freilich erhabene – Orientierungszeichen unserer alltäglichen Arbeit dienen.

Es gibt offensichtlich viele andere Prozeduren der Kontrolle und Einschränkung des Diskurses. Diejenigen, von denen ich bis jetzt gesprochen habe, wirken gewissermaßen von außen; sie funktionieren als Ausschließungssysteme; sie betreffen den Diskurs in seinem Zusammenspiel mit der Macht und dem Begehren.

Ich glaube, man kann noch eine andere Gruppe ausmachen. Interne Prozeduren, mit denen die Diskurse ihre eigene Kontrolle selbst ausüben; Prozeduren, die als Klassifikations-,

Anordnungs-, Verteilungsprinzipien wirken. Diesmal geht es darum, eine andere Dimension des Diskurses zu bändigen: die des Ereignisses und des Zufalls.

Hier ist in erster Linie der Kommentar zu nennen. Ich nehme an, bin aber nicht ganz sicher, daß es kaum eine Gesellschaft gibt, in der nicht große Erzählungen existieren, die man erzählt, wiederholt, abwandelt; Formeln, Texte, ritualisierte Diskurssammlungen, die man bei bestimmten Gelegenheiten vorträgt; einmal gesagte Dinge, die man aufbewahrt, weil man in ihnen ein Geheimnis oder einen Reichtum vermutet. In allen Gesellschaften läßt sich eine Art Gefälle zwischen den Diskursen vermuten: zwischen den Diskursen, die im Auf und Ab des Alltags geäußert werden und mit dem Akt ihres Ausgesprochenwerdens vergehen, und den Diskursen, die am Ursprung anderer Sprechakte stehen, die sie wieder aufnehmen, transformieren oder besprechen – also jenen Diskursen, die über ihr Ausgesprochenwerden hinaus *gesagt sind*, gesagt bleiben, und noch zu sagen sind. Wir kennen sie in unserem Kultursystem: es sind die religiösen und die juristischen Texte, auch die literarischen Texte mit ihrem so merkwürdigen Status, bis zu einem gewissen Grade die wissenschaftlichen Texte.

Gewiß ist diese Abstufung weder stabil noch konstant oder absolut. Es gibt nicht auf der einen Seite die ein für allemal gegebene Kategorie der grundlegenden oder schöpferischen Diskurse und auf der anderen Seite die Masse der wiederholenden, glossierenden und kommentierenden. Viele Primärtexte verdunkeln sich und verschwinden, und manchmal übernehmen Kommentare den ersten Platz. Aber wenn sich auch die Ansatzpunkte ändern, so bleibt doch die Funktion; das Prinzip der Abstufung tritt immer wieder in Kraft. Die radikale Aufhebung dieser Abstufung kann niemals etwas anderes sein als Spiel, Utopie oder Angst. Spiel in der Art von Borges als Kommentar, der nur wörtliche (aber feierliche und erwartete) Wiederholung dessen ist, was er kommentiert; oder Spiel einer Kritik, die endlos von einem Werk spricht, das gar nicht existiert. Lyrischer Traum eines Diskurses, der in jedem seiner

Punkte absolut neu und unschuldig wiedergeboren wird und der ohne Unterlaß in aller Frische aus Dingen, Gefühlen oder Gedanken wiederersteht. Angst jenes Kranken von Janet, für den jede geringste Aussage gleichsam ein Wort des Evangeliums war, unerschöpfliche Sinnschätze barg und endlos erneuert, wiederholt und kommentiert zu werden verdiente: »Wenn ich nur daran denke«, sagte er, sobald er etwas las oder hörte, »wenn ich nur daran denke, daß dieser Satz in die Ewigkeit eingeht und daß ich ihn vielleicht noch nicht ganz verstanden habe.«

Aber auch hier geht es immer nur darum, eines der Glieder der Relation zu beseitigen, nicht die Beziehung selbst. Diese Beziehung ändert sich ständig in der Zeit und nimmt auch innerhalb einer Epoche vielfältige und auseinanderstrebende Formen an. Die juristische Exegese ist (schon seit langem) vom religiösen Kommentar sehr verschieden. Ein einziges literarisches Werk kann gleichzeitig zu recht unterschiedlichen Diskurstypen Anlaß geben: die *Odyssee* als Primärtext wird gleichzeitig in der Übersetzung von Bérard, in unzähligen Texterklärungen und im *Ulysses* von Joyce wiederholt.

Für den Augenblick möchte ich nur darauf hinweisen, daß im Kommentar die Abstufung von Primärtext und Sekundärtext zwei einander ergänzende Rollen spielt. Einerseits ermöglicht es (und zwar endlos), neue Diskurse zu konstruieren: der Überhang des Primärtextes, seine Fortdauer, sein Status als immer wieder aktualisierbarer Diskurs, der vielfältige oder verborgene Sinn, als dessen Inhaber er gilt, die Verschwiegenheit und der Reichtum, die man ihm wesenhaft zuspricht – all das begründet eine offene Möglichkeit zu sprechen. Aber andererseits hat der Kommentar, welche Methoden er auch anwenden mag, nur die Aufgabe, das *schließlich* zu sagen, was *dort* schon verschwiegen artikuliert war. Er muß (einem Paradox gehorchend, das er immer verschiebt, aber dem er niemals entrinnt) zum ersten Mal das sagen, was doch schon gesagt worden ist, und muß unablässig das wiederholen, was eigentlich niemals gesagt worden ist. Das unendliche Gewimmel der

Kommentare ist vom Traum einer maskierten Wiederholung durchdrungen: an seinem Horizont steht vielleicht nur das, was an seinem Ausgangspunkt stand – das bloße Rezitieren. Der Kommentar bannt den Zufall des Diskurses, indem er ihm gewisse Zugeständnisse macht: er erlaubt zwar, etwas anderes als den Text selbst zu sagen, aber unter der Voraussetzung, daß der Text selbst gesagt und in gewisser Weise vollendet werde. Die offene Vielfalt und das Wagnis des Zufalls werden durch das Prinzip des Kommentars von dem, was gesagt zu werden droht, auf die Zahl, die Form, die Maske, die Umstände der Wiederholung übertragen. Das Neue ist nicht in dem, was gesagt wird, sondern im Ereignis seiner Wiederkehr.

Ich glaube, es gibt noch ein anderes Prinzip der Verknappung des Diskurses, welches das erste bis zu einem gewissen Grade ergänzt. Es handelt sich um den Autor. Und zwar nicht um den Autor als sprechendes Individuum, das einen Text gesprochen oder geschrieben hat, sondern um den Autor als Prinzip der Gruppierung von Diskursen, als Einheit und Ursprung ihrer Bedeutungen, als Mittelpunkt ihres Zusammenhalts. Dieses Prinzip wirkt nicht überall in der gleichen Weise; vielmehr gibt es um uns herum viele Diskurse, die im Umlauf sind, ohne ihren Sinn oder ihre Wirksamkeit einem Autor zu verdanken: banale Aussagen, die alsbald verschwinden; Beschlüsse oder Verträge, die Unterzeichner brauchen, aber keinen Autor; technische Anweisungen, die anonym weitergegeben werden. In den Bereichen, in denen die Zuschreibung an einen Autor die Regel ist – Literatur, Philosophie, Wissenschaft –, kann man sehen, daß sie nicht immer dieselbe Rolle spielt. Im Mittelalter war die Zuschreibung an einen Autor im Bereich des wissenschaftlichen Diskurses unerläßlich, denn sie war ein Index der Wahrheit. Man war sogar der Auffassung, daß ein Satz seinen wissenschaftlichen Wert von seinem Autor beziehe. Seit dem 17. Jahrhundert hat sich diese Funktion im wissenschaftlichen Diskurs immer mehr abgeschwächt: die Rolle des Autors besteht nur mehr darin, einem Lehrsatz, einem Effekt, einem Beispiel, einem Syndrom den Namen zu geben. Hingegen hat sich im Bereich des literarischen Diskurses seit eben jener Zeit die Funktion des Autors verstärkt: all die Erzählungen, Gedichte, Dramen oder Komödien, die man im Mittelalter mehr oder weniger anonym zirkulieren ließ, werden nun danach befragt (und sie müssen es sagen), woher sie kommen, wer sie geschrieben hat. Man verlangt, daß der Autor von der Einheit der Texte, die man unter seinen Namen stellt, Rechenschaft ablegt; man verlangt von ihm, den verborgenen Sinn, der sie durchkreuzt, zu offenbaren oder zumindest in sich zu tragen; man verlangt von ihm, sie in sein persönliches Leben, in seine gelebten Erfahrungen, in ihre wirkliche Geschichte einzufügen. Der Autor ist dasjenige, was der beunruhigenden Sprache der Fiktion ihre Einheiten, ihren Zusammenhang, ihre Einfügung in das Wirkliche gibt.

Nun wird man mir sagen: »Aber Sie sprechen da vom Autor, wie ihn die Kritik nachträglich erfindet, wenn der Tod eingetreten ist und nur mehr eine verworrene Masse von unverständlichen Texten übrig ist; selbstverständlich muß man dann ein bißchen Ordnung in all das bringen; man muß sich einen Entwurf, einen Zusammenhang, eine Thematik ausdenken, die man dem Bewußtsein oder dem Leben des vielleicht tatsächlich etwas fiktiven Autors zuschreibt. Aber das ändert doch nichts daran, daß er existiert hat, dieser wirkliche Autor, dieser Mensch, der in all die abgenutzten Wörter eingebrochen ist, und sein Genie oder seine Unordnung in sie hineingetragen hat.«

Es wäre sicherlich absurd, die Existenz des schreibenden und erfindenden Individuums zu leugnen. Aber ich denke, daß – zumindest seit einer bestimmten Epoche – das Individuum, das sich daranmacht, einen Text zu schreiben, aus dem vielleicht ein Werk wird, die Funktion des Autors in Anspruch nimmt. Was es schreibt und was es nicht schreibt, was es entwirft, und sei es nur eine flüchtige Skizze, was es an banalen Äußerungen fallen läßt – dieses ganze differenzierte Spiel ist von der Autor-Funktion vorgeschrieben, die es von seiner Epoche übernimmt oder die es seinerseits modifiziert. Und wenn es das traditionelle Bild, das man sich vom Autor macht, umstößt, so schafft es eine neue Autor-Position, von der aus es in allem, was es je sagt, seinem Werk ein neues, noch verschwommenes Profil verleiht.

Um den Zufall des Diskurses in Grenzen zu halten, setzt der Kommentar das Spiel der *Identität* in der Form der *Wiederholung* und des *Selben* ein. Das Spiel der *Identität*, mit dem das Prinzip des Autors denselben Zufall einschränkt, hat die Form der *Individualität* und des *Ich*.
Auch in dem, was man die »Disziplinen« nennt (nicht die Wissenschaften), wäre ein Prinzip der Einschränkung zu erkennen. Auch dieses Prinzip ist relativ und beweglich. Auch es erlaubt zu konstruieren, aber nach ganz bestimmten Spielregeln.

Die Organisation der Disziplinen unterscheidet sich sowohl vom Prinzip des Kommentars wie von dem des Autors. Vom Prinzip des Autors hebt sich eine Disziplin ab, denn sie definiert sich durch einen Bereich von Gegenständen, ein Bündel von Methoden, ein Korpus von als wahr angesehenen Sätzen, ein Spiel von Regeln und Definitionen, von Techniken und Instrumenten: das alles konstituiert ein anonymes System, das jedem zur Verfügung steht, der sich seiner bedienen will oder kann, ohne daß sein Sinn oder sein Wert von seinem Erfinder abhängen. Das Prinzip der Disziplin hebt sich aber auch von dem des Kommentars ab: im Unterschied zu diesem wird in der Disziplin nicht ein Sinn vorausgesetzt, der wiederentdeckt werden muß, und auch keine Identität, die zu wiederholen ist; sondern das, was für die Konstruktion neuer Aussagen erforderlich ist. Zur Disziplin gehört die Möglichkeit, endlos neue Sätze zu formulieren.

Aber es ist noch mehr notwendig – damit weniger möglich ist: eine Disziplin ist nicht die Summe dessen, was bezüglich einer bestimmten Sache Wahres gesagt werden kann; sie ist auch nicht die Gesamtheit dessen, was über eine bestimmte Gegebenheit aufgrund eines Prinzips der Kohärenz oder der Systematizität angenommen werden kann. Die Medizin besteht nicht aus der Gesamtheit dessen, was man bezüglich der

Krankheit Wahres sagen kann; die Botanik kann nicht als die Summe aller Wahrheiten, welche die Pflanzen betreffen, definiert werden. Es gibt dafür zwei Gründe: einmal bestehen die Botanik oder die Medizin, ebenso wie jede andere Disziplin, nicht nur aus Wahrheiten, sondern auch aus Irrtümern, die nicht Residuen oder Fremdkörper sind, sondern positive Funktionen haben, historisch wirksam sind und eine Rolle spielen, die von der der Wahrheit oft nicht zu trennen ist. Aber außerdem muß ein Satz, damit er zur Botanik oder zur Medizin gehöre, Bedingungen entsprechen, die in gewisser Weise strenger und komplexer sind, als es die reine und einfache Wahrheit ist: jedenfalls Bedingungen anderer Art. Er muß sich auf eine bestimmte Gegenstandsebene beziehen: vom Ende des 17. Jahrhunderts an muß z. B. ein Satz, um ein »botanischer« Satz zu sein, die sichtbare Struktur der Pflanze, das System ihrer nahen und fernen Ähnlichkeiten oder die Mechanik ihrer Flüssigkeiten betreffen (und er durfte nicht, wie noch im 16. Jahrhundert, ihre symbolischen Bedeutungen einbeziehen oder gar die Gesamtheit der Kräfte und Eigenschaften, die man ihr in der Antike zusprach). Ein Satz muß aber auch begriffliche oder technische Instrumente verwenden, die einem genau definierten Typ angehören: vom 19. Jahrhundert an war ein Satz nicht mehr medizinisch, »fiel er aus der Medizin heraus« und galt als individuelle Einbildung oder volkstümlicher Aberglaube, wenn er zugleich metaphorische, qualitative und substantielle Begriffe enthielt (z. B. die Begriffe der Verstopfung, der erhitzten Flüssigkeiten oder der ausgetrockneten Festkörper); er konnte aber, ja er mußte Begriffe verwenden, die ebenso metaphorisch sind, aber auf einem anderen Modell aufbauen, einem funktionellen und physiologischen Modell (so die Begriffe der Reizung, der Entzündung oder der Degenerierung der Gewebe). Darüber hinaus muß ein Satz, um einer Disziplin anzugehören, sich einem bestimmten theoretischen Horizont einfügen: es sei nur daran erinnert, daß die Suche nach der ursprünglichen Sprache, die bis ins 18. Jahrhundert hinein ein durchaus anerkanntes Thema war, in der zweiten Hälfte des 19. Jahrhunderts jeden Diskurs nicht bloß zum Irrtum, sondern zu einem Hirngespinst, zu einer Träumerei, zu einer sprachwissenschaftlichen Monstrosität werden ließ.

Innerhalb ihrer Grenzen kennt jede Disziplin wahre und falsche Sätze, aber jenseits ihrer Grenzen läßt sie eine ganze Teratologie des Wissens wuchern. Das Äußere einer Wissenschaft ist sowohl mehr bevölkert als auch weniger bevölkert, als man glaubt: es gibt dort die unmittelbare Erfahrung, die imaginären Themen der Einbildungskraft, die unvordenkliche Überzeugungen tragen und immer wieder erneuern; aber vielleicht gibt es keine Irrtümer im strengen Sinn, denn der Irrtum kann nur innerhalb einer definierten Praxis auftauchen und entschieden werden; hingegen schleichen Monstren herum, deren Form mit der Geschichte des Wissens wechselt. Ein Satz muß also komplexen und schwierigen Erfordernissen entsprechen, um der Gesamtheit einer Disziplin angehören zu können. Bevor er als wahr oder falsch bezeichnet werden kann, muß er, wie Georges Canguilhem sagen würde, »im Wahren« sein.

Man hat sich oft gefragt, wie die Botaniker oder die Biologen des 19. Jahrhunderts es fertiggebracht haben, nicht zu sehen, daß das, was Mendel sagte, wahr ist. Das liegt daran, daß Mendel von Gegenständen sprach, daß er Methoden verwendete und sich in einen theoretischen Horizont stellte, welche der Biologie seiner Epoche fremd waren. Zweifellos hatte Naudin vor ihm die These aufgestellt, daß die Erbmerkmale diskret sind; aber wie neu und befremdend dieses Prinzip auch war, es konnte – zumindest als Rätsel – dem biologischen Diskurs angehören. Mendel ist es, der das Erbmerkmal als absolut neuen biologischen Gegenstand konstituiert, in dem er eine bis dahin unbekannte Filterung vornimmt: er löst das Erbmerkmal von der Art ab, er löst es vom Geschlecht ab, das es weitergibt; und der Bereich, in dem er es beobachtet, ist die unendlich offene Serie der Generationen, in der es nach statistischen Regelhaftigkeiten auftaucht und verschwindet. Dieser neue Gegenstand erfordert neue begriffliche Instrumente und neue theoretische Begründungen. Mendel sagte die Wahrheit, aber er war nicht

»im Wahren« des biologischen Diskurses seiner Epoche: biologische Gegenstände und Begriffe wurden nach ganz anderen Regeln gebildet. Es mußte der Maßstab gewechselt werden, es mußte eine ganz neue Gegenstandsebene in der Biologie entfaltet werden, damit Mendel in das Wahre eintreten und seine Sätze (zu einem großen Teil) sich bestätigen konnten. Mendel war ein wahres Monstrum, weshalb die Wissenschaft von ihm nicht sprechen konnte. Hingegen hatte Schleiden, 30 Jahre früher, indem er, mitten im 19. Jahrhundert, aber gemäß den Regeln des biologischen Diskurses, die pflanzliche Sexualität leugnete, lediglich einen disziplinierten Irrtum formuliert.

Es ist immer möglich, daß man im Raum eines wilden Außen die Wahrheit sagt; aber im Wahren ist man nur, wenn man den Regeln einer diskursiven »Polizei« gehorcht, die man in jedem seiner Diskurse reaktivieren muß.

Die Disziplin ist ein Kontrollprinzip der Produktion des Diskurses. Sie setzt ihr Grenzen durch das Spiel einer *Identität,* welche die Form einer *permanenten Reaktualisierung der Regeln* hat.

Gewöhnlich sieht man in der Fruchtbarkeit eines Autors, in der Vielfältigkeit der Kommentare, in der Entwicklung einer Disziplin unbegrenzte Quellen für die Schöpfung von Diskursen. Vielleicht. Doch ebenso handelt es sich um Prinzipien der Einschränkung, und wahrscheinlich kann man sie in ihrer positiven und fruchtbaren Rolle nur verstehen, wenn man ihre restriktive und zwingende Funktion betrachtet.

Es gibt, glaube ich, eine dritte Gruppe von Prozeduren, welche die Kontrolle der Diskurse ermöglichen. Diesmal handelt es sich nicht darum, ihre Kräfte zu bändigen und die Zufälle ihres Auftauchens zu beherrschen. Es geht darum, die Bedingungen ihres Einsatzes zu bestimmen, den sprechenden Individuen gewisse Regeln aufzuerlegen und so zu verhindern, daß jedermann Zugang zu den Diskursen hat: Verknappung diesmal der sprechenden Subjekte. Niemand kann in die Ordnung des Diskurses eintreten, wenn er nicht gewissen Erfordernissen genügt, wenn er nicht von vornherein dazu qualifiziert ist. Genauer gesagt: nicht alle Regionen des Diskurses sind in gleicher Weise offen und zugänglich; einige sind stark abgeschirmt (und abschirmend), während andere fast allen Winden offenstehen und ohne Einschränkung jedem sprechenden Subjekt verfügbar erscheinen.

Ich möchte zu diesem Thema eine Anekdote erwähnen, die so schön ist, daß man um ihre Wahrheit zittern muß. Sie faßt alle Einschränkungen des Diskurses zusammen: die Begrenzungen seiner Macht, die Bändigungen seines zufälligen Auftretens und die Selektionen unter den sprechenden Subjekten. Zu Beginn des 17. Jahrhunderts hatte der Shogun davon gehört, daß die Überlegenheit der Europäer – auf den Gebieten der Schiffahrt, des Handels, der Politik, der Kriegskunst – in ihrer Kenntnis der Mathematik begründet sei. Er wünschte, sich eines so kostbaren Wissens zu bemächtigen. Als man ihm von einem englischen Seemann erzählt hatte, der das Geheimnis dieser wunderbaren Diskurse kannte, ließ er ihn in seinen Palast kommen und hielt ihn dort fest. Ganz allein nahm er bei ihm Unterrichtsstunden. Er lernte Mathematik. Er behielt tatsächlich die Macht und wurde sehr alt. Erst im 19. Jahrhundert gab es dann japanische Mathematiker. Aber die Anekdote ist damit nicht zu Ende: sie hat ihre europäische Kehrseite. Dieser englische Seemann, Will Adams, soll nämlich ein Autodidakt gewesen sein: ein Zimmermann, der bei seiner Arbeit auf einer Werft die Geometrie gelernt hatte. Drückt sich nicht in dieser Erzählung einer der großen Mythen der europäischen Kultur aus? Dem monopolisierten und geheimen Wissen der orientalischen Tyrannei setzt Europa die universale Kommunikation der Erkenntnis, den unbegrenzten und freien Austausch der Diskurse entgegen.

Doch hält dieser Gedanke einer Prüfung nicht stand. Der Austausch und die Kommunikation sind positive Figuren innerhalb komplexer Systeme der Einschränkung; und sie können nicht unabhängig von diesen funktionieren. Die oberflächlichste und sichtbarste Form dieser Einschränkungssysteme besteht in dem, was man unter dem Namen des Rituals zusammenfassen kann. Das Ritual definiert die Qualifikation, welche die sprechenden Individuen besitzen müssen (wobei diese Individuen im Dialog, in der Frage, im Vortrag bestimmte Positionen einnehmen und bestimmte Aussagen formulieren müssen); es definiert die Gesten, die Verhaltensweisen, die Umstände und alle Zeichen, welche den Diskurs begleiten müssen; es fixiert schließlich die vorausgesetzte oder erzwungene Wirksamkeit der Worte, ihre Wirkung auf ihre Adressaten und die Grenzen ihrer zwingenden Kräfte. Die religiösen, gerichtlichen, therapeutischen Diskurse, und zum Teil auch die politischen, sind von dem Einsatz eines Rituals kaum zu trennen, welches für die sprechenden Subjekte sowohl die besonderen Eigenschaften wie die allgemein anerkannten Rollen bestimmt.

Ein teilweise abweichendes Funktionieren zeigen die »Diskursgesellschaften«, welche die Aufgabe haben, Diskurse aufzubewahren oder zu produzieren, um sie in einem geschlossenen Raum zirkulieren zu lassen und sie nur nach bestimmten Regeln zu verteilen, so daß die Inhaber bei dieser Verteilung nicht enteignet werden. Ein archaisches Modell bilden jene Gruppen von Rhapsoden, welche die Kenntnis der Dichtungen besaßen, die vorzutragen oder auch zu verändern waren. Diese Kenntnis, die einem rituellen Vortrag diente, wurde in einer bestimmten Gruppe aufgrund außerordentlicher Gedächtnisleistungen geschützt, verteidigt, bewahrt. Wer sich diese Kenntnis aneignete, trat damit sowohl in eine Gruppe wie in ein Geheimnis ein, das durch den Vortrag zwar offenbart, aber nicht entweiht wurde. Zwischen dem Sprechen und dem Hören waren die Rollen nicht austauschbar.

Gewiß ist von derartigen »Diskursgesellschaften« mit ihrem zweideutigen Spiel von Geheimhaltung und Verbreitung kaum etwas geblieben. Aber man täusche sich nicht. Selbst im Bereich des wahren Diskurses, selbst im Bereich des veröffentlichten und von allem Ritual freien Diskurses, gibt es noch Aneignung von Geheimnis und Nicht-Austauschbarkeit. Der

Akt des Schreibens, wie er heute im Buch, im Verlagswesen und in der Persönlichkeit des Schriftstellers institutionalisiert ist, findet in einer »Diskursgesellschaft« statt, die vielleicht diffus, gewiß jedoch zwingend und einschränkend ist. Die Besonderheit des Schriftstellers, die von ihm selber gegenüber der Tätigkeit jedes anderen sprechenden oder schreibenden Subjekts hervorgehoben wird, der intransitive Charakter, den er seinem Diskurs verleiht, die fundamentale Einzigartigkeit, die er seit langem dem »Schreiben« zuspricht, die behauptete Asymmetrie zwischen dem »Schaffen« und irgendeinem anderen Einsatz des sprachlichen Systems – all dies verweist in der Formulierung (und wohl auch in der Praxis) auf die Existenz einer gewissen »Diskursgesellschaft«. Aber es gibt noch viele andere, die in ganz anderer Weise, nach ganz anderen Spielregeln von Ausschließung und Verbreitung funktionieren: man denke an das technische oder wissenschaftliche Geheimnis; man denke daran, wie der medizinische Diskurs verbreitet wird und zirkuliert, man denke an jene, die sich den ökonomischen oder politischen Diskurs angeeignet haben.

Auf den ersten Blick bilden die (religiösen, politischen, philosophischen) »Doktrinen« das Gegenteil von »Diskursgesellschaften«: bei diesen tendiert die Zahl der sprechenden Individuen, auch wenn sie nicht fixiert ist, dazu, begrenzt zu sein, und nur unter diesen Individuen kann der Diskurs zirkulieren und weitergegeben werden. Hingegen tendiert die Doktrin dazu, sich auszubreiten. Durch die gemeinsame Verbindlichkeit eines einzigen Diskursensembles definieren Individuen, wie zahlreich man sie sich auch vorstellen mag, ihre Zusammengehörigkeit. Anscheinend ist die einzige erforderliche Bedingung die Anerkennung derselben Wahrheiten und die Akzeptierung einer – mehr oder weniger strengen – Regel der Übereinstimmung mit den für gültig erklärten Diskursen. Wären sie nur das, so wären die Doktrinen von den wissenschaftlichen Disziplinen nicht so sehr verschieden, und die diskursive Kontrolle beträfe nur die Form und den Inhalt der Aussage, nicht auch das sprechende Subjekt. Aber die Zugehörigkeit zu einer Doktrin geht sowohl die Aussage wie das sprechende Subjekt an – und zwar beide in Wechselwirkung. Durch die Aussage und von der Aussage her stellt sie das sprechende Subjekt in Frage, wie die Ausschließungsprozeduren und die Verwerfungsmechanismen beweisen, die einsetzen, wenn ein sprechendes Subjekt eine oder mehrere unzulässige Aussagen gemacht hat; Häresie und Orthodoxie sind nicht fanatische Übertreibungen der Doktrinmechanismen: sie gehören wesenhaft zu ihnen. Aber umgekehrt stellt die Doktrin die Aussagen von den sprechenden Subjekten aus in Frage, sofern die Doktrin immer als Zeichen, Manifestation und Instrument einer vorgängigen Zugehörigkeit gilt – einer Klassenzugehörigkeit, eines gesellschaftlichen oder rassischen Status, einer Nationalität oder einer Interessengemeinschaft, einer Zusammengehörigkeit in Kampf, Aufstand, Widerstand oder Beifall. Die Doktrin bindet die Individuen an bestimmte Aussagetypen und verbietet ihnen folglich alle anderen; aber sie bedient sich auch gewisser Aussagetypen, um die Individuen miteinander zu verbinden und sie dadurch von allen anderen abzugrenzen. Die Doktrin führt eine zweifache Unterwerfung herbei: die Unterwerfung der sprechenden Subjekte unter die Diskurse und die Unterwerfung der Diskurse unter die Gruppe der sprechenden Individuen.

In einem viel größeren Maßstab muß man schließlich tiefe Spaltungen in der gesellschaftlichen Aneignung der Diskurse feststellen. Die Erziehung mag *de jure* ein Instrument sein, das in einer Gesellschaft wie der unsrigen jedem Individuum den Zugang zu jeder Art von Diskurs ermöglicht – man weiß jedoch, daß sie in ihrer Verteilung, in dem, was sie erlaubt, und in dem, was sie verhindert, den Linien folgt, die von den gesellschaftlichen Unterschieden, Gegensätzen und Kämpfen gezogen sind. Jedes Erziehungssystem ist eine politische Methode, die Aneignung der Diskurse mitsamt ihrem Wissen und ihrer Macht aufrechtzuerhalten oder zu verändern.

Ich bin mir darüber im klaren, daß es sehr abstrakt ist, wie ich es eben getan habe, die Rituale des Sprechens, die Diskursgesellschaften, die Doktringruppen und die gesellschaftlichen

Aneignungen zu trennen. Zumeist verbinden sie sich miteinander und bilden große Gebäude, welche die Verteilung der sprechenden Subjekte auf die verschiedenen Diskurstypen und die Aneignung der Diskurse durch bestimmte Kategorien von Subjekten sicherstellen. Es handelt sich hier, mit einem Wort, um die großen Prozeduren der Unterwerfung des Diskurses. Was ist denn eigentlich ein Unterrichtssystem – wenn nicht eine Ritualisierung des Wortes, eine Qualifizierung und Fixierung der Rollen für die sprechenden Subjekte, die Bildung einer zumindest diffusen doktrinären Gruppe, eine Verteilung und Aneignung des Diskurses mit seiner Macht und seinem Wissen? Was ist denn das »Schreiben« (das Schreiben der »Schriftsteller«) anderes als ein ähnliches Unterwerfungssystem, das vielleicht etwas andere Formen annimmt, dessen große Skandierungen aber analog verlaufen? Sind nicht auch das Gerichtssystem und das institutionelle System der Medizin, zumindest unter gewissen Aspekten, ähnliche Systeme zur Unterwerfung des Diskurses? [...]

Michel Foucault an seinem Schreibtisch
Foto: Bruno de Monès

2 Speichern und Informieren
Archiv / Repräsentation

Das historische Apriori und das Archiv

Die Positivität eines Diskurses wie desjenigen der Naturgeschichte, der Politischen Ökonomie oder der Klinischen Medizin charakterisiert seine Einheit durch die Zeit hindurch und weit über die individuellen Werke, die Bücher und die Texte hinaus. Diese Einheit gestattet sicher nicht zu entscheiden, ob Linné oder Buffon, ob Quesnay oder Turgot, ob Broussais oder Bichat die Wahrheit sagte, wer stringent argumentierte, wer sich am meisten seinen eigenen Forderungen gemäß verhielt; sie gestattet auch nicht zu sagen, welches dieser Werke einer ursprünglichen oder äußersten Bestimmung am nächsten kam, welches den allgemeinen Plan einer Wissenschaft am radikalsten formulierte. Was sie aber sichtbar werden läßt, ist, inwieweit Buffon und Linné (oder Turgot und Quesnay, Broussais und Bichat) von »derselben Sache« sprachen, indem sie sich auf »dasselbe Niveau« oder in »dieselbe Entfernung« stellten, indem sie »dasselbe Begriffsfeld« entfalteten und sich auf »demselben Schlachtfeld« gegenübertraten; und sie macht auf der anderen Seite auch sichtbar, warum man nicht sagen kann, daß Darwin von derselben Sache spricht wie Diderot, daß Laennec Van Swieten fortsetzt oder daß Jevons den Physiokraten entspricht. Sie definiert einen begrenzten Kommunikationsraum. Ein relativ beschränkter Raum, denn er ist weit davon entfernt, die Weitläufigkeit einer in ihrem ganzen historischen Werden begriffenen Wissenschaft von ihrem fernen Ursprung bis zum Punkt des augenblicklich von ihr Erreichten zu besitzen; ein Raum aber, der ausgedehnter ist als das Spiel der Einflüsse, das sich von einem Autor zum anderen auswirken konnte, oder als das Gebiet der expliziten Polemiken. Die verschiedenen Werke, die verstreuten Bücher, diese ganze Masse von Texten, die derselben diskursiven Formation angehören – und so viele Autoren, die sich gegenseitig kennen und nicht kennen, kritisieren, für nichtig erklären, ausräubern, sich wieder begegnen, ohne es zu wissen, und hartnäckig ihre vereinzelten Diskurse in einem Gewebe überkreuzen, das sie nicht beherrschen, dessen Ganzes sie nicht wahrnehmen und dessen Ausmaß sie schlecht ermessen –, alle diese Gestalten und diese verschiedenen Individualitäten kommunizieren nicht nur durch die logische Verkettung der Propositionen, die sie vorbringen, noch durch die Rückläufigkeit der Themen oder die Hartnäckigkeit einer überkommenen, vergessenen und wiederentdeckten Bedeutung; sie kommunizieren durch die Form der Positivität ihres Diskurses. Oder genauer: diese Positivitätsform (und die Ausübungsbedingungen der Aussagefunktion) definiert ein Feld, wo sich möglicherweise formale Identitäten, thematische Kontinuitäten, Begriffsübertragungen und polemische Spiele entfalten können. Daher spielt die Positivität die Rolle dessen, was man ein *historisches Apriori* nennen könnte.

Diese beiden Worte nebeneinander rufen eine etwas schrille Wirkung hervor; ich will damit ein *Apriori* bezeichnen, das nicht Gültigkeitsbedingung für Urteile, sondern Realitätsbedingung für Aussagen ist. Es handelt sich nicht darum, das wiederzufinden, was eine Behauptung legitimieren könnte, sondern die Bedingungen des Auftauchens von Aussagen, das Gesetz ihrer Koexistenz mit anderen, die spezifische Form ihrer Seinsweise und die Prinzipien freizulegen, nach denen sie fortbestehen, sich transformieren und verschwinden. Ein *Apriori* nicht von Wahrheiten, die niemals gesagt werden oder wirklich der Erfahrung gegeben werden könnten; sondern einer Geschichte, die gegeben ist, denn es ist die der wirklich gesagten Dinge. Der Grund für den Gebrauch dieses etwas sprachwidrigen Ausdrucks ist, daß dieses *Apriori* Aussagen in ihrer Streuung, in all den durch ihre Nicht-Kohärenz offenen Spalten, in ihrer Überlappung und ihrem wechselseitigen Sich-Ersetzen, in ihrer nicht zu vereinheitlichenden Gleichzeitigkeit und ihrer nicht deduzierbaren Abfolge erklären muß; kurz, es muß die Tatsache erklären, daß der Diskurs nicht nur einen

Sinn oder eine Wahrheit besitzt, sondern auch eine Geschichte, und zwar eine spezifische Geschichte, die ihn nicht auf die Gesetze eines unbekannten Werdens zurückführt. Es muß zum Beispiel zeigen, daß die Geschichte der Grammatik im Feld der Sprache und ihrer Probleme nicht die Projektion einer Geschichte ist, die im allgemeinen die der Vernunft oder einer Denkart wäre, einer Geschichte auf jeden Fall, die sie mit der Medizin, der Mechanik oder der Theologie gemeinsam hätte; sondern daß sie einen Geschichtstyp umfaßt – eine Form von Dispersion in der Zeit, einen Abfolge-, Stabilitäts- und Reaktivierungsmodus, eine Rotations- oder Ablaufsgeschwindigkeit –, der ihr eigen ist, selbst wenn sie nicht ohne Beziehung zu anderen Geschichtstypen ist. Darüber hinaus entgeht dieses *Apriori* nicht der Historizität: es konstituiert nicht über den Ereignissen und in einem Himmel, der unbeweglich bliebe, eine zeitlose Struktur; es definiert sich als die Gesamtheit der Regeln, die eine diskursive Praxis charakterisieren: nun erlegen sich diese Regeln den Elementen, die sie in Beziehung setzen, nicht von außen auf; sie sind genau in das einbezogen, was sie verbinden; und wenn sie sich nicht mit dem geringsten der Elemente verändern, verändern sie sie und transformieren sich mit ihnen doch an bestimmten entscheidenden Schwellen. Das *Apriori* der Positivitäten ist nicht nur das System einer zeitlichen Streuung; es ist selbst ein transformierbares Ganzes.

Gegenüber den formalen *Apriori*s, deren Instanz sich zufallslos ausdehnt, ist es eine rein empirische Figur; aber auf der anderen Seite muß es, da es gestattet, die Diskurse im Gesetz ihres wirklichen Werdens zu erfassen, die Tatsache erklären können, daß ein bestimmter Diskurs zu einem gegebenen Zeitpunkt diese oder jene formale Struktur aufnehmen und anwenden oder im Gegenteil ausschließen, vergessen oder verkennen kann. Es kann (durch etwas wie eine psychologische oder kulturelle Genese) formale *Apriori* nicht erklären; aber es gestattet zu begreifen, wie die formalen *Apriori* in der Geschichte Punkte zum Einhaken, der Einreihung, des Hereinbrechens oder des Auftauchens, Anwendungsbereiche oder -gelegenheiten haben können; und zu begreifen, wie diese Geschichte nicht absolut äußerer Zufall, nicht Notwendigkeit der ihre eigene Dialektik entfaltenden Form, sondern spezifische Regelmäßigkeit sein kann. Nichts wäre also angenehmer, aber irriger, als dieses historische *Apriori* als ein formales *Apriori* zu begreifen, das darüber hinaus mit einer Geschichte versehen wäre: eine große unbewegliche und leere Figur, die eines Tages an der Oberfläche der Zeit auftauchte, die auf das Denken der Menschen eine Gewaltherrschaft ausübte, der niemand sich zu entziehen wüßte, die dann mit einem Schlag in einer Verdunkelung verschwände, für die kein Ereignis eine Vorbedingung gestellt hätte: synkopiertes Transzendental, ein Spiel blinkender Formen. Das formale *Apriori* und das historische *Apriori* stehen nicht auf demselben Niveau, noch sind sie von gleicher Natur: wenn sie sich kreuzen, dann weil sie zwei verschiedenen Dimensionen angehören.

Der so nach historischen *Apriori* gegliederte, so durch verschiedene Positivitätstypen charakterisierte und durch distinkte diskursive Formationen aufgeteilte Aussagenbereich hat nicht mehr diesen Charakter eintöniger und unendlich verlängerter Ebene, den ich ihm verlieh, als ich von der »Oberfläche der Diskurse« sprach; ebenso hört er auf, als träges, glattes und neutrales Element zu erscheinen, wo Themen, Ideen, Begriffe und Erkenntnisse jeweils gemäß ihrer eigenen Bewegung oder von einer unsichtbaren Dynamik getrieben an die Oberfläche treten. Man hat es jetzt mit einem komplexen Volumen zu tun, worin sich heterogene Gebiete differenzieren und wo sich aufgrund spezifischer Regeln Praktiken entfalten, die sich nicht überlagern können. Anstatt zu sehen, wie im großen mythischen Buch der Geschichte sich Wörter aneinanderreihen, die vorher und woanders gebildete Gedanken in sichtbare Zeichen umsetzen, hat man in der Dichte der diskursiven Praktiken Systeme, die die Aussagen als Ereignisse (die ihre Bedingungen und ihr Erscheinungsgebiet haben) und Dinge (die ihre Verwendungsmöglichkeit und ihr Verwendungsfeld umfassen) einführen. All diese Aussagensysteme (Ereignisse einerseits und Dinge andererseits) schlage ich vor, *Archiv* zu nennen.

Mit diesem Ausdruck meine ich nicht die Summe aller Texte, die eine Kultur als Dokumente ihrer eigenen Vergangenheit oder als Zeugnis ihrer beibehaltenen Identität bewahrt hat; ich verstehe darunter auch nicht die Einrichtungen, die in einer gegebenen Gesellschaft gestatten, die Diskurse zu registrieren und zu konservieren, die man im Gedächtnis und zur freien Verfügung behalten will. Es ist vielmehr, es ist im Gegenteil das, was bewirkt, daß so viele von so vielen Menschen seit Jahrtausenden gesagte Dinge nicht allein gemäß den Gesetzen des Denkens oder allein nach dem Komplex der Umstände aufgetaucht sind, daß sie nicht einfach auf der Ebene sprachlicher Performanzen die Signalisation dessen sind, was sich in der Ordnung des Geistes oder in der Ordnung der Dinge entwickeln konnte; sondern daß sie dank einem ganzen Spiel von Beziehungen erschienen sind, die die diskursive Ebene charakterisieren; daß sie, anstatt zufällig erscheinende und ein wenig planlos auf stumme Prozesse gepfropfte Gestalten zu sein, gemäß spezifischen Regelmäßigkeiten entstehen; kurz, daß man, wenn es gesagte Dinge gibt – und nur diese –, nicht die Dinge, die sich darin gesagt finden, oder die Menschen, die sie gesagt haben, sondern das System der Diskursivität und die Aussagemöglichkeiten und -unmöglichkeiten, die es ermöglicht, nach dem unmittelbaren Grund dafür befragen muß. Das Archiv ist zunächst das Gesetz dessen, was gesagt werden kann, das System, das das Erscheinen der Aussagen als einzelner Ereignisse beherrscht. Aber das Archiv ist auch das, was bewirkt, daß all diese gesagten Dinge sich nicht bis ins Unendliche in einer amorphen Vielzahl anhäufen, sich auch nicht in eine bruchlose Linearität einschreiben und nicht allein schon bei zufälligen äußeren Umständen verschwinden; sondern daß sie sich in distinkten Figuren anordnen, sich aufgrund vielfältiger Beziehungen miteinander verbinden, gemäß spezifischen Regelmäßigkeiten sich behaupten oder verfließen; was bewirkt, daß sie nicht im gleichen Schritt mit der Zeit zurückgehen, sondern daß diejenigen, die besonders stark wie nahe Sterne glänzen, in Wirklichkeit von weither kommen, während andere, noch völlig junge, bereits außerordentlich verblaßt sind. Das Archiv ist nicht das, was trotz ihres unmittelbaren

Entrinnens das Ereignis der Aussage bewahrt und ihren Personenstand als den einer Ausbrecherin für die zukünftigen Gedächtnisse aufbewahrt; es ist das, was an der Wurzel der Aussage selbst als Ereignis und in dem Körper, in dem sie sich gibt, von Anfang an *das System ihrer Aussagbarkeit* definiert. Das Archiv ist auch nicht das, was den Staub der wieder unbeweglich gewordenen Aussagen aufsammelt und das eventuelle Wunder ihrer Auferstehung gestattet; es ist das, was den Aktualitätsmodus der Aussage als Sache definiert; es ist das *System ihres Funktionierens.* Weit davon entfernt, das zu sein, was all das vereinigt, was in jenem großen wirren Gemurmel *eines* Diskurses gesagt worden ist, weit davon entfernt, nur das zu sein, was uns die Sicherheit bietet, inmitten des aufrechterhaltenen Diskurses zu existieren, ist es das, was *die* Diskurse in ihrer vielfachen Existenz differenziert und sie in ihrer genauen Dauer spezifiziert.

Zwischen der *Sprache*, die das Konstruktionssystem möglicher Sätze definiert, und dem *Korpus*, das die gesprochenen Worte passiv aufnimmt, definiert das *Archiv* eine besondere Ebene: die einer Praxis, die eine Vielfalt von Aussagen als ebenso viele regelmäßige Ereignisse, ebenso viele der Bearbeitung und der Manipulation anheimgegebene Dinge auftauchen läßt. Sie hat nicht die Schwere der Tradition; und sie bildet nicht die zeit- und ortlose Bibliothek aller Bibliotheken, sie ist aber auch nicht das gastliche Vergessen, das jedem neuen Wort das Übungsfeld seiner Freizügigkeit eröffnet; zwischen der Tradition und dem Vergessen läßt sie die Regeln einer Praxis erscheinen, die den Aussagen gestattet, fortzubestehen und zugleich sich regelmäßig zu modifizieren. Es ist *das allgemeine System der Formation und der Transformation der Aussagen.* Es liegt auf der Hand, daß man das Archiv einer Gesellschaft, einer Kultur oder einer Zivilisation nicht erschöpfend beschreiben kann; zweifellos nicht einmal das Archiv einer ganzen Epoche. Auf der anderen Seite ist es uns nicht möglich, unser eigenes Archiv zu beschreiben, da wir innerhalb seiner Regeln sprechen, da es dem, was wir sagen können – und sich selbst als dem Gegenstand unseres Diskurses – seine Erscheinungsweisen, seine

Existenz- und Koexistenzformen, sein System der Anhäufung, der Historizität und des Verschwindens gibt. Das Archiv ist in seiner Totalität nicht beschreibbar; und es ist in seiner Aktualität nicht zu umreißen. Es gibt sich in Fragmenten, Gebieten und Ebenen, zweifellos um so besser und in um so größerer Deutlichkeit, je mehr die Zeit uns davon trennt: im Grenzfall, wäre nicht die Seltenheit der Dokumente, so wäre die größte zeitliche Perspektive nötig, um es zu analysieren. Wie könnte jedoch diese Beschreibung des Archivs gerechtfertigt werden, beleuchten, was sie ermöglicht, den Ort ausmachen, von wo aus sie selbst spricht, ihre Rechte und Pflichten überwachen, ihre Begriffe erproben und ausarbeiten – wenigstens in diesem Stadium der Untersuchung, wo sie ihre Möglichkeiten allein im Augenblick ihrer Ausübung bestimmen kann –, wenn sie hartnäckig niemals etwas anderes als die entferntesten Horizonte beschriebe? Muß sie sich nicht möglichst weit dieser Positivität, der sie selbst gehorcht, und diesem Archivsystem annähern, das gestattet, heute vom Archiv im allgemeinen zu sprechen? Muß sie nicht, und wäre es schief, dieses Aussagefeld, zu dem sie selbst gehört, erhellen? Die Analyse des Archivs umfaßt also ein privilegiertes Gebiet: gleichzeitig uns nahe, aber von unserer Aktualität abgehoben, ist es der Saum der Zeit, die unsere Gegenwart umgibt, über sie hinausläuft und auf sie in ihrer Andersartigkeit hinweist; es ist das, was uns außerhalb von uns begrenzt. Die Beschreibung des Archivs entfaltet ihre Möglichkeiten (und die Beherrschung ihrer Möglichkeiten) ausgehend von Diskursen, die gerade aufgehört haben, die unsrigen zu sein; ihre Existenzschwelle wird von dem Schnitt gesetzt, der uns von dem trennt, was wir nicht mehr sagen können, und von dem, was außerhalb unserer diskursiven Praxis fällt; sie beginnt mit dem unserer eigenen Sprache Äußeren; ihr Ort ist der Abstand unserer eigenen diskursiven Praxis. In diesem Sinne gilt sie für unsere Diagnose. Nicht weil sie uns gestatten würde, die Tabelle unserer unterscheidenden Merkmale aufzustellen und im voraus die Gestalt zu skizzieren, die wir in Zukunft haben werden. Aber sie nimmt uns unsere Kontinuitäten; sie löst diese zeitliche Identität auf, worin wir uns gerne selbst betrachten, um die Brüche der

Geschichte zu bannen; sie zerreißt den Faden der transzendentalen Teleologien; und da, wo das anthropologische Denken nach dem Sein des Menschen oder seiner Subjektivität fragte, läßt sie das Andere und das Außen aufbrechen. Die so verstandene Diagnose erreicht nicht die Feststellung unserer Identität durch das Spiel der Unterscheidungen. Sie stellt fest, daß wir Unterschiede sind, daß unsere Vernunft der Unterschied der Diskurse, unsere Geschichte der Unterschied der Zeiten, unser Ich der Unterschied der Masken ist. Daß der Unterschied, weit davon entfernt, vergessener und wiedererlangter Ursprung zu sein, jene Verstreuung ist, die wir sind und die wir vornehmen. Das niemals vollendete, niemals restlos vollzogene Hervorbringen des Archivs bildet den allgemeinen Hintergrund, zu dem die Beschreibung der diskursiven Formationen, die Analyse der Positivitäten, das Ermitteln des Aussagefeldes gehören. Das Recht der Wörter – das nicht mit dem der Philologen zusammenfällt – gestattet also, allen diesen Untersuchungen den Titel *Archäologie* zu verleihen. Dieser Ausdruck fördert nicht zur Suche nach irgendeinem Anfang auf; er rückt die Analyse nicht in verwandtschaftliche Nähe zu Ausgrabung oder geologischer Sondierung. Er bezeichnet das allgemeine Thema einer Beschreibung, die das schon Gesagte auf dem Niveau seiner Existenz befragt: über die Aussagefunktion, die sich in ihm vollzieht, über die diskursive Formation, zu der er gehört, über das allgemeine Archivsystem, dem er untersteht. Die Archäologie beschreibt die Diskurse als spezifizierte Praktiken im Element des Archivs.

Die Phantasmen der Bibliothek

(zu Gustave Flauberts *Die Versuchung des heiligen Antonius*)

Sehr früh entstanden – vielleicht aus einem Marionetten-Spiel –, zieht sich die *Versuchung* durch das ganze Werk Flauberts. Es scheint, als bilde die *Versuchung* neben den übrigen Texten, hinter ihnen, eine Art ungeheurer Reserve an Gewaltakten, an Phantasmagorien, Schimären, Alpträumen, burlesken Profilen und als habe Flaubert diesen unermeßlichen Schatz bald in die eintönigen Provinz-Träume der *Madame Bovary* einfließen lassen, bald die Szenerie für *Salambo* aus ihm geformt und gemeißelt oder in *Bouvard* ihn zum grotesk Alltäglichen herabgemindert. Man hat das Gefühl, als sei die *Versuchung* für Flaubert der Traum seiner Sprache gewesen, dessen, was sie für ihn hätte sein sollen: geschmeidig, seidig, spontan, harmonisch entschränkt in der Trunkenheit der Sätze – schön; aber auch das, was sie nicht mehr sein durfte, wenn sie zur Tag-Gestalt erwachen sollte. Die *Versuchung* war vor allen Werken Flauberts da (der erste Entwurf in den *Memoires d'un Fou*, im *Rêve d'Enfer*, in der *Danse des Morts* und vor allem in *Smarrh*), und sie wurde – Ritual, Reinigung, Exerzitium, abgewiesene »Versuchung« – vor jedem der großen Werke wiederholt. Wie sie über das gesamte Œuvre überhängt, so überragt sie es auch: durch den unmäßigen Wortreichtum, die brachliegende Überfülle, das Bestiarium der Gestalten. Als Hintergrund der übrigen Werke gesehen, bietet sie das Negativ zu deren Sprache: die dunkle, raunende Prosa, die jene nach und nach verdrängen und zum Schweigen bringen mußten, damit sie selbst ans Licht treten konnten. Das ganze Werk Flauberts ist die Brandstätte dieser ersten »Rede«: ihre kostbare Asche, ihre schwarze, harte Kohle.

Man liest die *Versuchung* gern als das Protokoll eines freigesetzten Traums. Sie sei für die Literatur, was Bosch, Breughel oder der Goya der Caprichos für die Malerei gewesen sind. Langeweile der ersten Leser (oder Zuhörer) vor diesem monotonen Aufmarsch grotesker Figuren: »Wir hörten, was die Sphinx, die Chimäre, die Königin von Saba, Simon der Magier sagten ...«; oder, nochmals Du Camp: »Der heilige Antonius, verstört, etwas albern, ein Einfaltspinsel würde ich sagen, sieht die verschiedenen Formen der *Versuchung* an sich vorüberziehen.« Die Freunde sind entzückt vom Reichtum der Vision (Coppée), von diesem Wald an Schatten und Helle (Hugo), von dem »Mechanismus der Halluzination« (Taine). Aber nicht das ist das seltsamste. Flaubert selber beruft sich auf Wahnsinn und Phantasmen; er spürt, daß er an den großen gefüllten Bäumen des Traums arbeitet: »Ich verbringe die Nachmittage bei geschlossenen Läden, zugezogenen Vorhängen und ohne Hemd im Zimmermannsanzug! Ich brülle! Ich schwitze! Es ist herrlich! In manchen Augenblicken geht das entschieden über das Delirium hinaus.« Und als die Arbeit kurz vor dem Abschluß steht: »Ich habe mich wie wild in den heiligen Antonius gestürzt, und jetzt bin ich so weit, daß die unheimlichste Überspanntheit mir ein Genuß ist ... Nie sind mir verrücktere Einfälle gekommen.«

Es mag verwundern, daß soviel gelehrte Gründlichkeit einen so starken Eindruck von Phantasmagorie hinterläßt, und mehr noch, daß Flaubert selbst als Sprudeln delirierender Einbildungskraft empfunden hat, was doch so offenkundig der Geduld des Wissens angehörte. Es sei denn, Flaubert hätte hier die Erfahrung einer merkwürdig modernen Phantastik gemacht, die vor ihm wenig bekannt war. Das 19. Jahrhundert hat eine Region der Einbildungskraft entdeckt, deren Kraft frühere Zeitalter sicher nicht einmal geahnt haben. Diese Phantasmen haben ihren Sitz nicht mehr in der Nacht, dem Schlaf der Vernunft, der ungewissen Leere, die sich vor der Sehnsucht auftut, sondern im Wachzustand, in der unermüdlichen Aufmerksamkeit, im gelehrten Fleiß, im wachsamen Ausspähen. Das

Chimärische entsteht jetzt auf der schwarzen und weißen Oberfläche der gedruckten Schriftzeichen, aus dem geschlossenen staubigen Band, der, geöffnet, einen Schwarm vergessener Wörter entläßt; es entfaltet sich säuberlich in der lautlosen Bibliothek mit ihren Buchkolonnen, aufgereihten Titeln und Regalen, die es nach außen ringsum abschließt, sich nach innen aber den unmöglichsten Welten öffnet. Das Imaginäre haust zwischen dem Buch und der Lampe. Man trägt das Phantastische nicht mehr im Herzen, man erwartet es auch nicht mehr von den Ungereimtheiten der Natur; man schöpft es aus der Genauigkeit des Wissens; im Dokument harrt sein Reichtum. Man braucht, um zu träumen, nicht mehr die Augen zu schließen, man muß lesen. Das wahre Bild ist Kenntnis. Es sind die bereits gesagten Worte, die überprüften Texte, die Massen an winzigen Informationen, Parzellen von Monumenten, Reproduktionen von Reproduktionen, die der modernen Erfahrung die Mächte des Unmöglichen zutragen. Nur noch das ständige Raunen der Wiederholung kann uns überliefern, was nur ein einziges Mal stattgefunden hat. Das Imaginäre konstituiert sich nicht mehr im Gegensatz zum Realen, um es abzuleugnen oder zu kompensieren; es dehnt sich von Buch zu Buch zwischen den Schriftzeichen aus, im Spielraum des Nocheinmal-Gesagten und der Kommentare; es entsteht und bildet sich heraus im Zwischenraum der Texte. Es ist ein Bibliotheksphänomen.

Auch Michelet und Quinet hatten in der *Sorcière* und im *Ahasvérus* diese Formen des gelehrten Onirismus erprobt. Aber die *Versuchung* ist nicht zuerst ein Wissen, das sich nach und nach zur Größe eines Werks erhebt. Sie ist ein Werk, das sich von Anfang an im Raum des Wissens konstituiert: sie existiert nur in einer bestimmten fundamentalen Beziehung zu Büchern. Sie ist deshalb vermutlich mehr als eine Episode in der Geschichte der abendländischen Einbildungskraft: sie erschließt den Raum für eine Literatur, die nur in und durch das Verbindungsnetz des schon Geschriebenen existiert; sie ist das Buch, in dem es um die Fiktion der Bücher geht. Man wird einwenden, daß schon *Don Quijote*, das ganze Werk de Sades … Aber

Don Quijote ist mit den Ritterromanen und die *Nouvelle* Justine mit den Tugendromanen des 18. Jahrhunderts im Modus der Ironie verknüpft. Und es sind eben doch nur Bücher! Die *Versuchung* hingegen bezieht sich ernsthaft auf das unermeßliche Gebiet des Gedruckten; sie siedelt sich in der anerkannten Institution des Schrifttums an. Sie ist nicht so sehr ein neues Buch – ein Buch neben Büchern – als ein Werk, das sich über den ganzen Raum der vorhandenen Bücher erstreckt. Es umspannt sie, verbirgt sie, bekundet sie: in einer einzigen Bewegung läßt es sie aufleuchten und verschwinden. Sie ist nicht nur ein Buch, von dem Flaubert lange Zeit geträumt hat, er werde es schreiben – sie ist der Traum der anderen Bücher, aller anderen, der träumenden und der geträumten Bücher: wieder hervorgeholter, zerstückelter, umgestellter, neu kombinierter, fortgeschobener, durch den Traum in die Ferne gerückter, aber durch ihn auch wieder bis zur funkelnden imaginären Befriedigung des Begehrens nahegerückter Bücher. Flaubert hat mit der *Versuchung* zweifellos das erste literarische Werk geschrieben, das seinen Ort einzig und allein im Umkreis der Bücher hat: nach ihm wird Mallarmés *Buch* möglich, Joyce, Roussel, Kafka, Pound, Borges. Die Bibliothek steht in Flammen.

Déjeuner sur l'herbe und *Olympia* sind wohl die ersten »Museums«-Bilder gewesen: zum ersten Mal in der europäischen Kunst sind Bilder gemalt worden – nicht eigentlich als Replik auf Giorgione, auf Raphael und Velázquez, sondern um im Schutz dieser einzelnen sichtbaren Beziehung, unter der identifizierbaren Verweisung eine neue substantielle Beziehung der Malerei auf sich selbst zu bezeugen, um die Existenz der Museen und die in Museen erworbene Art des Vorhandenseins und der Verwandtschaft von Bildern darzutun. In der gleichen Epoche ist die *Versuchung* das erste literarische Werk, das jenen gründlichen Institutionen Rechnung trägt, in denen die Bücher sich häufen und still die langsame, unaufhaltsame Vegetation ihres Wissens heranwächst. Flaubert ist für die Bibliothek, was Manet für das Museum ist. Sie schreiben, sie malen mit einem grundlegenden Bezug auf das, was gemalt, was geschrieben worden ist – oder vielmehr auf das, was in der Malerei und in der Literatur sich unbegrenzt offen erhält. Ihre Kunst siedelt sich an, wo das Archiv entsteht. Ohne auf den tristen historischen Charakter – die schwindende Jugend, die fehlende Frische, den Winter der Erfindung – hinzuweisen, durch den wir gern unser alexandrinisches Zeitalter brandmarken, decken sie eine für unsere Kultur wesentliche Tatsache auf: jedes Bild gehört der großen quadrierten Fläche der Malerei, jedes literarische Werk dem endlosen Raunen des Geschriebenen an. Flaubert und Manet haben Bücher und Bilder in der Kunst selbst existieren lassen.

Die Anwesenheit des Buches ist in der *Versuchung* auf merkwürdige Weise manifestiert und umgangen. Gleich zu Beginn wird der Text als Buch verleugnet. Kaum ist der Band aufgeschlagen, widerlegt er die gedruckten Schriftzeichen, die ihn bevölkern: er gibt sich die Form eines Theaterstücks, ist Transkription einer Prosa, die eigentlich gar nicht zum Lesen, sondern zur Rezitation und zur Aufführung bestimmt ist. Flaubert hatte kurze Zeit erwogen, aus der *Versuchung* eine Art großes Drama zu machen, einen Faust, der das ganze Universum der Religionen und der Götter in sich geschlungen hätte. Sehr bald hat Flaubert darauf verzichtet; aber er hat im Text alles das beibehalten, wodurch eine eventuelle Aufführung festgelegt werden könnte: Aufteilung in Dialoge und Szenen, Beschreibung des Orts der Handlung, der Elemente der Bühnenausstattung und ihrer Verwandlung, Angabe, wie sich die »Schauspieler« auf der Bühne zu bewegen haben – und dies alles in der traditionellen typographischen Einrichtung (kleinerer Schriftgrad und breiterer Rand für die Regieanweisungen; Personennamen in größeren Buchstaben über dem entsprechenden Part, etc.). Durch eine bezeichnende Verdoppelung hat die erste Szenerie, die allen späteren Verwandlungen zugrunde liegt, selbst die Form eines natürlichen Theaters: die Hütte des Eremiten steht »auf einem halbmondförmigen, von großen Felsbrocken eingeschlossenen Bergplateau«; das Buch soll also eine Szenerie beschreiben, die selbst ein von der Natur gebildetes Plateau darstellt, auf dem sich neue Theaterszenen entfalten werden.

Aber diese Angaben besagen nichts für die künftige Verwendung des Textes (sie sind fast durchweg mit einer wirklichen Aufführung unvereinbar), sie bezeichnen lediglich seine Seinsart: Das Gedruckte soll nur der unaufdringliche Träger des Sichtbaren sein; ein heimlicher Zuschauer tritt an die Stelle des Lesers, und der Akt des Lesens geht im Triumph eines anderen Blicks auf. Das Buch verschwindet in der Theatralik, die es hervorbringt.

Aber nur, um im Bühnenraum sogleich aufs neue zu erscheinen. Kaum haben sich die ersten Vorboten der *Versuchung* durch die länger werdenden Schatten gebohrt, die unheimlichen Tierschnauzen die Nacht durchstoßen, als Antonius zu seinem Schutz die Fackel anzündet und ein »dickes« Buch aufschlägt – eine Positur, wie sie der ikonographischen Tradition entspricht. Auf dem Bild Breughels des Jüngeren, das Flaubert beim Besuch der Kollektion Balbi in Genua so sehr bewundert hatte und das, wenn man ihm glauben darf, den Wunsch, eine »*Versuchung*« zu schreiben, in ihm entstehen ließ, kniet rechts unten der Einsiedler vor einem riesigen Quartband; er hält den Kopf gesenkt, die Augen auf das Geschriebene geheftet. Rings um ihn breiten nackte Frauen die Arme aus, die hohe Gestalt der Völlerei reckt ihren Giraffenhals, Faß-Männer tollen umher, namenlose Tiere verschlingen sich gegenseitig, während alle grotesken Figuren dieser Erde: Bischöfe, Könige, Machthaber, vorüberziehen. Aber der Heilige sieht nichts von alledem, er ist in seine Lektüre vertieft. Er sieht nichts, es sei denn, daß er aus den Augenwinkeln das große Getümmel wahrnimmt. Es sei denn, daß er, gerade um sich vor ihm zu schützen, die geheimnisvolle Macht seines Zauberbuchs anruft. Es sei denn, daß das stammelnde Buchstabieren der Schriftzeichen alle diese armen Mißgestalten hervorruft, die in keiner Sprache eine Vokabel erhalten haben, die kein Buch jemals aufnimmt und die sich nun, namenlos, auf den gewichtigen Buchseiten herumtreiben. Es sei denn, daß alle diese Existenzen, die keine Töchter der Natur sein können, zwischen den geblätterten Seiten, aus dem Intervall zwischen den Buchstaben hervorkommen. Vielleicht erzeugt, fruchtbarer als der Schlaf der Vernunft, das Buch die Unzahl der Monstren. Statt einen schützenden Raum zu schaffen, hat es ein finstres Gezücht freigesetzt, eine zweifelhafte Schattenregion, in der Bild und Wissen ineinander übergehen. Was auch immer der aufgeschlagene Quartband auf dem Bild Breughels bedeutet, Flauberts heiliger Antonius ergreift sein Buch, um sich vor dem Ansturm des Bösen zu schützen, und er liest wahllos fünf Abschnitte aus der Heiligen Schrift. Aber durch die Tücke des Textes steigt alsbald der Duft herrlicher Speisen in der Abendluft auf, der Geruch von Blut und Zorn, der Weihrauch des Stolzes, Arome, kostbarer als das Gold, das sie aufwöge, oder das sündhafte Parfüm orientalischer Königinnen. Das Buch ist der Ort der Versuchung.

Diego de Velázquez *Las Meninas* 1656 – 57

Die Großzügigkeit des Spiegels

(zu Diego de Velázquez' *Las Meninas)*

1.

Der Maler steht etwas vom Bild entfernt. Er wirft einen Blick auf das Modell. Vielleicht ist nur noch ein letzter Tupfer zu setzen, vielleicht ist aber auch der erste Strich noch nicht einmal getan. Der Arm, der den Pinsel hält, ist nach links, in Richtung der Palette, geknickt und verharrt einen Augenblick unbeweglich zwischen der Leinwand und den Farben. Die geschickte Hand ist durch den Blick einen Moment zum Stillstand gekommen; andererseits ruht der Blick auf der Geste des Einhaltens. Zwischen der feinen Spitze des Pinsels und dem stählernen Blick kann das Schauspiel seinen vollen Umfang entfalten.

Das geschieht nicht ohne ein subtiles System von Ausweichmanövern. Der Maler hat sich in einige Entfernung neben das Bild gestellt, an dem er gerade arbeitet. Für den Betrachter steht er rechts von seinem Bild, das die äußerste linke Seite einnimmt. Demselben Betrachter ist nur die Rückseite des Bildes sichtbar, nur das riesige Gestell ist dem Blick freigegeben. Dagegen ist der Maler völlig sichtbar. Auf jeden Fall ist er nicht durch die hohe Leinwand verborgen, die ihn vielleicht in einigen Augenblicken verdecken wird, wenn er auf sie zugeht und sich wieder an die Arbeit macht. Wahrscheinlich ist er dem Betrachter gerade sichtbar geworden, als er aus dieser Art virtuellen Käfigs heraustrat, den die Oberfläche der Leinwand, die er bemalt, nach hinten projiziert. Man kann ihn jetzt, in einem Augenblick des Verharrens, im neutralen Zentrum dieser Oszillation sehen. Seine dunkle Gestalt, sein helles Gesicht bilden die Mitte zwischen Sichtbarem und Unsichtbarem. Er tritt hinter der für uns nicht einsehbaren Leinwand hervor und wird dadurch sichtbar; wenn er aber gleich einen Schritt nach rechts tun und sich unseren Blicken entziehen wird, wird er genau vor dem von ihm gemalten Bild stehen. Er wird dann an jenem Platz vor dem für einen Augenblick vernachlässigten Bild stehen, das schattenlos und ohne etwas zu verschweigen für ihn wieder sichtbar werden wird. Als könnte der Maler nicht gleichzeitig auf dem Bild, das ihn darstellt, gesehen werden und seinerseits dasjenige sehen, auf dem er gerade etwas darstellen will. Er herrscht an der Grenze dieser beiden unvereinbaren Sichtbarkeiten.

Der Maler betrachtet mit leicht gewendetem Gesicht und zur Schulter geneigtem Kopf. Er fixiert einen unsichtbaren Punkt, den wir Betrachter aber leicht bestimmen können, weil wir selber dieser Punkt sind: unser Körper, unser Gesicht, unsere Augen. Das von ihm beobachtete Schauspiel ist also zweimal unsichtbar, weil es nicht im Bildraum repräsentiert ist und weil es genau in jenem blinden Punkt, in jenem essentiellen Versteck liegt, in dem sich unser eigener Blick unseren Augen in dem Augenblick entzieht, in dem wir blicken. Wie könnten wir jedoch diese Unsichtbarkeit vor unseren Augen nicht sehen, findet sie doch im Bild selbst ihren spürbaren Ausdruck, ihre versiegelte Gestalt. Man könnte tatsächlich erraten, was der Maler betrachtet, wenn man einen Blick auf die Leinwand werfen könnte, an der er arbeitet. Man sieht von ihr aber nur den eingespannten Rand, in der Horizontalen die Streben und in der Vertikalen die Schräge des Gestells. Das hohe, eintönige Rechteck, das die ganze linke Seite des wirklichen Bildes beherrscht und die Rückseite des abgebildeten Gemäldes bildet, stellt in der Art einer Oberfläche die in die Tiefe gehende Unsichtbarkeit dessen dar, was der Künstler betrachtet: jenen Raum, in dem wir uns befinden und der wir sind. Von den Augen des Malers zu dem von ihm Betrachteten ist eine beherrschende Linie gezogen, der wir als Betrachter uns nicht entziehen können. Sie durchläuft das wirkliche Gemälde und erreicht diesseits seiner Oberfläche jenen Ort, von dem aus wir den Maler sehen, der uns beobachtet. Diese punktierte Linie erreicht uns unweigerlich und verbindet uns mit der Repräsentation des Bildes.

Dem Anschein nach ist dieser Topos sehr einfach, er beruht auf Reziprozität. Wir betrachten ein Bild, aus dem heraus ein Maler seinerseits uns anschaut. Nichts als ein Sichgegenüberstehen, sich überraschende Augen, Blicke, die sich kreuzen und dadurch überlagern. Dennoch umfließt diese dünne Linie der Sichtbarkeit ein ganzes komplexes Netz von Unsicherheiten, Austauschungen und Ausweichungen. Der Maler lenkt seine Augen nur in dem Maße auf uns, in dem wir uns an der Stelle seines Motivs befinden. Wir, die Zuschauer, sind noch darüber hinaus vorhanden. Von diesem Blick aufgenommen, werden wir von ihm auch verdrängt und durch das ersetzt, was zu allen Zeiten vor uns da war: durch das Modell. Umgekehrt akzeptiert der Blick des Malers, den dieser nach außen in die ihm gegenüberliegende Leere richtet, so viele Modelle, wie Betrachter vorhanden sind. An dieser Stelle genau findet ein ständiger Austausch zwischen Betrachter und Betrachtetem statt. Kein Blick ist fest, oder: in der neutralen Furche des Blicks, der die Leinwand senkrecht durchdringt, kehren Subjekt und Objekt, Zuschauer und Modell ihre Rolle unbegrenzt um. Und darin liegt die zweite Funktion der großen Leinwand, deren Rückseite wir an der äußeren Linken sehen. Hartnäckig unseren Blicken entzogen, verhindert sie, daß die Beziehung der Blicke jemals feststellbar ist und definitiv hergestellt werden kann. Die opake Festigkeit, die sie auf der einen Seite herrschen läßt, macht das Spiel der Verwandlungen für immer beweglich, das sich im Zentrum zwischen dem Betrachter und dem Modell herstellt. Weil wir nur diese Rückseite sehen, wissen wir nicht, wer wir sind und was wir tun. Sehen wir, oder werden wir gesehen? Der Maler fixiert gerade einen Punkt, der von Augenblick zu Augenblick seinen Inhalt, seine Form, sein Gesicht und seine Identität wechselt. Aber die aufmerksame Unbeweglichkeit seiner Augen weist in eine andere Richtung zurück, der sie schon gefolgt sind und die sie, daran besteht kein Zweifel, bald wieder einschlagen werden: die Richtung hin zur unbeweglichen Leinwand, auf der – vielleicht schon lange und für immer – ein Portrait umrissen ist, das nie wieder ausgelöscht wird. Infolgedessen beherrscht der souveräne Blick des Malers ein virtuelles Dreieck, das in seinen Umrissen dieses Bild eines Bildes definiert: an der oberen Ecke als einzig sichtbarer Punkt – die Augen des Malers; an der Basis einerseits der unsichtbare Standpunkt des Modells und andererseits die wahrscheinlich auf der Vorderseite der Leinwand skizzierte Gestalt.

In dem Augenblick, in dem die Augen des Malers den Betrachter in ihr Blickfeld stellen, erfassen sie ihn, zwingen ihn zum Eindringen in das Bild, weisen ihm einen zugleich privilegierten und obligatorischen Platz zu, entnehmen ihm seine lichtvolle und sichtbare Art und werfen sie auf die unzugängliche Oberfläche der Leinwand. Der Betrachter sieht seine Unsichtbarkeit für den Maler sichtbar geworden und in ein für ihn selbst definitiv unsichtbares Bild transponiert. Dies ist eine Überraschung, die noch vervielfacht und unvermeidlicher gemacht wird durch eine Falle am Rande. Auf der äußersten Rechten erhält das Bild sein Licht durch ein Fenster, das in sehr kurzer Perspektive dargestellt ist. Man sieht nur seine Vertiefung, so daß das einflutende Licht zwei benachbarte und verbundene, aber irreduzible Räume gleichmäßig beleuchtet: die Oberfläche des Bildes mit dem von ihm repräsentierten Umfang (also das Atelier des Malers oder den Salon, in dem er seine Staffelei aufgestellt hat) und vor dieser Oberfläche den wirklichen Raum, den der Zuschauer einnimmt (oder auch den irrealen Standort des Modells). Während das Licht das Zimmer von rechts nach links durchläuft, zieht es den Betrachter zum Maler und das Modell zur Leinwand. Durch dieses weite goldene Licht wird auch der Maler dem Betrachter sichtbar und läßt den Rahmen der rätselvollen Leinwand, in der sein Bild, einmal übertragen, eingeschlossen wird, in den Augen des Modells wie goldene Linien erglänzen. Dieses äußerste Fenster, das kaum angedeutet ist, setzt ein volles und gemischtes Tageslicht frei, das der Repräsentation als gemeinsamer Punkt dient. Es bringt am anderen Ende des Bildes ein Gegengewicht zu der unsichtbaren Leinwand zustande: so wie diese, indem von ihr nur die Rückseite sichtbar ist, sich gegen das sie repräsentierende Gemälde lehnt und durch die Überlagerung ihrer sichtbaren Rückseite und der Oberfläche des sie tragenden Gemäldes den für uns unzugänglichen Punkt bildet, an dem das Bild *par excellence* schillert, so richtet auch das Fenster als reine Öffnung einen Raum ein, der ebenso manifest ist, wie der andere verborgen ist. Dem Maler, den Personen, den Modellen, den Betrachtern ist er ebenso vertraut wie der andere einsam (denn keiner sieht ihn an, nicht einmal der Maler). Von rechts dringt durch ein unsichtbares Fenster das reine Volumen eines Lichts, das jede Repräsentation sichtbar werden läßt. Links dehnt sich die Fläche aus, die auf der Vorderseite ihres allzu sichtbaren Rahmens die von ihr getragene Repräsentation verbirgt. Das Licht hüllt, indem es die Szene überflutet (sowohl das Zimmer, als auch die Leinwand, das auf der Leinwand repräsentierte Zimmer und das Zimmer, in dem die Staffelei aufgestellt ist), die Personen und Betrachter ein und zieht sie durch den Blick des Malers zu dem Punkt, wo der Maler sie repräsentieren wird. Dieser Ort ist uns aber entzogen. Wir sehen uns als durch den Maler Betrachtete und seinen Augen durch das gleiche Licht sichtbar geworden, durch das er uns sichtbar wird. In dem Augenblick, in dem wir uns als auf seine Leinwand transponiert und durch seine Hand wie in einem Spiegel wiedergegeben begreifen können, können wir von dem Bild nur dessen düstere Rückseite erfassen – die Rückseite eines klappbaren Ankleidespiegels.

Nun hat der Maler jedoch genau gegenüber den Beschauern – uns gegenüber – auf der Wand, die den Hintergrund des Zimmers bildet, eine Serie von Bildern repräsentiert. Unter allen diesen Bildern glänzt eines ganz besonders stark. Sein Rahmen ist breiter und dunkler als die der anderen. Eine helle, dünne Linie läuft indessen an seiner Innenseite entlang, wodurch auf der ganzen Oberfläche des Bildes ein Licht entsteht, dessen Ursprung schlecht zu bestimmen ist. Es kommt von nirgends, es sei denn von einem in ihm liegenden Raum. In dieser seltsamen Helligkeit erscheinen zwei Silhouetten und über ihnen, ein wenig weiter hinten, ein langer Purpurvorhang. Die anderen Bilder zeigen kaum mehr als einige fahle Flecken an der Grenze einer tiefen Nacht. Dieses Bild aber ist auf einen Raum hin geöffnet, in dem sich Gegenstände in der Tiefe in einer Helligkeit abstufen, die nur ihm eigen ist. Unter allen Elementen,

die die Bestimmung haben, Repräsentationen zu geben, sie aber in Frage stellen, sie verhüllen oder durch ihre Position oder ihre Entfernung ausweichen lassen, ist dies das einzige, das in aller Ehrenhaftigkeit funktioniert und zeigt, was es zeigen soll. Das geschieht trotz seiner Entfernung und trotz des umgebenden Schattens. Es handelt sich aber nicht um ein Bild, sondern um einen Spiegel. Er gibt endlich den Zauber frei, den ebenso die entfernt hängenden Gemälde wie das Licht des Vordergrundes mit der ironischen Leinwand verweigerten.
Von allen Repräsentationen, die das Bild repräsentiert, ist er die einzig sichtbare. Keiner jedoch schaut ihn an. Der Maler, der neben seiner Leinwand steht und dessen Aufmerksamkeit völlig auf sein Modell gerichtet ist, kann den sanft leuchtenden Spiegel hinter sich nicht sehen. Die meisten anderen Personen auf dem Bild haben ebenfalls ihre Blicke auf das gerichtet, was sich vor ihnen abspielt – auf die helle Unsichtbarkeit, die die Leinwand begrenzt, auf jenen Balkon aus Licht, der ihrem Blick diejenigen zeigt, von denen sie angesehen werden –, und nicht auf die dunkle Höhlung, die das Zimmer abschließt, in dem sie repräsentiert sind. Zwar sind einige Köpfe nur von der Seite sichtbar, keiner jedoch ist in ausreichendem Maße abgewandt, um hinten im Raum das kleine leuchtende Rechteck, diesen Spiegel zu sehen, der nichts als Sichtbarkeit ist, ohne daß sich jedoch ein Blick seiner bemächtigte, ihn aktualisierte und die reife Frucht seines Schauspiels genösse.
Diese Indifferenz findet sich in ihm selbst wieder. Der Spiegel reflektiert in der Tat nichts, was sich im selben Raum mit ihm befindet: weder den Maler, der ihm den Rücken zukehrt, noch die Personen in der Mitte des Zimmers. In seiner hellen Tiefe spiegelt er nicht das Sichtbare. In der holländischen Malerei war es Tradition, daß die Spiegel eine reduplizierende Rolle spielten. Sie wiederholten, was im Bild bereits gegeben war, aber in einem irrealen, modifizierten, verkürzten und gekrümmten Raum. Man sah dann die gleichen Dinge wie in der ersten Instanz des Bildes, aber nach einem anderen Gesetz zerlegt und rekomponiert. Hier wiederholt der Spiegel nichts von dem, was bereits gesagt worden ist. Dennoch ist seine Position in etwa zentral. Sein oberer Rand liegt genau auf der Linie, die

die Höhe des Bildes halbiert, er nimmt auf der Wand im Hintergrund (oder zumindest in dem sichtbaren Teil davon) eine Mittelposition ein. Er müßte also von den gleichen perspektivischen Linien gekreuzt werden wie das Bild selbst. Man könnte erwarten, daß sich in ihm dasselbe Atelier, derselbe Maler, dieselbe Leinwand in einem identischen Raumverhältnis ordnen. Er könnte das perfekte Doppel sein.

Indes, er zeigt nichts von dem, was auf dem Gemälde zu sehen ist. Sein unbeweglicher Blick wird vor dem Bild, in jenem notwendig unsichtbaren Gebiet, das sein äußeres Gesicht bildet, die dort befindlichen Personen erfassen. Statt sich um die sichtbaren Dinge zu drehen, durchquert dieser Spiegel das ganze Feld der Repräsentation und vernachlässigt das, was er darin erfassen könnte, stellt die Sichtbarkeit dessen wieder her, was außerhalb der Zugänglichkeit jedes Bildes bleibt. Die Unsichtbarkeit, die er überwindet, ist nicht die des Verborgenen: er umgeht kein Hindernis, er weicht von keiner Perspektive ab, er wendet sich an das, was gleichzeitig durch die Struktur des Bildes und durch seine Existenz als Malerei unsichtbar ist. Was in ihm reflektiert wird, ist das, was alle Personen auf der Leinwand gerade fixieren, indem sie den Blick starr vor sich richten; also das, was man sehen könnte, wenn die Leinwand sich nach vorn verlängerte, tiefer hinabreichte, bis sie die Personen miteinbezöge, die dem Maler als Modell dienen. Da die Leinwand dort ihr Ende hat und den Maler und sein Atelier zeigt, ist es allerdings auch das, was dem Bild in dem Maße äußerlich ist, in dem es Bild ist, d.h., in dem es rechteckiges Fragment von Linien und Farben mit dem Auftrag ist, etwas in den Augen jeden möglichen Betrachters zu repräsentieren. Im Hintergrund des Zimmers läßt der Spiegel, von allen unbemerkt, die Gestalten aufleuchten, die der Maler betrachtet (der Maler in seiner repräsentierten, objektiven Wirklichkeit als der eines arbeitenden Malers); aber auch die Gestalten, die den Maler anschauen (in jener materiellen Realität, die die Linien und Farben auf der Leinwand niedergelegt haben). Diese beiden Gestalten sind, die eine wie die andere, unzugänglich, dies jedoch auf unterschiedliche Weise: die erste durch die Kompo-

sitionswirkung, die dem Bild eigen ist, die zweite durch das Gesetz, das der Existenz eines jeden Bildes im allgemeinen seine Zwänge auferlegt. Hier besteht das Spiel der Repräsentation darin, von den beiden Formen der Unsichtbarkeit die eine in einer beweglichen Überlagerung an die Stelle der anderen zu setzen und sie sofort an das andere äußerste Ende des Bildes zu verlagern, an jenen Pol, der der im höchsten Maße repräsentierte ist: der einer Reflextiefe in der Höhlung einer Bildtiefe. Der Spiegel sichert eine Metathese der Sichtbarkeit, die gleichzeitig den im Bild repräsentierten Raum und dessen Wesen als Repräsentation berührt. Er läßt im Zentrum der Leinwand das sehen, was vom Bild notwendig zweimal unsichtbar ist.
Das ist eine seltsame Art, buchstabengetreu, wenn auch umgekehrt, den Rat anzuwenden, den der alte Pachero seinem Schüler offensichtlich gegeben hatte, als er im Atelier von Sevilla arbeitete: »Das Bild muß aus dem Rahmen heraustreten.«

2.

Vielleicht ist es jetzt an der Zeit, jenes Bild zu nennen, das in der Tiefe des Spiegels erscheint und das der Maler vor dem Bild betrachtet. Vielleicht ist es besser, die Identität der vorhandenen oder gezeigten Personen festzuhalten, um nicht unendlich in diese schwimmenden Bezeichnungen verwickelt zu werden, die doch ein wenig abstrakt und immer von Zweideutigkeiten und Verdoppelungen gefährdet sind. Gemeint sind die schwimmenden Bezeichnungen »der Maler«, »die Gestalten«, »die Modelle«, »die Betrachter«, »die Bilder«. Statt ohne Ende eine auf fatale Weise dem Sichtbaren unangemessene Sprache fortzusetzen, genügte es zu sagen, daß Velázquez ein Bild geschaffen hat, daß auf diesem Bild er sich selbst in einem Atelier oder in einem Saal des Escorial repräsentiert hat, während er gerade zwei Personen malt, die die Infantin Margarete, von Hofdamen, Hoffräulein, Höflingen und Zwergen umgeben, betrachtet. Dieser Gruppe kann man sehr genau ihre Namen geben: die Überlieferung erkennt Doña Maria Agustina Sarmiento, dann Nieto, dann Nicolaso Pertusato, einen italienischen Komödianten. Man braucht nur noch hinzuzufügen, daß die bei-

den dem Maler als Modell dienenden Personen nicht, wenigstens nicht direkt sichtbar sind, daß man sie aber in einem Spiegel bemerken kann, und es sich wahrscheinlich um König Philipp IV. und seine Frau Marianna handelt.
Diese Eigennamen könnten nützliche Aufschlüsse bieten und würden doppeldeutige Bezeichnungen vermeiden, sie würden uns auf jeden Fall sagen, was der Maler und mit ihm die Mehrzahl der Personen des Bildes anschaut. Aber die Beziehung der Sprache zur Malerei ist eine unendliche Beziehung; d. h. nicht, daß das Wort unvollkommen und angesichts des Sichtbaren sich in einem Defizit befindet, das es vergeblich auszuwetzen versuchte. Sprache und Malerei verhalten sich zueinander irreduzibel: vergeblich spricht man das aus, was man sieht: das, was man sieht, liegt nie in dem, was man sagt; und vergeblich zeigt man durch Bilder, Metaphern, Vergleiche das, was man zu sagen im Begriff ist. Der Ort, an dem sie erglänzen, ist nicht der, den die Augen freilegen, sondern der, den die syntaktische Abfolge definiert. Nun ist der Eigenname in diesem Spiel nur ein Kunstmittel: er gestattet, mit dem Finger zu zeigen, d. h., heimlich von dem Raum, in dem man spricht, zu dem Raum überzugehen, in dem man betrachtet, d. h., sie bequem gegeneinander zu stülpen, als seien sie einander entsprechend. Wenn man aber die Beziehung der Sprache und des Sichtbaren offenhalten will, wenn man nicht gegen, sondern ausgehend von ihrer Unvereinbarkeit sprechen will, so daß man beiden möglichst nahe bleibt, dann muß man die Eigennamen auslöschen und sich in der Unendlichkeit des Vorhabens halten. Durch Vermittlung dieser grauen, anonymen, stets peinlich genauen und wiederholenden, weil zu breiten Sprache wird die Malerei vielleicht ganz allmählich ihre Helligkeiten erleuchten.
Man muß also so tun, als wisse man nicht, wer sich im Hintergrund des Spiegels reflektiert, und diese Spiegelung auf der einfachen Ebene ihrer Existenz befragen.
Zunächst ist diese Spiegelung die Kehrseite der großen, links repräsentierten Leinwand, die Kehrseite oder eher die Vorderseite, da sie von vorn das zeigt, was die Leinwand durch ihre Stellung verbirgt. Außerdem steht die Spiegelung in Opposition zum Fenster und verstärkt es. Wie das Fenster ist der

Spiegel ein Ort, der dem Bild und dem ihm äußerlichen gemeinsam ist. Aber das Fenster operiert mit der fortgesetzten Bewegung einer Effusion, die von rechts nach links den aufmerksamen Personen, dem Maler, dem Bild das Schauspiel zugesellt, das sie betrachten. Der Spiegel ist in einer momentanen, rein überraschenden und heftigen Bewegung auf der Suche vor dem Bild nach dem befindlich, was betrachtet wird, was nicht sichtbar ist, um es in der fiktiven Tiefe sichtbar, aber für alle Blicke indifferent werden zu lassen. Die beherrschende punktierte Linie, die zwischen dem Reflex und dem Reflektierten gezogen werden kann, schneidet den seitlichen Einfall des Lichts senkrecht durch. Schließlich, und das ist die dritte Funktion des Spiegels, hängt er unmittelbar neben einer Tür, die sich wie er in der Mauer im Hintergrund öffnet. Diese Tür schneidet auch ein helles Rechteck heraus, dessen mattes Licht nicht in das Zimmer dringt. Es wäre nichts als eine vergoldete Fläche, wenn die Tür sich nicht nach außen grübe, wenn sie nicht durch die skulpturartige Oberfläche und die Kurve eines Vorhangs und den Schatten verschiedener Stufen unterstrichen wäre. Dort beginnt ein Korridor, aber statt sich in der Dunkelheit zu verlieren, löst er sich in einer gelben Helle auf, in der das Licht, ohne nach vorn einzudringen, in sich selbst tobt und seine Ruhe findet. Auf diesem gleichzeitig nahen und grenzenlosen Hintergrund hebt sich die hohe Silhouette eines Mannes ab. Man sieht ihn im Profil, mit einer Hand hält er das Gewicht eines Vorhangs, seine Füße ruhen auf zwei verschiedenen Stufen, er hat das Knie gebeugt. Vielleicht wird er in das Zimmer eintreten, vielleicht beschränkt er sich darauf, zu betrachten, was sich im Innern abspielt, und ist zufrieden, zu beobachten, ohne beobachtet zu werden. Wie der Spiegel fixiert er das Innere der Szene. Und man schenkt ihm nicht mehr Aufmerksamkeit als dem Spiegel; man weiß nicht, woher er kommt; man kann annehmen, daß er im Laufe von unbestimmten Korridoren das Zimmer, in dem die Personen vereint sind und wo der Maler arbeitet, umgangen hat. Vielleicht befand er sich ebenfalls gerade im Vordergrund der Szene, in dem unsichtbaren Gebiet, das alle Augen des Bildes anschauen. Wie die Bilder, die man im Hintergrund des Spiegels beobachtet, kann auch er ein Emissär jenes verborgenen und evidenten Raumes sein. Er stellt jedoch einen Unterschied dar, indem er in Fleisch und Blut vor uns steht. Er tritt aus dem Äußeren hervor, befindet sich an der Schwelle des dargestellten Raumes. Er ist nicht anzweifelbar, ist kein wahrscheinlicher Reflex, sondern direktes Hereinbrechen. Der Spiegel läßt, indem er uns jenseits der Mauern des Ateliers das sehen läßt, was sich vor dem Bild ereignet, in seiner pfeilartigen Dimension das Innere und das Äußere oszillieren: einen Fuß auf der Stufe, den Körper völlig seitlich gekehrt, tritt der unbestimmte Besucher sowohl ein als auch hinaus, befindet er sich in einer unbeweglichen Balancestellung. Er wiederholt auf der Stelle, aber in der dunklen Realität seines Körpers, die plötzliche Bewegung der Bilder, die das Zimmer durchqueren, in den Spiegel eindringen, sich darin reflektieren und wie sichtbare neue und identische Arten wieder daraus hervortreten. Fahl und klein, werden die Silhouetten im Spiegel durch die hohe und feste Statur des Mannes abgewiesen, der im Rahmen der Tür erscheint.

Man muß aber vom Hintergrund des Bildes in den vorderen Raum der Szene zurückschreiten, man muß die von uns durchlaufene, schneckenförmige Bewegung verlassen. Vom Blick des Malers ausgehend, der links gleichsam ein abgehobenes Zentrum bildet, bemerkt man zunächst die Rückseite der Leinwand, dann die ausgestellen Bilder, in ihrer Mitte den Spiegel, dann die offene Tür, neue Bilder, von denen aber eine sehr enge Perspektive nur die Rahmen in ihrer Dicke sehen läßt, und dann auf der äußersten Rechten das Fenster, oder vielmehr die Fensterumrandung, durch die das Licht bricht. Diese schraubenartig geformte Muschel bietet den ganzen Zyklus der Repräsentation: den Blick, die Palette, den Pinsel, die noch unberührte Leinwand (das sind die materiellen Instrumente der Repräsentation), die Bilder, die Reflexe, den realen Menschen (die vollendete, aber gewissermaßen von illusorischen oder wirklichen Inhalten, die ihr nahegerückt sind, freigemachte Repräsentation); dann löst sich die Repräsentation auf: man sieht davon nur noch die Rahmen und jenes Licht, in dem von außen die Bilder gebadet werden, das aber diese wiederum in ihrer ihnen eigenen Art so darstellen müssen, als komme es von woanders und durchquere ihre Rahmen aus dunklem Holz. Und dieses Licht sieht man in der Tat auf dem Bild, das im Zwischenraum des Rahmens aufzutauchen scheint. Von da aus gelangt es zur Stirn, zu den Wangen, den Augen, dem Blick des Malers, der mit der einen Hand die Palette, mit der anderen den feinen Pinsel hält … So schließt sich die schneckenartige Kurve, oder vielmehr, so wird sie durch dieses Licht geöffnet.

Diese Öffnung ist nicht mehr – wie im Hintergrund – eine Tür, die man aufgemacht hat, sondern es handelt sich um die Breite des Bildes selbst, und die Blicke, die darauf fallen, sind nicht mehr die eines fertigen Besuchers. Der Fries, der den Vorder- und Mittelgrund des Bildes darstellt, wenn man dabei den Maler einbezieht, repräsentiert acht Personen. Fünf unter ihnen mit mehr oder weniger geneigtem, abgewandtem oder gebeugtem Kopf schauen senkrecht aus dem Bild. Das Zentrum der Gruppe nimmt die kleine Infantin mit ihrem weiten grauen und rosa Kleid ein. Die Prinzessin wendet den Kopf zur Rechten des Bildes, während ihr Oberkörper und die großen Volants des Kleides leicht nach links geben. Aber der Blick ist genau senkrecht in die Richtung des Betrachters gerichtet, der sich vor dem Bild befindet. Eine mittlere Linie, die die Leinwand in zwei gleiche Flügel teilte, verliefe zwischen den Augen des Kindes. Sein Gesicht befindet sich in einem Drittel der Höhe des Bildes. Infolgedessen liegt da das Hauptthema der Komposition. Daran ist nicht zu zweifeln. Das ist der eigentliche Gegenstand dieses Gemäldes. Als wollte er es beweisen und noch besser unterstreichen, hat der Maler Zuflucht zu einer traditionellen Gestalt genommen: neben der Hauptgestalt hat er eine andere gemalt, die kniet und sie anschaut. Wie der betende Stifter, wie der die Jungfrau grüßende Engel streckt eine kniende Gouvernante die Hände zur Prinzessin. Ihr Gesicht hebt sich in einem vollkommenen Profil ab. Es befindet sich in der Höhe jenes des Kindes. Die Hofdame betrachtet die Prinzessin und betrachtet nur sie. Ein wenig weiter rechts befindet sich eine andere Hofdame, die ebenfalls zur Infantin gewendet ist, sich leicht über sie neigt, aber die Augen eindeutig nach vorne gerichtet hat, dorthin, wohin bereits der Maler und die Prinzessin schauen. Schließlich gibt es zwei Gruppen, aus jeweils zwei Personen: die eine ist etwas zurückgezogen, die andere besteht aus Zwergen und befindet sich ganz im Vordergrund. Bei beiden Paaren schaut eine Person nach vorn, die andere nach rechts oder links. Durch ihre Stellung und ihre Größe entsprechen die beiden Gruppen einander und bilden eine Dublette. Weiter hinten die Höflinge (die Frau links schaut nach rechts), weiter vorne die Zwerge (der Knabe, der sich ganz außen rechts befindet, betrachtet das Bildinnere). Diese Personengruppe in ihrer so gearteten Aufstellung kann je nach der Aufmerksamkeit, die man dem Bild schenkt, oder dem Bezugszentrum, das man wählt, zwei Figuren bilden. Die eine wäre ein großes X, im oberen linken Punkt läge der Blick des Malers und rechts der des Höflings; an der unteren Spitze links die Ecke der von der Rückseite repräsentierten Leinwand (genauer der Fuß des Gestells); rechts der Zwerg (sein auf den Rücken des Hundes gestützter Schuh). Im Kreuzungspunkt dieser beiden Linien, im Zentrum des X, der Blick der Infantin. Die andere Figur wäre eher die einer weiten Kurve; ihre beiden Grenzpunkte wären links durch den Maler und durch den rechten Höfling bestimmt – zwei hohe und nach hinten verlegte Extrempunkte. Die viel weiter herangezogene Krümmung fiele mit dem Gesicht der Prinzessin zusammen und mit dem Blick, den die Hofdame auf das Gesicht richtet. Diese weiche Linie zieht eine Schalenform, die gleichzeitig in der Mitte des Bildes die Stellung des Spiegels einbezieht und freiläßt.

Es gibt also zwei Zentren, die das Bild organisieren können, je nachdem, wohin sich die Aufmerksamkeit des Betrachters heftet. Die Prinzessin steht mitten in einem Andreaskreuz, das sich um sie dreht mit der Schar aus Höflingen, Hofdamen, Tieren und Komödianten. Aber dieses Gedrehe ist durch ein Schauspiel angereichert, das absolut unsichtbar wäre, wenn die gleichen, plötzlich unbeweglichen Personen nicht wie in der Höhlung einer Schale die Möglichkeit böten, in die Tiefe eines Spiegels zu blicken und dabei die unvorhergesehene Verdoppelung ihrer Betrachtung zu erspähen. In der Richtung der

Tiefe überlagert sich die Prinzessin dem Spiegel, in der Richtung der Höhe liegt der Reflex über dem Gesicht. Aber die Perspektive rückt sie beide in eine Nachbarschaft, so daß von beiden eine unvermeidliche Linie ausgeht. Die eine vom Spiegel ausgehende Linie durchbricht die ganze repräsentierte Dicke (und geht sogar noch darüber hinaus, weil der Spiegel die Wand im Hintergrund durchlöchert und hinter ihr einen neuen Raum entstehen läßt); die andere ist kürzer, sie kommt vom Blick des Kindes und durchquert nur den Vordergrund. Diese beiden pfeilartigen Linien konvergieren in einem sehr spitzen Winkel, und ihr Treffpunkt diesseits der Leinwand liegt in dem Punkt fest, von dem aus wir etwa das Bild betrachten. Dieser Punkt ist ungewiß, da wir ihn nicht sehen. Er ist jedoch unvermeidlich und perfekt definiert, weil er durch diese beiden Hauptfiguren vorgeschrieben ist und außerdem von anderen punktierten, hinzukommenden Linien bestätigt wird, die aus dem Bild entstehen und ebenfalls aus dem Bild herauslaufen.

Was schließlich liegt in diesem völlig unzugänglichen Punkt, der dem Bild äußerlich ist, aber durch die ganzen Linien seiner Komposition vorgeschrieben wird? Was ist das für ein Schauspiel, was sind das für Gesichter, die sich zunächst in der Tiefe der Pupillen der Infantin, dann der Höflinge und des Malers und dann in der fernen Helle des Spiegels reflektieren? Aber sogleich wird diese Frage verdoppelt: das Gesicht, das der Spiegel wiedergibt, ist auch das, das ihn ansieht. Was alle Personen des Bildes betrachten, das sind auch die Personen, deren Augen sie als eine anzuschauende Szene geboten werten. Das Bild in seiner Gänze blickt auf eine Szene, für die es seinerseits eine Szene ist. Der Spiegel als Betrachtender und Betrachteter manifestiert eine reine Reziprozität, deren breite Momente in den beiden Winkeln des Bildes aufgelöst werden: links steht die umgekehrte Leinwand, durch die der äußere Punkt zu einem reinen Schauspiel wird, rechts liegt der Hund, das einzige Element des Bildes, das weder schaut noch sich bewegt, weil es mit seinen großen Umrissen und dem Licht, das auf seinen seidigen Haaren spielt, nur dazu geschaffen ist, ein Gegenstand zu sein, den man betrachtet.

Dieses Schauspiel, das da im Blick ist, bilden, so hat uns der erste Eindruck des Gemäldes sofort gelehrt, die Herrscher. Man vermutet sie bereits hinter dem respektvollen Blick der Umstehenden, in dem Staunen des Kindes und der Zwerge. Man erkennt sie am Ende des Bildes in den beiden kleinen Silhouetten, die der Spiegel erglänzen läßt. Mitten in all diesen aufmerksamen Gesichtern und den geschmückten Körpern sind sie das bleicheste, am wenigsten reale, am meisten in Frage gestellte Bild: eine Bewegung, etwas Licht würden schon genügen, um sie verschwinden zu lassen. Von allen dargestellten Personen sind sie die am meisten vernachlässigten, denn niemand widmet jenem Reflex Aufmerksamkeit, der sich hinter allen einschleicht und schweigend durch einen unvermuteten Raum eingeführt wird. In dem Maße, in dem sie sichtbar sind, sind sie die zerbrechlichste Form und am entferntesten von der Realität. Umgekehrt sind sie in dem Maße, in dem sie außerhalb des Bildes stehend in eine essentielle Unsichtbarkeit zurückgezogen sind, das Zentrum, um das sich die ganze Repräsentation ordnet. Ihnen steht man gegenüber, zu ihnen ist man gewandt, ihren Augen wird die Prinzessin in ihrem Festkleid präsentiert. Von der umgedrehten Leinwand zur Infantin und von dieser zum spielenden Zwerg auf der äußersten Rechten ist eine Kurve gezeichnet (öffnet sich der untere Zweig des X), um für ihren Blick die ganze Anordnung des Bildes zu ordnen und so das ganze Zentrum der Komposition erscheinen zu lassen, dem der Blick der Infantin und das Bild im Spiegel schließlich unterworfen sind.

Dieses Zentrum ist symbolisch souverän in der Geschichte, da es durch den König Philipp IV. und seine Frau besetzt ist. Aber vor allem ist es durch die dreifache Funktion souverän, die es in Beziehung zum Bild einnimmt. Ihn ihm überlagern sich genau der Blick des Modells in dem Augenblick, in dem es gemalt wird, der des Betrachters, der die Szene anschaut, und der des Malers im Augenblick, in dem er sein Bild komponiert (nicht das, das repräsentiert wird, sondern das, das vor uns liegt und von dem wir sprechen). Diese drei »betrachtenden« Funktionen vermischen sich in einem dem Bild äußeren Punkt: d. h., in einem idealen Punkt in Beziehung zu dem, was repräsentiert wird, der aber völlig egal ist, da von ihm ausgehend die Repräsentation möglich wird. In dieser Realität kann er *nicht* nicht unsichtbar sein. Indes wird diese Realität ins Innere des Bildes projiziert und in drei Gestalten zerbrochen, die den drei Funktionen dieses idealen und realen Punktes entsprechen. Dies sind links der Maler mit seiner Palette in der Hand (Selbstportrait des Malers des Bildes); rechts der Besucher, einen Fuß auf der Stufe und bereit, in das Zimmer einzutreten, der die ganze Szene von hinten betrachtet, aber das königliche Paar von vorne sieht, das das Schauspiel selbst bildet; schließlich im Zentrum das Spiegelbild des Königs und der Königin, die geschmückt, unbeweglich, in der Haltung geduldiger Modelle verharren.

Dieses Spiegelbild zeigt naiv und im Schatten, was jedermann im Vordergrund betrachtet. Es restituiert gewissermaßen durch Verzauberung das, was jedem Blick fehlt: dem des Malers das Modell, das sein auf dem Bild repräsentiertes Double abmalt, dem des Königs sein Portrait, das sich auf der Vorderseite der Leinwand befindet und das er von seinem Standpunkt aus nicht sehen kann; dem des Zuschauers das reale Zentrum der Szene, dessen Platz er wie durch einen gewaltsamen Einbruch eingenommen hat. Vielleicht aber ist diese Großzügigkeit des Spiegels gespielt, vielleicht verbirgt er ebensoviel und mehr als er offenbart. Der Platz, auf dem der König mit seiner Gattin thront, ist ebenso der des Künstlers und der des Zuschauers. Im Hintergrund des Spiegels könnten und müßten das anonyme Gesicht des Vorübergehenden und das von Velázquez erscheinen. Denn die Funktion dieses Spiegelbildes ist es, ins Innere des Bildes das zu ziehen, was ihm auf intime Weise fremd ist: den Blick, der organisiert hat, und denjenigen, für den es sich entfaltet; aber weil sie in diesem Bild anwesend sind, rechts und links, so können der Künstler und der Besucher nicht im Spiegel untergebracht werden: so wie der König im Hintergrund des Spiegels in dem Maße erscheint, in dem er nicht zum Bild selbst gehört.

In der großen Kreiselbewegung, die den Perimeter des Ateliers durchlief, vom Blick des Malers, seiner Palette, seiner verharrenden Hand, bis hin zu den vollendeten Bildern, entstand die

Repräsentation und vollendete sie sich, um sich erneut im Licht aufzulösen. Der Kreis war vollkommen. Andererseits sind die Linien, die die Tiefe des Bildes durchqueren, unvollständig; es fehlt allen ein Teil ihrer Bahn. Diese Lücke verdankt sich der Abwesenheit des Königs, die wiederum ein Kunstgriff des Malers ist. Aber dieser Kunstgriff deckt und bezeichnet eine Vakanz, die ihrerseits unmittelbar ist, die des Malers und des Zuschauers, wenn sie das Bild betrachten oder komponieren. Vielleicht verbürgen sich in diesem Bild wie in jeder Repräsentation (deren manifeste Essenz es sozusagen ist) wechselseitig die tiefe Unsichtbarkeit dessen, was man sieht, und die Unsichtbarkeit dessen, der schaut, – trotz der Spiegel, der Spiegelbilder, der Imitationen, der Portraits. Um die Szene herum sind die Zeichen und die sukzessiven Zeichen der Repräsentation angebracht, aber die doppelte Beziehung der Repräsentation zu ihrem Modell und zu ihrem Souverän, zu ihrem Autor wie zu dem, dem man sie bietet, diese Beziehung ist notwendig unterbrochen. Nie kann sie ohne Rest präsent sein, selbst nicht in einer Repräsentation, die sich selbst als Schauspiel gibt. In der Tiefe, die die Leinwand durchquert und sie fiktiv aushöhlt, sie in den Raum vor sich selbst projiziert, ist es nicht möglich, daß das reine Glück des Bildes jemals in vollem Licht den Meister bietet, der repräsentiert, und den Souverän, den man repräsentiert.

Vielleicht gibt es in diesem Bild von Velázquez gewissermaßen die Repräsentation der klassischen Repräsentation und die Definition des Raums, den sie eröffnet. Sie unternimmt in der Tat, sich darin in all ihren Elementen zu repräsentieren, mit ihren Bildern, den Blicken, denen sie sich anbietet, den Gesichtern, die sie sichtbar macht, den Gesten, die die Repräsentation entstehen lassen. Aber darin, in dieser Dispersion, die sie auffängt und ebenso ausbreitet, ist eine essentielle Leere gebieterisch von allen Seiten angezeigt: das notwendige Verschwinden dessen, was sie begründet, – desjenigen, dem sie ähnelt, und desjenigen, in den Augen dessen sie nichts als Ähnlichkeit ist. Dieses Sujet selbst, das gleichzeitig Subjekt ist, ist ausgelassen worden. Und endlich befreit von dieser Beziehung, die sie ankettete, kann die Repräsentation sich als reine Repräsentation geben.

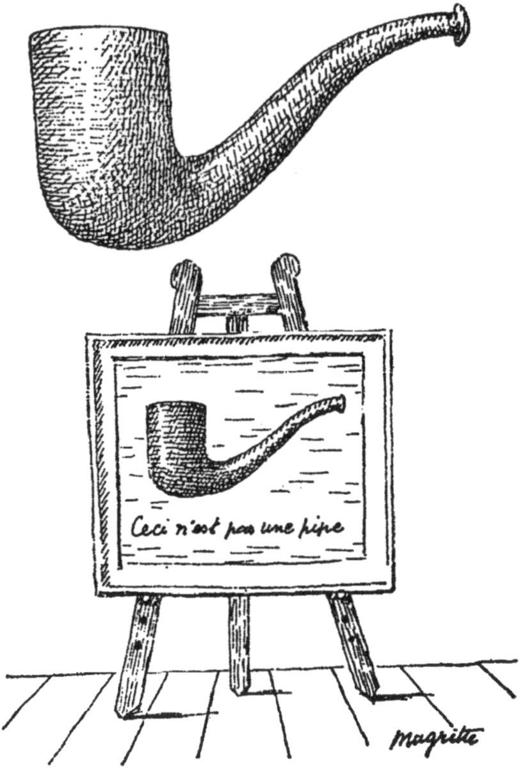
Ceci n'est pas une pipe
Magritte

Dies ist keine Pfeife

(zu René Magrittes *Ceci n'est pas une pipe*)

Erste Version (ich glaube, aus dem Jahre 1926): eine mit Sorgfalt gezeichnete Pfeife und darunter – geschrieben in einer regelmäßigen, sorgfältigen, kunstmäßigen Handschrift, wie man sie in Schulheften auf der ersten Seite findet, wo der Lehrer etwas »vorschreibt«, oder auf einer Schultafel, wenn der Lehrer das Ergebnis einer Stunde zusammenfaßt – der Satz: »Dies ist keine Pfeife.«

Die andere Version (ich nehme an, es ist die letzte) findet man in *Morgendämmerung auf der Gegenseite.* Dieselbe Pfeife, dieselbe Aussage, dieselbe Schrift. Doch sind Text und Figur nun nicht mehr in einem indifferenten Raum ohne Begrenzung und Bestimmung übereinandergesetzt. Sie befinden sich innerhalb eines Rahmens, der an einer Staffelei angebracht ist, welche wiederum auf den gut sichtbaren Dielen eines Fußbodens steht. Darüber schwebt eine Pfeife, die der auf der Tafel dargestellten genau gleicht, aber viel größer ist.

Die erste Version ist gerade wegen ihrer Einfachheit so verwirrend. Die zweite vervielfältigt die gewollten Ungewißheiten noch beträchtlich. Der Rahmen, der auf den Holzzapfen steht und an die Staffelei gelehnt ist, zeigt an, daß es sich um das Bild eines Malers handelt: ein fertiges ausgestelltes Werk, mit einer Erklärung für einen möglichen Betrachter. Aber diese naive Schrift, die weder eigentlich der Titel des Werks noch ein Element der Malerei ist, das Fehlen irgend eines Hinweises auf die Gegenwart des Malers, die rustikale Kargheit des Raumes, die dicken Bretter des Holzbodens – all das läßt eher an eine Schultafel in einer Klasse denken: vielleicht wird die Zeichnung mitsamt dem Text alsbald weggewischt; vielleicht auch nur eines von beiden, damit der »Irrtum« korrigiert wird (damit etwas gezeichnet werden kann, was wirklich keine Pfeife ist, oder damit ein Satz geschrieben werden kann, der bestätigt, daß dies eine Pfeife ist). Vielleicht ist es nur ein Versehen (ein Mißverständnis, eine »Mißschrift«), das sich sogleich in weißen Staub auflösen wird?

Doch ist das nicht die schwerwiegendste der Ungewißheiten. Auf dem Bild befinden sich ja zwei Pfeifen. Oder sollte man lieber sagen: zwei Darstellungen ein und derselben Pfeife? Oder: eine Pfeife und ihre Abbildung, oder: zwei Abbildungen, die jeweils eine Pfeife darstellen, oder: zwei Abbildungen, von denen nur eine eine Pfeife darstellt, oder: zwei Zeichnungen, die beide weder Pfeifen sind noch darstellen, oder: eine Zeichnung, die nicht eine Pfeife darstellt, sondern eine andere Zeichnung, die ihrerseits eine Pfeife darstellt, so daß ich mich fragen muß: worauf bezieht sich der auf die Tafel geschriebene Satz? Auf die Zeichnung, unter der er steht. »Man sehe die Linien auf der schwarzen Tafel; sie gleichen zwar ohne die geringste Abweichung dem, was darüber gezeigt ist. Doch man täusche sich nicht: da oben ist die Pfeife, nicht in dieser schlichten Zeichnung!« Aber vielleicht bezieht sich der Satz gerade auf diese übergroße schwebende, ideale Pfeife – Traum oder Idee von einer Pfeife. Dann muß man lesen: »Nicht da oben ist nach einer wirklichen Pfeife zu suchen: das ist nur ein Traum; sondern die Zeichnung auf der Tafel, diese sichere und klare Zeichnung, ist die offenbare Wahrheit!«

Aber noch eines überrascht mich: die auf der Tafel – ob diese nun aus schwarzem Holz oder bemalter Leinwand besteht, tut wenig zur Sache – dargestellte Pfeife, diese »untere« Pfeife, ist in einen genau bestimmten Raum fest eingespannt: bestimmt nach Breite (geschriebener Text, oberer und unterer Rahmen der Tafel), Höhe (Seiten der Tafel, Pfosten der Staffelei), Tiefe (Spalten des Holzbodens). Ein festes Gefängnis. Hingegen ist die obere Pfeife ohne Koordinaten. Das Ungewöhnliche ihrer Proportionen macht ihre Lokalisierung ungewiß (Umkehrung des Effekts vom *Grab der Kämpfer*, wo das Gigantische in einen genauest definierten Raum eingefangen ist): ist diese übergroße Pfeife vor dem Bild, um es weit zurückzustoßen? Oder schwebt sie gerade über der Staffelei, wie eine Emanation, eine Verdampfung, die von der Tafel ausgeht – ein Pfeifenrauch, der selber Form und Rundung einer Pfeife annimmt und sich damit der Pfeife angleicht und entgegensetzt? Oder läßt sich nicht auch annehmen, daß sie sich hinter der Tafel und der Staffelei befindet und noch gigantischer ist, als sie erscheint? Sie wäre dann deren losgerissene Tiefe, die innere Dimension, die die Leinwand (oder die Tafel) zerrissen hat und sich dahinter ins Grenzenlose ausdehnt.

Aber nicht einmal dieser Ungewißheit bin ich mir gewiß. Was mir zweifelhaft erscheint, ist der schlichte Gegensatz zwischen dem unbestimmten Schweben der Pfeife oben und der Stabilität der Pfeife unten. Schaut man näher hin, so sieht man, daß die Füße der Staffelei, die den Rahmen trägt, in dem die Tafel mit dem Bild befestigt ist, daß diese Füße, die auf einem groben und festen Holzboden aufruhen, spitz zugeschnitten sind: ihre Berührungsfläche besteht nur aus drei Punkten, die dem Ganzen, das gleichwohl ziemlich massiv ist, jede Stabilität nehmen. Steht das Ganze vor dem Fall? Werden die Staffelei, der Rahmen, die Leinwand oder die Tafel, die Zeichnung, der Text auseinanderfallen? Werden dann zerbrochene Hölzer herumliegen, Fragmente von Zeichnungen, auseinandergerissene Buchstaben, die sich vielleicht nicht mehr zu den Worten zusammenfügen lassen? Ein irdisches Durcheinander, über dem hoch oben die dicke Pfeife ohne Maß in der unzugänglichen Unbeweglichkeit eines Ballons verharrt?

Magrittes Zeichnung (ich spreche zunächst von der ersten Version) ist so einfach wie eine Seite aus einem Botanikbuch: eine Abbildung und ein dazugehöriger Text. Nichts ist leichter zu erkennen als eine Pfeife, wie sie hier gezeichnet ist; nichts ist leichter auszusprechen als das Wort »Pfeife«. Das Befremdende an dieser Darstellung ist nun nicht der »Widerspruch« zwischen dem Bild und dem Text. Denn Widerspruch kann es nur zwischen zwei Aussagen oder innerhalb einer Aussage geben. Und hier liegt nur eine Aussage vor, die nicht widersprüchlich sein kann, da ihr Subjekt bloß ein Hinweis ist. Ist also die Aussage falsch, da ihr »Referent« – offensichtlich eine Pfeife – sie nicht bestätigt? Wer aber wird ernsthaft behaupten, daß dieses Ensemble von Linien über dem Text eine Pfeife *ist*? Ist das nicht alles recht simpel, da die Darstellung einer Pfeife natürlich nicht selbst eine Pfeife sein kann? Und doch sagt man gewöhnlich: Was ist das, dieses Bild? – Das ist ein Kalb, das ist ein Quadrat, das ist eine Blume. Diese alte Gewohnheit entbehrt nicht jeder Grundlage, denn die Funktion einer so schematischen und schulmeisterlichen Zeichnung wie dieser ist es nun einmal, das, was sie darstellt, unzweideutig und rasch erkennen zu lassen und zu zeigen. Auch wenn sie nur der Niederschlag von ein bißchen Blei oder Kreide auf einem Blatt oder auf einer Tafel ist, so »verweist« sie doch nicht wie ein Pfeil oder ein Zeigefinger auf eine Pfeife, die irgendwo liegt; sie ist eine Pfeife.

Das Verwirrende ist, daß es einerseits unvermeidlich ist, den Text auf die Zeichnung zu beziehen (wie es das Demonstrativpronomen, der Sinn des Wortes *Pfeife*, die Ähnlichkeit des Bildes nahelegen), und daß es andererseits unmöglich ist, die Ebene zu definieren, auf der der Satz für wahr, falsch oder widersprüchlich erklärt werden könnte.

Ich kann mich des Gedankens nicht erwehren, daß die Vertracktheit in einer Operation liegt, die von der Einfachheit des Resultats unsichtbar gemacht worden ist, die aber allein das bestehende Unbehagen erklären kann. Diese Operation ist ein von Magritte insgeheim geschaffenes Kalligramm, das dann mit Bedacht wieder aufgelöst worden ist. Alle Elemente des Bildes, ihre Stellung zueinander und ihre Beziehung entspringen dieser Operation, die nach ihrer Vollendung sogleich zunichtegemacht worden ist. Hinter der Zeichnung und den Worten, bevor eine Hand etwas geschrieben hat, bevor die Tafel und auf ihr die Pfeife gezeichnet worden sind, bevor oben die große schwebende Pfeife aufgetaucht ist, muß, glaube ich, ein Kalligramm zuerst entstanden sein und sich dann zersetzt haben. Vor uns liegen der Beweis seiner Niederlage und seine ironischen Reste.

In seiner tausendjährigen Tradition kommt dem Kalligramm eine dreifache Rolle zu: das Alphabet zu ergänzen; unter Verzicht auf Rhetorik zu wiederholen; den Dingen die Falle eines zweifachen Zeichensystems zu stellen. Zunächst nähert es den Text und die Zeichnung einander an; es verbindet Linien, die die Form des Gegenstandes abgrenzen, mit Linien, die die Abfolge der Buchstaben ordnen; es bettet die Aussage in den Figurenraum ein und läßt den Text sagen, was die Zeichnung darstellt. Einerseits alphabetisiert es das Ideogramm, bevölkert es mit voneinander abgesetzten Buchstaben und bringt so das Schweigen der ununterbrochenen Linien zum Sprechen. Umgekehrt verteilt es die Schrift in einem Raum, der nicht mehr die weiße Indifferenz und träge Offenheit des Papieres hat; es gliedert sie nach den Gesetzen einer räumlichen Form. Es macht die Laute für den Augenblick zu einem dumpfen Raunen, welches die Umrisse einer Figur ergänzt; und es macht aus der Zeichnung die dünne Hülle, die durchstoßen werden muß, damit man der Abwicklung seines inneren Textes Wort für Wort folgen kann.

Das Kalligramm ist also Tautologie. Aber im Gegensatz zur Rhetorik. Diese spielt mit der Überfülle der Sprache; sie lebt von der Möglichkeit, zweimal dieselben Dinge mit verschiedenen Worten zu sagen; und sie profitiert von dem Bedeutungsreichtum, der es ermöglicht, zwei verschiedene Dinge mit ein und demselben Wort zu sagen. Das Wesen der Rhetorik liegt in der Allegorie. Das Kalligramm macht sich die Besonderheit der Buchstaben zunutze, gleichzeitig als lineare Elemente zu gelten, die man im Raum verteilen kann, und als Zeichen, die in der Reihenfolge der Lautkette stehen können. Als Zeichen macht es der Buchstabe möglich, die Wörter zu fixieren, als Linie vermag er das Ding darzustellen. So möchte das Kalligramm die ältesten Gegensätze unserer alphabetischen Zivilisation überspielen: zeigen und nennen; abbilden und sagen; reproduzieren und artikulieren; nachahmen und bezeichnen; schauen und lesen.

Indem es der Sache, von der es spricht, zweifach nachsetzt, stellt ihr das Kalligramm eine unausweichliche Falle. Eines so sicheren Fanges sind weder der Diskurs allein noch das Bild allein fähig. Das Kalligramm bannt die unüberwindliche Abwesenheit, über die Worte nicht triumphieren können, indem es ihnen mit der List einer im Raum spielenden Schrift die sichtbare Form ihres Gegenstandes aufdrückt: sorgfältig auf dem Blatt verteilt, rufen die Zeichen durch den Rand, den sie bilden, durch die Gliederung ihrer Masse im leeren Raum der Seite von außen die Sache herbei, von der sie sprechen. Und andererseits wird die sichtbare Form von der Schrift durchkreuzt, indem sie die unbewegliche, zweideutige und namenlose Gegenwart bannen, das Netz der Bedeutungen auswerfen, die sie taufen, bestimmen und im Universum des Diskurses fixieren. Diese doppelte Falle ist unausweichlich: wie sollten der Flug der Vögel, die rasch vergehende Form der Blumen, das Rauschen des Regens entkommen können?

Und nun zu Magrittes Bild. Beginnen wir mit dem ersten, dem einfacheren. Es scheint mir aus den Stücken eines zerfallenen Kalligramms zu bestehen. Unter dem Anschein einer Rückkehr zu einer früheren Anordnung greift es dessen drei Funktionen auf – pervertiert sie jedoch und erschüttert dadurch alle überlieferten Beziehungen zwischen Sprache und Bild.

Der Text, der sich über das Bild ausgebreitet hatte, um das alte Ideogramm wiederherzustellen, hat wieder seinen Platz eingenommen. Er ist an seinen natürlichen Ort zurückgekehrt – nach unten, wo er dem Bild dient, es benennt, erklärt, zerlegt, in die Reihe der Texte und in die Seiten des Buches einordnet. Er wird wieder »Legende«. Die Form steigt wieder in ihren Himmel auf, aus dem sie die Einbindung der Buchstaben in den Raum für einen Augenblick heruntergeholt hatte: frei von jeder diskursiven Bindung kann sie wieder in ihrem ursprünglichen Schweigen schweben. Die Seite mit ihrem alten Aufteilungsprinzip ist wieder hergestellt. Aber nur scheinbar. Denn die Wörter, die ich nun unter der Zeichnung lesen kann, sind Wörter, die selber gezeichnet sind – Bilder von Wörtern, die der Maler außerhalb der Pfeife angesiedelt hat, jedoch innerhalb des allgemeinen (und unbestimmten) Umfangs seines Bildes. Von der kalligraphischen Vergangenheit, die ich ihnen zusprechen muß, haben die Wörter ihre Zugehörigkeit zur Zeichnung und den Status einer gezeichneten Sache bewahrt, so daß ich sie als ihre eigene Verdopplung lesen muß: es sind Wörter, die Wörter zeichnen. Sie bilden auf der Oberfläche des Bildes die Reflexe eines Satzes, der sagt, daß dies keine Pfeife ist. Text als Bild. Andererseits ist die dargestellte Pfeife von derselben Hand und mit derselben Feder gezeichnet wie die Buchstaben des Textes: sie setzt die Schrift eher fort, als daß sie sie illustriert und ergänzt. Man könnte meinen, daß sie mit kleinen verworrenen Buchstaben angefüllt ist, mit Fragmenten von Schriftzeichen, die über die ganze Fläche des Bildes verstreut sind. Figur aus Schrift. Die unsichtbare kalligraphische Operation, die vorauszusetzen ist, hat Schrift und Zeichnung miteinander verschränkt; und als Magritte die Dinge wieder an Ort und Stelle gebracht hat, hat er darauf geachtet, daß dem Bild die Geduld der Schrift bewahrt bleibt und daß der Text eine gezeichnete Darstellung bleibt.

Dasselbe gilt von der Tautologie. Anscheinend geht Magritte von der kalligraphischen Verdopplung wieder ab und kehrt zur einfachen Entsprechung von Bild und Legende zurück: eine stumme und hinreichend erkennbare Figur zeigt ohne Wort die Sache in ihrem Wesen; und darunter empfängt ein Name von diesem Bild seinen »Sinn« oder seine Anwendungsregel. Verglichen mit der traditionellen Funktion der Legende ist Magrittes Text zweifach paradox. Er unternimmt es, das zu benennen, was dessen gar nicht bedarf (die Sache ist allzu bekannt, der Name allzu vertraut). Aber gerade im Augenblick, in dem er den Namen zusprechen sollte, spricht er ihn aus, um ihn dem Gegenstand abzusprechen. Woraus erklärt sich dieses merkwürdige Spiel – wenn nicht aus dem Kalligramm? Aus dem Kalligramm, das ein und dieselbe Sache zweimal sagt (wo ein einziges Mal durchaus genügen würde); aus dem Kalligramm, welches das Gesagte und das Gezeigte ineinander übergehen läßt, damit sie sich gegenseitig maskieren. Damit ein Text zu einer Zeichnung wird und alle seine aneinandergereihten Zeichen eine Taube bilden oder eine Blume oder einen Platzregen, muß sich der Blick über jede Entzifferung erheben, müssen die Buchstaben Punkte bleiben, die Sätze Linien, die Abschnitte Flächen oder Massen – Flügel, Stengel, Blütenblätter. Der Text darf dem betrachtenden Subjekt, das Schauer ist, nicht Leser, nichts sagen. Sobald es zu lesen beginnt, löst sich die Form auf; ist ein Wort erkannt, ein Satz verstanden, so verflüchtigen sich auch alle anderen graphischen Zeichen mitsamt der sichtbaren Fülle der Form und lassen nur die lineare, sukzessive Abfolge des Sinns übrig: es bleibt nicht ein Regentropfen oder eine Feder oder eine abgerissene Blume. Entgegen dem Anschein sagt das Kalligramm, das wie ein Vogel, eine Blume oder wie Regen aussieht, nicht: »Dies ist eine Taube, eine Blume, ein Platzregen.« Sobald es das sagt, sobald die Worte zu sprechen und einen Sinn mitzuteilen beginnen, ist der Vogel schon davongeflogen und der Regen ist verdunstet. Für den, der es sieht, *sagt* das Kalligramm *nicht*, kann es nicht sagen: dies ist eine Blume, dies ist ein Vogel. Es ist noch zu sehr in der Form befangen, zu sehr der abbildenden Darstellung unterworfen, als daß es eine solche Behauptung formulieren könnte. Und wenn man es liest, so *ist* der Satz, den man entziffert (»Dies ist eine Taube«, »Dies ist ein Platzregen«) *nicht* ein Vogel, ist er kein Platzregen mehr. Sei es aus List und Unvermögen – niemals *sagt* und *repräsentiert* das Kalligramm im selben Augenblick. Die eine Sache, die gesehen und gelesen werden kann, wird beim Sehen verschwiegen und beim Lesen verschleiert.

Magritte hat den Text und das Bild wieder im Raum verteilt; beide nehmen ihren alten Platz wieder ein. Doch nicht ohne etwas von der dem Kalligramm eigenen Ausweichbewegung beizubehalten. Die gezeichnete Form der Pfeife verscheucht jeden erklärenden oder benennenden Text, so leicht erkennbar ist sie; ihr schulmäßiger Schematismus sagt ganz ausdrücklich: »Man sieht die Pfeife, die ich bin, so gut, daß es lächerlich wäre, meine Linien schreiben zu lassen: dies ist eine Pfeife. Die Worte würden mich sicherlich nicht so gut bezeichnen, wie ich mich darstelle.« Und der Text sagt in der sorgfältigen Zeichnung, die eine Schrift darstellt: »Man nehme mich für das, was ich offensichtlich bin: Buchstaben, die in einer solchen Anordnung und Form aneinandergefügt sind, daß sie das Lesen leicht machen, daß sie das Erfassen gewährleisten und sich auch dem stotterndsten Schüler erschließen; ich behaupte nicht, daß ich mich runde und dann strecke, um zuerst der Kopf und dann das Rohr einer Pfeife zu werden: ich bin nichts anderes als diese Wörter.« Im Kalligramm wurden ein »noch nicht sagen« und ein »nicht mehr repräsentieren« gegeneinander ausgespielt. In der *Pfeife* von Magritte sind der Entstehungsort und der Anwendungspunkt dieser Negationen ganz andere. Das »noch nicht sagen« der Form ist gewendet – nicht eigentlich in eine Affirmation, sondern in eine zweifache Position: oben die glatte, stumme, sichtbare Form, deren Eindeutigkeit souverän und ironisch den Text sagen läßt, was er sagen mag; unten der Text, der seinem inneren Gesetz folgend seine Autonomie dem von ihm Genannten gegenüber behauptet. Die Redundanz des Kalligramms beruhte auf einem Ausschließungsverhältnis; der Abstand zwischen den beiden Elementen bei Magritte, das Fehlen von Buchstaben in seiner Zeichnung, die im Text ausgedrückte Negation manifestieren affirmativ zwei Positionen.

Aber ich fürchte, ich habe das, was für Magrittes *Pfeife* wesentlich ist, übersehen. Ich habe so getan, als ob der Text sagen würde: »Ich (dieses Ensemble von eben gelesenen Wörtern) bin keine Pfeife«; ich habe so getan, als gäbe es zwei gleichzeitige und voneinander getrennte Positionen innerhalb eines einzigen Raumes: die der Figur und die des Textes. Ich habe nicht beachtet, daß zwischen beiden ein subtiles, unstabiles, zugleich hartnäckiges und unsicheres Band angedeutet ist: durch das Wort »dies«. Zwischen dem Text und der Figur bestehen viele Verschränkungen – oder vielmehr gegeneinander geführte Angriffe, aufeinander geschleuderte Pfeile, Untergrabungs- und

Zerstörungsversuche, Lanzenstöße und Verletzungen: eine Schlacht. Zum Beispiel: »Dies« (diese Zeichnung, deren Form ohne weiteres erkannt wird und deren kalligraphische Herkunft ich eben angedeutet habe) »ist nicht« (ist nicht substantiell verbunden mit ..., besteht nicht aus ..., deckt sich nicht mit ...) »eine Pfeife« (d. h. dieses zur Sprache gehörende Wort, das aus bekannten Lauten besteht und das von diesen Buchstaben übersetzt wird). *Dies ist keine Pfeife* kann demnach so gelesen werden:

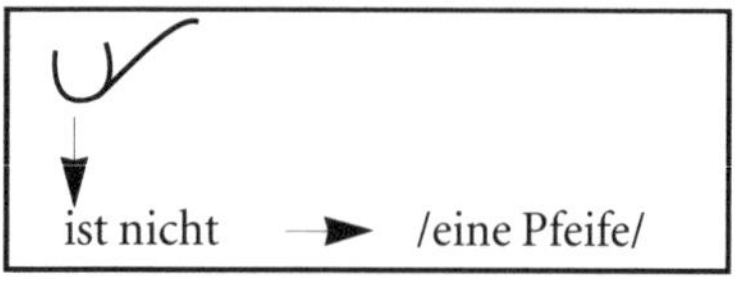

Aber gleichzeitig sagt derselbe Text etwas ganz anderes aus: »Dies« (diese Aussage, die sich als Linie aus voneinander abgesetzten Elementen darbietet und für die *dies* sowohl Bezeichnung als auch Anfangswort ist) »ist nicht« (kann nicht eingesetzt werden für ..., kann nicht adäquat repräsentieren ...) »eine Pfeife« (einer dieser Gegenstände, von denen hier über dem Text eine mögliche, auswechselbare, anonyme und für jeden Namen unzugängliche Darstellung zu sehen ist). Also muß man lesen:

Was von der Aussage Magrittes verneint wird, ist offensichtlich die unmittelbare und wechselseitige Zusammengehörigkeit zwischen der Zeichnung der Pfeife und dem Text, in dem von dieser Pfeife die Rede ist. Bezeichnen und Abzeichnen decken sich nicht – außer im kalligraphischen Spiel, das im Hintergrund des Ganzen herumspukt und das sowohl vom Text wie von der Zeichnung und ihrer Trennung gebannt wird. Daraus ergibt sich die dritte Funktion der Aussage: »Dies« (dieses

Ganze aus einer Pfeife in schriftähnlichem Stil und einem gezeichneten Text) »ist nicht« (ist unvereinbar mit ...) »eine Pfeife« (diese Mischung aus Diskurs und Bild, deren Zweideutigkeit vom sprachlichen und visuellen Spiel des Kalligramms aufgedeckt werden sollte).

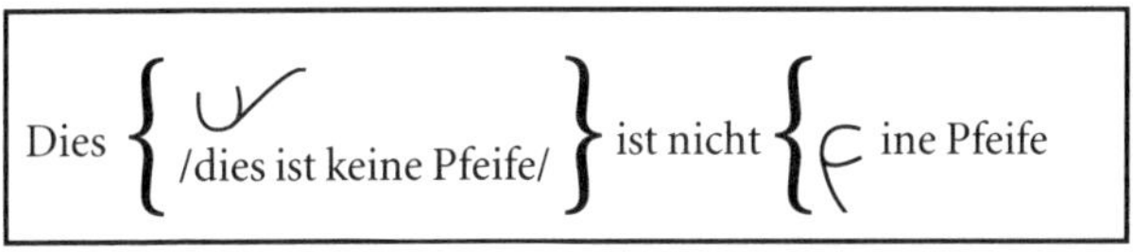

Magritte hat die Falle wieder aufgemacht, welche das Kalligramm über dem, wovon es sprach, geschlossen hatte. Aber in dem Augenblick ist die Sache selbst entwischt. Auf der Seite eines illustrierten Buches pflegt man dem kleinen weißen Zwischenraum über den Worten und unter den Bildern, der ihnen als gemeinsame Grenze für unaufhörliche Übergänge dient, keine Aufmerksamkeit zu schenken: aber auf diesen wenigen Millimetern weißer Fläche; auf dem stillen Sand der Seite, knüpfen sich zwischen den Wörtern und den Formen alle Beziehungen von Bezeichnung, Benennung, Beschreibung, Klassifizierung. Das Kalligramm hat diesen Zwischenraum aufgesaugt; ist er aber einmal wieder aufgetan, so stellt er es nicht wieder her; die Falle ist über der Leere zerbrochen worden: das Bild und der Text fallen je auf ihre Seite, gemäß der ihnen eigenen Schwerkraft. Sie haben keinen gemeinsamen Raum mehr, wo sie sich überlagern könnten, wo die Wörter ihre Gestalt annehmen und die Bilder in den Wortschatz eingehen könnten. In dem kleinen schmalen, farblosen und neutralen Streifen, der in Magrittes Bild den Text und die Figur trennt, muß ein Hohlraum gesehen werden, eine ungewisse und nebelige Region, welche nun die in ihrem Bildhimmel schwebende Pfeife vom irdischen Stampfen der auf ihrer sukzessiven Linie dahinmarschierenden Wörter trennt. Vielleicht ist es noch zuviel gesagt, wenn man von einer Leere oder einer Lücke spricht: es ist eher das Fehlen eines Raumes, ein Verschwinden des gemeinsamen Ortes zwischen den Zeichen der Schrift und den Linien des Bildes. Die »Pfeife«, die ungeteilt zwischen der sie nennenden Aussage und der sie darstellenden Zeichnung schwebte, diese Schattenpfeife, in der sich die unfertigen Linien der Formen und die unausgesprochenen Wörter verschränkten, hat sich endgültig verflüchtigt. Dieses Verschwinden wird vom anderen Ufer des nicht sehr tiefen Grabens her mit Vergnügen konstatiert: dies ist keine Pfeife. Die nunmehr einsame Zeichnung der Pfeife kann sich jener Form, welche gewöhnlich vom Wort *Pfeife* bezeichnet wird, noch so sehr angleichen; der Text kann unter der Zeichnung noch so brav dastehen, wie eine getreue Legende in einem gelehrten Buch: zwischen ihnen kann nur mehr die Scheidungsformel passieren, die Aussage, die zugleich den Namen der Zeichnung und die Referenz des Textes in Abrede stellt.

Nirgendwo ist da eine Pfeife.

Von daher läßt sich die letzte Version, die Magritte von *Dies ist keine Pfeife* gegeben hat, verstehen. Indem er die Zeichnung der Pfeife und die Aussage, die ihr als Legende dient, auf die klar abgegrenzte Oberfläche einer Tafel setzt (sofern es sich um ein Gemälde handelt, sind die Buchstaben nur das Bild von Buchstaben; sofern es sich um eine Schultafel handelt, ist die Figur nur die didaktische Verlängerung eines Diskurses), indem er diese Tafel auf einen Trieder aus massivem und festem Holz stellt, tut Magritte alles, um (durch die Ewigkeit eines Kunstwerks oder durch die Wahrheit des Unterrichts) den gemeinsamen Ort von Bild und Sprache wiederherzustellen.

Alles ist festgefügt in diesem Schulraum: eine Tafel »zeigt« eine Zeichnung, welche die Form einer Pfeife »zeigt«; und ein von einem beflissenen Lehrer geschriebener Text »zeigt«, daß es sich eben um eine Pfeife handelt. Der Zeigefinger des Lehrers, wiewohl man ihn nicht sieht, herrscht überall, ebenso wie seine Stimme, die gerade dabei ist, ganz deutlich zu artikulieren: »Dies ist eine Pfeife.« Von der Tafel zum Bild, vom Bild zum Text, vom Text zur Stimme führt, zeigt, fixiert, markiert, diktiert ein allgemeiner Zeigefinger ein System von Verweisungen und versucht, einen einzigen Raum zu stabilisieren. Aber warum habe ich noch die Stimme des Lehrers eingeführt? Sie wollte gerade sagen »Dies ist eine Pfeife«, als sie noch einmal ansetzen mußte und stotterte: »Dies ist keine Pfeife, sondern die Zeichnung einer Pfeife – dies ist keine Pfeife, sondern ein Satz, der sagt, daß das eine Pfeife ist – der Satz »Dies ist keine Pfeife« ist keine Pfeife – im Satz »Dies ist keine Pfeife« ist *dies* keine Pfeife: diese Tafel, dieser geschriebene Satz, diese Zeichnung einer Pfeife, all dies ist keine Pfeife.«

Die Negationen häufen sich, die Stimme wird unsicher und erstickt beinahe; der verwirrte Lehrer senkt den ausgestreckten Zeigefinger, kehrt seinen Rücken der Tafel zu, schaut auf die Schüler, die sich vor Lachen biegen, und merkt nicht, daß sie so lachen, weil über der Tafel und über dem seine Verneinungen stammelnden Lehrer ein Rauch aufgestiegen ist, der allmählich Gestalt annimmt und jetzt ganz genau und zweifelsfrei eine Pfeife nachzeichnet. »Das ist eine Pfeife, das ist eine Pfeife!« schreien die Schüler, die mit den Füßen stampfen, während der Lehrer immer leiser, aber immer noch mit derselben Hartnäckigkeit, und ohne daß noch jemand zuhört, murmelt: »Und dennoch ist dies keine Pfeife!« Er hat nicht unrecht: denn diese Pfeife, die so sichtbar über der Szene schwebt, als wäre sie die Sache, auf die sich die Tafelzeichnung bezieht und in deren Namen der Text zurecht sagen kann, daß die Zeichnung nicht wirklich eine Pfeife ist, auch diese Zeichnung ist nur eine Zeichnung und keineswegs eine Pfeife. Weder auf der Schultafel noch darüber finden die Zeichnung der Pfeife und der Text, der sie nennen soll, einen Ort, an dem sie sich begegnen und aneinander festhalten können, wie es einst der Kalligraph ermöglicht hat.

Wenn die Staffelei auf ihren zugespitzten und offensichtlich unstabilen Pfosten ins Wanken kommt, wenn der Rahmen auseinanderbricht und die Tafel auf den Boden fällt, wenn sich die Buchstaben verlieren, dann kann die »Pfeife« »brechen«: der »Gemeinplatz« – banales Werk oder alltägliche Schulstunde – ist verschwunden.

3 Steuern und Prüfen

Wahrheitsproduktion / Informationsräume

Das Abendland und die Wahrheit des Sexes

Ein namenloser Engländer hat gegen Ende des 19. Jahrhunderts ein ungeheures Werk verfaßt, das in nicht mehr als zehn Exemplaren gedruckt wurde; es kam nie zum Verkauf und landete am Ende bei einigen Sammlern oder in seltsamen Bibliotheken. Eines der unbekanntesten Bücher, es heißt *My Secret Life*. Der Autor erzählt darin haarklein ein Leben, das er im wesentlichen der sexuellen Lust gewidmet hatte. Abend für Abend, Tag für Tag erzählt er bis in die geringsten Einzelheiten, ohne Angeberei, ohne große Worte, in der einzigen Sorge, zu sagen, was passiert ist, wie es passiert ist, mit welcher Intensität und mit welcher Gefühlsqualität.

Wirklich seine einzige Sorge? Schon möglich. Denn häufig redet er von dieser Aufgabe, täglich über seine Lust zu schreiben, wie von einer bloßen Pflicht. So als handelte es sich um eine geheime, ein wenig rätselhafte Auflage, der er sich nicht entziehen kann: *man muß alles sagen*. Und doch gibt es da noch etwas anderes: für diesen eigensinnigen Engländer geht es darum, in diesem Arbeits-Spiel eine überaus dichte Verbindung der Lust, des wahren Diskurses über die Lust und der Lust daran, diese Wahrheit auszusprechen, zu schaffen; es geht darum, dieses Tagebuch – ob er es nun mit lauter Stimme liest oder gemessen niederschreibt – für die Entwicklung neuer sexueller Erfahrungen zu benutzen, nach den Regeln gewisser befremdender Lüste, in denen »Lesen und Schreiben« eine spezifische Rolle spielen.

[Der Historiker] Stephen Marcus hat diesem dunklen Zeitgenossen der Königin Viktoria einige bemerkenswerte Seiten gewidmet. Ich neige nun meinerseits nicht so sehr dazu, in ihm eine Gestalt im Schatten, auf der »Gegenseite« eines Zeitalters der Schamhaftigkeit zu sehen. Ist er wirklich die diskrete und grinsende Rache an der Prüderie der Epoche? Mir scheint er vor allem an einem Punkt zu stehen, an dem drei Entwicklungslinien in unserer Gesellschaft zusammenlaufen, die alles andere als geheim sind. Die jüngste von ihnen ist diejenige, die die Medizin und die Psychiatrie der Epoche dazu brachte, sich mit dem Eifer des Insektensammlers auf die sexuellen Praktiken, ihre Varianten und ihre ganze Verschiedenartigkeit zu stürzen … Die zweite, etwas ältere ist die, die seit Retif und Sade die erotische Literatur dahin geführt hat, ihre Effekte nicht mehr nur in der Heftigkeit oder Ausgefallenheit der Szenen, die sie ersann, zu suchen, sondern in der leidenschaftlichen Erforschung einer bestimmten Wahrheit der Lust: eine Erotik der Wahrheit, eine Verbindung von Wahrheit und Intensität sind bezeichnend für diese neue »Libertinage«, die am Ende des 19. Jahrhunderts auftritt. Die dritte Linie ist die älteste; sie hat seit dem Mittelalter das ganze christliche Abendland durchzogen: das strenge Gebot an einen jeden, durch Beichte und Gewissensprüfung auf dem Grunde seines Herzens die kaum wahrnehmbaren Spuren der Begehrlichkeit aufzuspüren. Man lasse sich nicht täuschen von der Quasi-Heimlichkeit von *My Secret Life*: die Verbindung des wahren Diskurses zur sexuellen Lust ist eine der beständigsten Sorgen der abendländischen Gesellschaften gewesen. Und das seit Jahrhunderten.

Was hat man nicht alles über diese bürgerliche, verlogene, schamhafte Gesellschaft gesagt, die mit ihren Lüsten geizt und sie um keinen Preis anerkennen noch beim Namen nennen will. Was hat man nicht über jenes schwerste Erbe gesagt, das sie vom Christentum übernommen hat – den Sünden-Sex. Und über die Art und Weise, wie das 19. Jahrhundert dieses Erbe zu ökonomischen Zwecken gebraucht hat: Arbeit statt Lust, Reproduktion der Kräfte statt purer Verausgabung von Energien.

Und wenn das nun nicht das Wesentliche wäre? Wenn es im Innern der »Politik des Sexes« ganz andere Räderwerke gäbe? Nicht die der Verwerfung und Verdunkelung, sondern solche der Anreizung? Wenn die wesentliche Funktion der Macht nicht darin bestünde, Nein zu sagen, zu untersagen und zu zensieren, sondern darin, in einer endlosen Spirale den Zwang, die Lust und die Wahrheit aneinanderzubinden?

Die Pflicht zum Geständnis

Denken wir nur an den Eifer, mit dem unsere Gesellschaften seit mehreren Jahrhunderten mittlerweile all die Institutionen vermehrt haben, die dazu bestimmt sind, die Wahrheit des Sexes zu erpressen, und die damit selbst eine spezifische Lust produzieren. Denken wir an die maßlose Pflicht zum Geständnis und an all die zwiespältigen Lüste, die es gleichzeitig durchkreuzen und wünschbar machen: Beichte, Erziehung, Beziehungen zwischen Eltern und Kindern, Ärzten und Kranken, Psychiatern und Hysterischen, Psychoanalytikern und Patienten. Man sagt häufig, das Abendland sei unfähig gewesen, auch nur eine einzige neue Lust zu erfinden. Hält man denn die Wollust, mit der man herumschnüffelt, aufstöbert, interpretiert, hält man diese »Lust an der Analyse« (im weitesten Sinne) etwa für nichts?

Eher als eine der Repression des Sexes gewidmete Gesellschaft würde ich die unsere als eine seinem »Ausdruck« gewidmete sehen. Man verzeihe mir dieses abgewertete Wort. Ich würde das Abendland als hartnäckig bemüht sehen, die Wahrheit des Sexes ans Licht zu zerren. Das Verschweigen, die Sperren, die Fortnahmen dürfen nicht unterschätzt werden; aber sie konnten sich nur bilden, konnten ihre furchtbaren Wirkungen nur vor dem Hintergrund eines Willens zum Wissen produzieren, der unsere gesamte Beziehung zum Sex durchzieht. Ein derart gebieterischer Wille zum Wissen, von dem wir so gefesselt sind, daß wir bereits nicht mehr bloß die Wahrheit des Sexes suchen, sondern von ihm unsere eigene Wahrheit verlangen. Er soll uns sagen, was mit uns los ist. Von Gerson bis Freud erstellt sich eine ganze Logik des Sexes, die die Wissenschaft vom Subjekt organisiert hat.

Wir bilden uns gern ein, wir gehörten zu einem »viktorianischen« Regime. Mir scheint es, daß unser Königreich eher jenes ist, das Diderot sich in den *Indiskreten Kleinoden* ausgedacht hat: ein bestimmter kaum sichtbarer Mechanismus bringt den Sex mit fast unerschöpflicher Geschwätzigkeit zum Sprechen. Wir leben in einer Gesellschaft des sprechenden Sexes.

Ebenso muß man vielleicht eine Gesellschaft über die Art und Weise befragen, nach der sich in ihr die Beziehungen der Macht, der Wahrheit und des Wissens herstellen. Wie mir scheint, lassen sich hier zwei wesentliche Verfahrensweisen unterscheiden. Die eine ist die der *ars erotica*. Hier wird die Wahrheit aus der Lust selber gezogen, als Erfahrung gesammelt, auf ihre Qualität hin analysiert und in ihren Ausstrahlungen im Körper und in der Seele verfolgt, und dieses kunstvolle Wissen wird unter dem Siegel des Geheimnisses in der Initiation durch einen Meister an jene übertragen, die sich seiner würdig erwiesen haben und die es nun wieder in ihre Lust einströmen lassen, um sie intensiver, stärker, vollkommener zu machen.

Die abendländische Zivilisation kennt seit Jahrhunderten jedenfalls keine *ars erotica*, sie hat die Beziehungen der Macht, der Lust und der Wahrheit in anderer Art verknüpft: in der einer »Wissenschaft vom Sex«. Ein Wissenstyp, wo das Analysierte weniger die Lust als vielmehr das Verlangen ist; wo der Meister nicht die Aufgabe hat zu initiieren, sondern zu befragen, zuzuhören, zu entziffern; wo der lange Prozeß nicht eine Vermehrung der Lüste zum Ziel hat, sondern eine Veränderung des Subjekts (das hier durch Verzeihung oder Versöhnung, Heilung oder Befreiung findet).

Die Strategien aufzeigen

Zu zahlreich sind die Beziehungen zwischen jener Kunst und dieser Wissenschaft, um hier eine Trennungslinie zwischen zwei Gesellschaftstypen ziehen zu können. Ob es sich um die Gewissensführung oder um die psychoanalytische Kur handelt, stets bringt das Wissen vom Sex gewisse Gebote der Geheimhaltung, eine bestimmte Beziehung zum Lehrmeister und eine ganze Fülle von Versprechungen mit sich, die es wieder in Verwandtschaft zur *ars erotica* bringen. Glaubt man denn, daß ohne diese unklaren Beziehungen manche Leute so teuer das Recht erkaufen würden, zweimal die Woche mühsam die Wahrheit ihres Verlangens zu formulieren und geduldig den Segen der Interpretation abzuwarten?

Meine Absicht ist es, eine Genealogie dieser »Wissenschaft vom Sex« zu machen. Kein sonderlich neuartiges Unternehmen, ich weiß: viele sind heute damit beschäftigt, zu zeigen, wieviele Verweigerungen, Verdunkelungen, Ängste, systematische Verkennungen lange Zeit ein mögliches Wissen vom Sex gegängelt haben. Ich möchte allerdings diese Genealogie in positiven Begriffen angehen, ausgehend von den Anreizungen, den Brennpunkten, Techniken und Verfahren, die die Bildung dieses Wissens erlaubt haben; ich möchte, vom christlichen Problem des Fleisches angefangen, all die Mechanismen verfolgen, die einen Wahrheitsdiskurs über den Sex eingeführt und ein gemischtes Regime von Lust und Macht um ihn errichtet haben. […]

Die traditionell gestellte Frage lautet: Warum hat das Abendland den Sex so lange Zeit schuldig gesprochen, und wie ist man gegen diese Verweigerung und Angst endlich dahin gekommen, ihm, und sei es durch noch so viele Auslassungen hindurch, die Frage nach der Wahrheit zu stellen? Warum und unter welchen Umständen hat man sich seit dem Ende des 19. Jahrhunderts darangewagt, einen Teil des großen Geheimnisses an den Tag zu bringen, und auch das nur unter Schwierigkeiten, von denen der Mut Freuds immer noch Zeugnis ablegt?

Ein neues Schuldbewußtsein

Ich möchte die Frage ganz anders ansetzen: Warum hat das Abendland so unablässig nach der Wahrheit des Sexes gefragt und von jedem Einzelnen gefordert, daß er sie für sich formuliere? Warum hat es mit solcher Versessenheit darauf bestanden, daß unsere Beziehung zu uns selbst über diese Wahrheit zu laufen hat? Sodann muß man sich darüber wundern, daß wir seit Beginn des 20. Jahrhunderts von einem großen und neuartigen Schuldbewußtsein befallen sind, daß wir seither so etwas wie einen historischen Gewissensbiß empfinden, der uns glauben läßt, wir hätten uns gegen unseren Sex versündigt. Mir scheint, daß in dieser neuen Schuldigsprechung, nach der wir so zu lüstern scheinen, etwas systematisch verkannt wird, und zwar eben diese große Wissenskonfiguration, die das Abendland unaufhörlich mit Hilfe von religiösen, medizinischen und sozialen Techniken um den Sex herum errichtet hat.

Ich gehe davon aus, daß man mir diesen Punkt zugestehen wird. Aber man wird mir sofort sagen: »Dieses ganze Getöse um den Sex, diese ständige Sorge, das hat doch, wenigstens bis zum 19. Jahrhundert, nur ein Ziel gehabt: die freie Ausübung des Sexes zu untersagen.« Freilich, die Rolle der Verbote ist bedeutend gewesen. Aber wird der Sex zuerst und vor allem verboten? Oder sind die Verbote etwa nur Fallen, die eine komplexe und positive Strategie stellt? Hier stoßen wir auf ein allgemeineres Problem, das als Kontrapunkt zu dieser Geschichte der Sexualität behandelt werden muß, das Problem der Macht. Spricht man von der Macht, so begreift man sie meist auf ziemlich spontane Weise als Gesetz, als Verbot, als Absperrung und Unterdrückung, und hat sich damit selbst der Waffen beraubt, ihre positiven Mechanismen und Wirkungen zu verfolgen. Ein bestimmtes juristisches Modell lastet auf den Analysen der Macht und läßt sie die Form des Gesetzes mit einem absoluten Privileg versehen. Es gilt, eine Geschichte der Sexualität zu schreiben, die nicht mehr von der Vorstellung einer Repressions-Macht, einer Zensur-Macht geleitet wird, sondern von der einer Anreizungs-Macht, einer Wissens-Macht; man muß versuchen, das Regime von Zwang, Lust und Diskurs freizulegen, das jenen komplexen Bereich der Sexualität nicht versperrt, sondern begründet.

Technologien der Wahrheit

Die wissenschaftliche Praxis gründet gleichsam in einem Diskurs, der besagt: »Nicht alles ist wahr; aber an jedem Punkt und zu jeder Zeit gibt es eine erkennbare und ausdrückbare Wahrheit. Diese Wahrheit mag schlummern, doch wartet sie nur darauf, vor unserem Blick zu erscheinen, von unserer Hand enthüllt zu werden. Die Wahrheit ist überall; es liegt nur an uns, die richtige Perspektive, den passenden Winkel, die notwendigen Instrumente zu ihrer Entdeckung zu finden.«

Aber tief verwurzelt in unserer Kultur findet sich auch eine andere Vorstellung, der die Wissenschaft und mit ihr die Philosophie zuwiderlaufen: Die Wahrheit ist dem Blitze gleich, sie wartet nicht überall da auf uns, wo wir geduldig ihrer harren, sie mit Geschick zu überraschen trachten; sie hat vielmehr gnädige Augenblicke, privilegierte Orte, nicht nur, um aus dem Schatten hervorzutreten, sondern um sich überhaupt *zu produzieren.* Wenn es eine Geographie der Wahrheit gibt, dann ist es eine der Orte, an denen sie weilt (und nicht einfach der Stellen, an die man sich plaziert, um sie besser beobachten zu können); ihre Chronologie ist – dem meridionalen Zusammentreffen zweier Gestirne vergleichbar – die der Konjunktionen, welche es ihr gestatten, wie ein wichtiges Ereignis einzuschlagen (und nicht die der günstigen Momente, die es zu ihrer Wahrnehmung auszunutzen gilt – wie wenn der Nebel sich kurze Zeit lichtet). Es ließe sich in unserer Geschichte eine ganze »Technologie« dieser Wahrheit entdecken: Ortung der Plätze; Kalender der günstigen Gelegenheiten; Wissen von den Ritualen, in deren Verlauf sie sich produziert.

Beispiele dieser Geographie sind Delphi, wo die Wahrheit zum Erstaunen der ersten griechischen Philosophen sprach, oder die weltentrückten Orte des alten Mönchtums, später dann die Kanzel des Predigers, das Katheder der Schulmeister, die Kirche als Gemeinschaftsort der Gläubigen. Ein ausgeprägtes Beispiel für diese Art Chronologie ist der medizinische Begriff der Krise, der bis zum Ende des 18. Jahrhunderts von großer Bedeutung geblieben ist. In dieser Fassung war die Krise nicht etwa genau der Moment, an dem die tiefliegende Natur der Krankheit an die Oberfläche steigt und sich sehen läßt, sondern vielmehr der Moment, an dem der krankhafte Prozeß sich aus eigener Kraft von seinen Fesseln losmacht, sich von allem befreit, was ihn an seiner vollen Entfaltung hindern könnte, und sich gewissermaßen entscheidet, eher dies oder eher jenes zu sein, also über seinen zukünftigen (günstigen oder ungünstigen) Verlauf befindet. Obgleich eine autonome Bewegung, kann und muß der Arzt dennoch daran teilnehmen; er muß um sie alle ihre günstigen Umstände versammeln, er muß sie vorbereiten, sie anrufen, sie hervorholen, aber er muß sie auch als eine Gelegenheit benutzen, um therapeutisch zu handeln und mit ihr am günstigsten Tag den Kampf aufzunehmen. Die Krise kann sich natürlich auch ohne den Arzt abspielen, aber wenn der Arzt eingreifen will, dann nur einer Strategie gehorchend, die sich der Krise als dem Moment der Wahrheit unterordnet – selbst wenn er es wagt, diesen Moment verstohlen auf einen Zeitpunkt zu legen, der für ihn, den Therapeuten, günstig ist. Im medizinischen Denken und in der medizinischen Praxis war die Krise zugleich schicksalhafter Augenblick, Effekt eines Rituals und strategische Gelegenheit.

Auch das Gottesurteil, obzwar einer ganz anderen Ordnung zugehörig, war eine bestimmte Weise, mit der Produktion der Wahrheit umzugehen. Das Ordal, das den Angeklagten eine Probe erleiden ließ, oder das Duell, das Angeklagten und Ankläger (oder ihre Stellvertreter) einander gegenüberstellte, waren nicht lediglich altertümliche und irrationale Vorformen, die Wahrheit »detektivisch« zu ermitteln und in Erfahrung zu bringen, was in der umstrittenen Affäre wirklich geschehen war; es ging vielmehr darum, zu entscheiden, welcher Seite Gott *jetzt* das zusätzliche Quantum Glück oder Stärke zuteilte, das zum Erfolg eines der beiden Gegner führte. Ein derart regulär erzielter Erfolg zeigte an, auf wessen Kosten der Streit geschlichtet werden mußte. Die Aufgabe des Richters war nicht die eines Untersuchungskommissars, der die verborgene Wahrheit zu entdecken und exakt zu rekonstruieren sucht; er hatte vielmehr ihre Produktion zu organisieren und den rituellen Rahmen zu beglaubigen, in dem sie hervorgeholt werden konnte. Die Wahrheit war der durch die rituelle Bestimmung des Siegers erzeugte Effekt.

Das erlaubt die Annahme, daß es in unserer Kultur eine eigentliche und durch die Jahrhunderte fortwährende Technologie der Wahrheit gegeben hat, die von der wissenschaftlichen Praxis und dem philosophischen Diskurs allmählich abgewertet, verdeckt und ausgetrieben wurde. Diese Wahrheit gehört nicht der Ordnung des Seienden an, sondern der Ordnung des Geschehens: Sie ist Ereignis. Sie wird nicht konstatiert, sondern hervorgeholt: Produktion anstelle von Apophantik [jener Teil der formalen Logik, der es mit den Wahrheitswerten des Urteils zu tun hat, *Anm. des Hrsg.*]. Sie ergibt sich nicht über die Vermittlung von Instrumenten; sie wird durch Rituale herausgefordert, sie wird mit List angelockt, den Gelegenheiten entsprechend erfaßt: Strategie und nicht Methode. Das Verhältnis zwischen diesem auf solche Weise produzierten Ereignis und dem Individuum, das seiner harrte und von ihm heimgesucht wurde, ist nicht das zwischen Objekt und Subjekt der Erkenntnis; es ist ein Verhältnis der Ambiguität, ein reversibles, kriegerisches Verhältnis von Meisterrecht, Herrschaft und Sieg: ein Machtverhältnis.

Freilich scheint diese Technologie von Wahrheit-Ereignis-Ritual-Probe seit langem schon verschwunden. Doch hatte sie ihre Dauer, war ein irreduzibler Kern des wissenschaftlichen Denkens gewesen. Die Bedeutung der Alchimie, ihr Starrsinn, trotz so vieler Schlappen und so unendlicher Wiederholungen nicht verschwinden zu wollen, die Faszination, die sie auszuüben vermochte, haben ihren Grund wahrscheinlich darin, daß sie eine der elaboriertesten Formen dieser Wissensgattung gewesen ist. Sie suchte weniger die Wahrheit zu erkennen, als sie gemäß einer Bestimmung der günstigen Momente zu produzieren (daher ihre Verwandtschaft mit der Astrologie). Zu diesem Zweck befolgte sie Vorschriften, Verhaltensregeln und Exerzitien (daher ihre Bande zur Mystik) und versprach sich am Ende eher einen Sieg, eine Meisterschaft, eine Überlegenheit über ein Geheimnis als die Entdeckung einer Unbekannten. Das alchimistische Wissen ist nur dann leer oder unnütz, wenn es in Termini einer Wahrheit als Abbild befragt wird; es ist voll, wenn es als Ensemble von strategischen Regeln, Prozeduren, Berechnungen und Anordnungen betrachtet wird, die die rituelle Produktion des Ereignisses »Wahrheit« gestatten sollen.

In einer solchen Perspektive ließe sich auch im Ordnungssystem der Buße, des Strafrechts und der Psychiatrie eine Geschichte des Geständnisses schreiben. Eine Spielart des »gesunden Menschenverstands« (die tatsächlich auf einer bestimmten Vorstellung der Wahrheit als Gegenstand der Erkenntnis überhaupt beruht) interpretiert und rechtfertigt immer wieder die Geständnissuche mit folgendem Argument: Wenn das Subjekt selbst sein Verbrechen oder seine Verfehlung oder sein verrücktes Begehren eingesteht, so ist das wohl der *beste Beweis*, das *sicherste Zeichen* dafür. In historischer Perspektive war freilich das Geständnis, lange bevor es als Beweis galt, die Produktion einer Wahrheit am Ende einer Probe und nach kanonischen Formen: rituelle Beichte, Marter, peinliche Befragung. Das Problem bei dieser Sorte Geständnis – etwa in den religiösen, später gerichtlichen Praktiken des Mittelalters – bestand nicht darin, ob es buchstäblich stimmte und als zusätzliches Element die anderen Mutmaßungen ergänzen konnte; das Problem war lediglich, daß es überhaupt und in Übereinstimmung mit den Regeln abgelegt wurde. Die Sequenz Verhör-Geständnis, die in der medizinisch-gerichtlichen Praxis der Neuzeit von so großer Bedeutung ist, oszilliert in der Tat zwischen einem alten, am sich produzierenden Ereignis ausgerichteten Ritual der Wahrheit qua *Probe* und einer Erkenntnistheorie der an der Etablierung von Zeichen und Beweisen ausgerichteten Wahrheit qua *Konstatierung*.

Der Übergang von der Wahrheit qua Probe zur Wahrheit qua Konstatierung ist wahrscheinlich einer der wichtigsten Prozesse in der Geschichte der Wahrheit. Doch ist das Wort »Übergang« nicht ganz richtig, denn es handelt sich nicht um zwei einander fremde Gestalten, die sich gegenseitig bekämpften und von denen schließlich die eine die andere zu besiegen vermöchte. Die Wahrheit qua Konstatierung in Gestalt der Erkenntnis ist vielleicht nur ein partikularer Fall der Wahrheit qua Probe in Gestalt des Ereignisses. Allerdings handelt es sich nun um ein Ereignis, das sich produziert, als könne es billigerweise auf unbestimmte Zeit überall und immer wiederholt werden; um ein Ritual der Produktion, das sich in allen zugänglichen und gleichförmig effizienten Instrumenten und Methoden verkörpert; und am Ende um die Bezeichnung eines beständigen Objekts der Erkenntnis und die Bestimmung eines universalen Subjekts der Erkenntnis. Es ist diese historisch einzigartige Produktion der Wahrheit, die allmählich alle deren Formen der Wahrheitsproduktion überdeckt oder zumindest ihre Norm als die universell geltende durchgesetzt hat. Die Geschichte dieser Überdeckung wäre ungefähr die Geschichte des abendländischen Wissens seit dem Mittelalter überhaupt: Geschichte nicht der Erkenntnis, sondern der Art, wie die Produktion der Wahrheit die Gestalt der Erkenntnis angenommen und sich als Norm aufgezwungen hat. Es lassen sich in diesem Prozeß drei Bezugspunkte ausmachen. Zunächst die Etablierung und Generalisierung des Untersuchungsverfahrens in der politischen Praxis und in der (weltlichen bzw. kirchlichen) Gerichtspraxis: Nun wird der Ausgang des Verfahrens durch die Übereinkunft mehrerer Individuen über einen Tatbestand, ein Ereignis, einen Brauch bestimmt, die fortan als allgemein bekannt vorausgesetzt werden können, d. h., sie können und müssen anerkannt werden, sind bekannte Fakten, weil sie für alle wiedererkennbar sind. Die juridisch politische Form der Untersuchung fällt mit der Entwicklung des Staates und dem langsamen Auftauchen eines neuen Typus politischer Macht zusammen, der sich während des 12. und 13. Jahrhunderts im Rahmen des Feudalismus herausbildete. Die Probe war ein Typus des Macht-Wissens mit wesentlich rituellen Zügen; die Untersuchung ist ein wesentlich administrativer Typus des Macht-Wissens. Und in dem Maße, wie sich die Strukturen des Staates entwickelten, hat dieses Modell dem Wissen die Form der Erkenntnis aufgezwungen: ein souveränes Subjekt, das die Funktion der Allgemeinheit hat, und ein Objekt der Erkenntnis, das von allen immer schon daseiend zu erkennen ist.

Der zweite große Wendepunkt fiele dann in diejenige Epoche, in der dieses juridisch-politische Verfahren sich in einer die Untersuchung der Natur ermöglichenden Technologie verkörpern ließ. Diese Technologie war eine von Instrumenten, die nicht länger dazu bestimmt waren, den Ort der Wahrheit zu bezeichnen, ihren Moment zu beschleunigen und zu fördern, sondern sie irgendwo und irgendwann zu ergreifen; Instrumente, die die Funktion hatten, die Distanz zu überwinden oder das Hindernis zu beseitigen, das uns von einer Wahrheit, die überall auf uns wartet und zu aller Zeit auf uns gewartet hat, trennt. Dieser große technologische Umsturz fällt zeitlich zweifellos in die Ära der Seefahrt, der großen Reisen, jener unermeßlichen »Inquisition«, die sich nicht länger auf die Menschen und ihre Güter, sondern auf die Erde und ihre Reichtümer erstreckte. Mehr noch als der Entdeckung der Länder verdankt sich dieser Umsturz der Entdeckung der Meere. Auf dem Schiff, diesem unendlich beweglichen Element, muß der Seemann an jedem Punkt, in jedem Augenblick genau wissen, wo er sich befindet. Das Instrument muß so beschaffen sein, daß kein Augenblick bevorzugt wird und alle lokalen Einflüsse ausgelöscht werden können. Die große Fahrt hat das Universelle in die Technologie der Wahrheit eingeführt, sie hat ihr die Norm des »irgendwann«, des »irgendwo« und folglich des »irgendwer« aufgeprägt. Die Wahrheit muß nicht länger produziert werden; sie hat sich zu präsentieren, und zwar jedesmal, wenn man sie sucht, von neuem.

Das dritte Stadium schließlich fällt in die letzten Jahre des 18. Jahrhunderts, als Chemie und Elektrizität im Rahmen der – mit Hilfe von universell funktionierenden Instrumenten – konstatierten Wahrheit die Produktion von Phänomenen ermöglicht haben. Diese Wahrheitsproduktion durch das Experiment ist von der Wahrheitsproduktion durch die Probe am weitesten entfernt, denn Experimente sind wiederholbar, sie können und müssen konstatiert, kontrolliert und gemessen werden. Das Experiment ist nichts anderes als eine Untersuchung künstlich provozierter Tatsachen. Phänomene mit Hilfe von Laboreinrichtungen zu produzieren, hat nichts mehr mit dem rituellen Herbeiführen des Ereignisses der Wahrheit gemein; nun wird die Wahrheit mit Hilfe einer allgemein zugänglichen Technik konstatiert. Hinfort nimmt die Produktion von Wahrheit die Form der Produktion von Phänomenen an, die von jedem Erkenntnissubjekt konstatiert werden können.

Diese große Umwandlung der Wissensprozeduren begleitet offensichtlich die wesentlichen Mutationen der okzidentalen Gesellschaften: Auftauchen einer politischen Macht, die die Form des Staates annimmt; weltweite Ausdehnung der Handelsbeziehungen; Entstehung der großen Produktionstechniken. Zugleich ist ersichtlich, daß es bei diesen zentralen Umgestaltungen des Wissens nicht um ein Subjekt der Erkenntnis geht, das von den Umwälzungen der Infrastruktur beeinflußt würde, sondern um Formen der Macht-und-des-Wissens, um Formen des Macht-Wissens, die auf der Ebene der »Infrastruktur« selbst funktionieren und Effekte zeitigen und die den Ort abgeben für das Verhältnis der Erkenntnis (Subjekt – Objekt) als Norm des Wissens, allerdings – und das darf nicht vergessen werden – eine Norm, die historisch einzigartig ist.

Botschaft oder Rauschen?

Um die Medizin unter den anderen Wissensformen zu »orten«, waren bislang lineare Schemata üblich. Die Seele stand über dem Körper, das Gewebe unter dem Niveau des Organischen. Die Medizin grenzte an einem Ende daher an die Psychologie, Psychopathologie usw., am anderen an die Physiologie. Dagegen lassen die Debatten, die ich jüngst gelesen habe, neue Verwandtschaften, diagonale oder laterale, erscheinen. Probleme stellen sich in der Medizin, die offenbar mit Problemen isomorph sind, denen man anderswo und ganz besonders in Disziplinen begegnet, die sich mit der Sprache oder mit Sachverhalten beschäftigen, die wie die Sprache funktionieren. Diese Disziplinen unterhalten mit der Medizin sicher keinen »Objektbezug«; aber die Medizin, als Theorie-und-Praxis verstanden, ist ihnen womöglich strukturanalog.

Man sagt und wiederholt seit Balint, daß der Kranke eine oder mehrere »Botschaften« sendet, die der Arzt dann hört und deutet. Das erlaubt zahlreiche menschenfreundliche Humanismen über das zweifelhafte Thema vom »Paar Arzt-Patient«.

Tatsächlich aber muß, damit es überhaupt »Botschaften« gibt,

- erstens ein Rauschen gegeben sein (im Fall der Medizin ist dieses Urrauschen das »Nichtschweigen der Organe«);
- dieses Rauschen »konstituiert von« oder doch zumindest »Träger von« mehreren diskreten, d. h. nach sicheren Kriterien isolierbaren Elementen sein;
- die Menge dieser Elemente in einer konstanten Form mit anderen Elementen assoziiert sein, die ihren Sinn bilden (für die Medizin kann dies die »Krankheit« oder »Prognose« oder die therapeutische Indikation sein);

• sich schließlich die Menge dieser Elemente als nach gewissen Regularitäten verknüpft präsentieren.

Nun sendet die Krankheit aber keine »Botschaft«, einfach weil die Botschaft von einem nach vorgängigen Regeln etablierten »Code« abhängt. In der Natur, wie denaturiert auch immer sie sei, gibt es keinen Code. Die Krankheit begnügt sich damit, »Lärm zu machen«, und schon das ist schön und gut. Alles andere macht die Medizin; sie macht in der Tat viel mehr, als sie selber zu glauben bereit ist.
Man könnte diese Operationen sicherlich auf drei Ebenen analysieren.

Konstitution eines Codes

Seit anderthalb Jahrhunderten (und gewiß nicht seit dem unglücklichen Hippokrates) hat die klinische Erfahrung im Rauschen, das die Krankheit macht, eine gewisse Anzahl von Zügen isoliert, die es erlauben, jene Elemente zu definieren, die zu einer »pathologischen Botschaft« gehören. Sie hat also
• eine gewisse Anzahl von Geräuschen fallen lassen, weil sie für irrelevant gelten;
• die Kennzeichen definiert, die es erlauben, die Elemente der Botschaft zu erkennen und zu individualisieren;
• Ersetzungsregeln aufgestellt, die die Botschaft zu »übersetzen« erlauben.

Zweifellos hört dieser Code nicht auf, sich zu ändern;
• wenn sich die Ersetzungsregeln ändern, heißt es, die »medizinischen Kenntnisse« hätten Fortschritte gemacht;
• wenn sich die Prinzipien ändern, nach denen die Elemente der Botschaft individualisiert werden, heißt es, die »Beobachtungsmethoden« hätten sich vervollkommnet;
• wenn man daran geht, Elemente der Botschaft an Stellen zu definieren, wo es vordem nur Rauschen zu hören gab, hat sich die Medizin neue Felder zugelegt.

Wandlungen vom ersten Typ sind häufig, die vom zweiten seltener, die vom dritten die großen Ausnahmen. Freud hat aus den sprachlichen Äußerungen der Patienten, die vordem als bloßes Rauschen galten, etwas gemacht, das wie eine Botschaft behandelt werden mußte. Seitdem haben die verschiedenen Gestalten der Medizin (und zweifellos mit verschiedenen Codes) die Äußerungen der Patienten als Botschaften gehört. Man darf also nicht sagen, daß es zwei Botschaften gäbe, sondern:

• ein Rauschen, in dem man jetzt viel mehr Elemente einer Botschaft als früher hört (ein ganzer Teil am Rauschen, der ehedem erstickt wurde, beginnt zu sprechen);

• aber dieser Gewinn gegenüber dem Rauschen hat sich noch nicht durch einen einzigen Code sichern lassen und womöglich wird er das auch nie werden. Vielleicht macht man einen anderen Gewinn, jedoch dank einem neuen Code. Da die Krankheit nichts zu sagen hat, besteht kein Grund, daß ein einziger Code dieses ganze Rauschen »informieren« könnte. Diese erste theoretische Operation hat sich in der ganzen Medizin, verstanden sowohl als Wissenscorpus wie als Institution, seit dem Beginn des 19. Jahrhunderts abgespielt. Es sind ihre Regeln, die die Studenten an der Universität und im Krankenhaus lernen.

Hören der Botschaft

Sicher, in seiner Praxis hat es der Arzt nicht mit einer Krankheit zu tun, aber auch mit keinem Leidenden und vor allem – Gott sei Dank – mit keinem »menschlichen Wesen«. Er hat weder mit der Seele noch mit dem Körper zu tun, weder mit beiden zugleich noch mit ihrer Mischung. Er hat mit dem Rauschen zu tun. Aus diesem Rauschen muß er die Elemente einer Botschaft heraushören. Um die Botschaft zu hören, muß er:

• das Rauschen ausfiltern und seine Ohren allem verstopfen, was kein Element der Botschaft ist;

• die unterscheidenden Züge jedes Elements erkennen (wobei beide Operationen ersichtlich korreliert sind)

• und sie nach Maßgabe ihres Auftretens registrieren.

Hier aber stellt sich ein Problem.
Es macht den Unterschied zwischen einem Arzt und dem Vizekonsul einer Staatskanzlei aus, daß der Vizekonsul das Ende einer Botschaft abwartet, die selber codiert ist, wohingegen der Arzt das Ende des Rauschens, das die Krankheit ist, mit anderen Worten: Heilung oder Tod, weder abwarten kann noch darf. Daher seine Pflicht, nach einer gewissen Zeit des Zuhörens ans Übersetzen zu gehen (wobei die Übersetzung einmal mehr eine einfache Verschreibung sein kann). Hier liegt die Schwierigkeit der Diagnose, selbst wenn unter »Diagnose« nur die elementarste Antwort des Arztes auf die Botschaft der Krankheit zu verstehen ist.

Einsatz von Modellen

Um die Botschaft so schnell als möglich zu übersetzen, müssen Modelle und d. h. Formen (Konfigurationen oder Sequenzen schon gehörter Signale) eingesetzt werden. Diese Modelle dürfen von zweierlei Art und müssen von zweierlei Art sein:
• die einen erlauben es, zwischen Elementen der Botschaft auszuwählen, und entsprechen unterschiedlichen funktionellen Ebenen (Psyche, organische Läsion oder physiologische Anpassung). In diesem Augenblick kommt ein »grammatisches« Modell ins Spiel, um die zwei großen Kategorien zu unterscheiden, denen Signale angehören können;
• die anderen erlauben es, eine Übersetzung zu wagen, d. h. die Elemente der Botschaft in Korrelation zu den Elementen einer schon definierten Krankheit zu setzen.
Die Modelle vom zweiten Typ können ihrerseits in zwei Weisen eingesetzt werden:
• entweder steht es fest, daß die Botschaft einer wenig zahlreichen Klasse angehört und die Anzahl der Modelle, denen sie gehorchen kann, nicht sehr erheblich ist. Dann kann man annehmen, daß alle Modelle dieser Klasse äquipotentiell sind, und als »Interpretanden« dasjenige Modell auswählen, das zum registrierten Signal in der besten Korrelation steht. Das ist die Diagnose des »Spezialisten«;

• oder aber (und das ist die Lage des Allgemeinarztes) die Klasse, zu der die Botschaft gehört, ist zwar nicht theoretisch, aber doch praktisch unendlich. Daher die Wahl eines Modells, das wegen seiner höheren Wahrscheinlichkeit (aus Gründen äußerer oder innerer Faktoren) vorläufig privilegiert wird, aber nur, um es wieder aufzugeben, zu berichtigen oder zu präzisieren.

Man kann sich fragen, ob sich die Theorie der medizinischen Praxis nicht in Begriffen umdenken ließe, die nicht mehr die des Positivismus sind, vielmehr in Begriffen, die heutzutage Praktiken wie die Sprachanalyse oder die Informationsverarbeitung erarbeiten.
Wann findet endlich ein »Seminar« statt, das Mediziner mit Theoretikern der Sprache und aller auf sie bezogenen Wissenschaften vereint?

Andere Räume

Die große Obsession des 19. Jahrhunderts ist bekanntlich die Geschichte gewesen: die Entwicklung und der Stillstand, die Krise und der Kreislauf, die Akkumulation der Vergangenheit, die Überlast der Toten, die drohende Erkaltung der Welt. Im Zweiten Grundsatz der Thermodynamik hat das 19. Jahrhundert das Wesentliche seiner mythologischen Ressourcen gefunden. Hingegen wäre die aktuelle Epoche eher die Epoche des Raumes. Wir sind in der Epoche des Simultanen, wir sind in der Epoche der Juxtaposition, in der Epoche des Nahen und des Fernen, des Nebeneinander, des Auseinander. Wir sind, glaube ich, in einem Moment, wo sich die Welt weniger als ein großes sich durch die Zeit entwickelndes Leben erfährt, sondern eher als ein Netz, das seine Punkte verknüpft und sein Gewirr durchkreuzt. Vielleicht könnte man sagen, daß manche ideologischen Konflikte in den heutigen Polemiken sich zwischen den anhänglichen Nachfahren der Zeit und den hartnäckigen Bewohnern des Raumes abspielen. Der Strukturalismus, oder was man unter diesem ein wenig allgemeinen Namen gruppiert, ist der Versuch, zwischen den Elementen, die in der Zeit verteilt worden sein mögen, ein Ensemble von Relationen zu etablieren, das sie als nebeneinandergestellte, einander entgegengesetzte, ineinander enthaltene erscheinen läßt: also als eine Art Konfiguration; dabei geht es überhaupt nicht darum, die Zeit zu leugnen; es handelt sich um eine bestimmte Weise, das zu behandeln, was man die Zeit und was man die Geschichte nennt.

Indessen muß bemerkt werden, daß der Raum, der heute am Horizont unserer Sorgen, unserer Theorie, unserer Systeme auftaucht, keine Neuigkeit ist. Der Raum selber hat in der abendländischen Erfahrung eine Geschichte, und es ist unmöglich, diese schicksalhafte Kreuzung der Zeit mit dem Raum zu verkennen. Um diese Geschichte des Raumes ganz grob nachzuzeichnen, könnte man sagen, daß er im Mittelalter ein hierarchisiertes Ensemble von Orten war: heilige Orte und profane Orte; geschützte Orte und offene, wehrlose Orte; städtische und ländliche Orte: für das wirkliche Leben der Menschen. Für die kosmologische Theorie gab es die überhimmlischen Orte, die dem himmlischen Ort entgegengesetzt waren; und der himmlische Ort setzte sich seinerseits dem irdischen Ort entgegen. Es gab die Orte, wo sich die Dinge befanden, weil sie anderswo gewaltsam entfernt worden waren, und die Orte, wo die Dinge ihre natürliche Lagerung und Ruhe fanden. Es war diese Hierarchie, diese Entgegensetzung, diese Durchkreuzung von Ortschaften, die konstituierten, was man grob den mittelalterlichen Raum nennen könnte: Ortungsraum.

Dieser Ortungsraum hat sich mit Galilei geöffnet; denn der wahre Skandal von Galileis Werk ist nicht so sehr die Entdeckung, die Wiederentdeckung, daß sich die Erde um die Sonne dreht, sondern die Konstituierung eines unendlichen und unendlich offenen Raumes; dergestalt, daß sich die Ortschaft des Mittelalters gewissermaßen aufgelöst fand: der Ort einer Sache war nurmehr ein Punkt in ihrer Bewegung, so wie die Ruhe einer Sache nurmehr ihre unendlich verlangsamte Bewegung war. Anders gesagt: seit Galilei, seit dem 17. Jahrhundert, setzt sich die Ausdehnung an die Stelle der Ortung.

Heutzutage setzt sich die Lagerung an die Stelle der Ausdehnung, die die Ortschaften ersetzt hatte. Die Lagerung oder Plazierung wird durch die Nachbarschaftsbeziehungen zwischen Punkten oder Elementen definiert; formal kann man sie als Reihen, Bäume, Gitter beschreiben. Andererseits kennt man die Bedeutsamkeit der Probleme der Lagerung in der zeitgenössischen Technik: Speicherung der Information oder der Rechnungsteilresultate im Gedächtnis einer Maschine, Zirkulation diskreter Elemente mit zufälligem Ausgang (wie etwa die Autos auf einer Straße oder auch die Töne auf einer Telefonleitung), Zuordnung von markierten oder codierten Elementen innerhalb einer Menge, die entweder zufällig verteilt oder univok oder plurivok klassiert ist, usw. Noch konkreter stellt sich das Problem der Plazierung oder der Lagerung für die Menschen auf dem Gebiet der Demographie. Beim Problem der Menschenunterbringung geht es nicht bloß um die Frage, ob es in der Welt genug Platz für den Menschen gibt – eine immerhin recht wichtige Frage –, es geht auch darum zu wissen, welche Nachbarschaftsbeziehungen, welche Stapelungen, welche Umläufe, welche Markierungen und Klassierungen für die Menschenelemente in bestimmten Lagen und zu bestimmten Zwecken gewählt werden sollen. Wir sind in einer Epoche, in der sich uns der Raum in der Form von Lagerungsbeziehungen darbietet.

Ich glaube also, daß die heutige Unruhe grundlegend den Raum betrifft – jedenfalls viel mehr als die Zeit. Die Zeit erscheint wohl nur als eine der möglichen Verteilungen zwischen den Elementen im Raum.

Trotz aller Techniken, die ihn besetzen, und des ganzen Wissensnetzes, das ihn bestimmen oder formalisieren läßt, ist der zeitgenössische Raum wohl noch nicht gänzlich entsakralisiert (im Unterschied zur Zeit, die im 19. Jahrhundert entsakralisiert worden ist). Gewiß hat es eine bestimmte theoretische Entsakralisierung des Raumes gegeben (zu der Galileis Werk das Signal gegeben hat), aber wir sind vielleicht noch nicht zu einer praktischen Entsakralisierung des Raumes gelangt. Vielleicht ist unser Leben noch von Entgegensetzungen geleitet, an die man nicht rühren kann, an die sich die Institutionen und die Praktiken noch nicht herangewagt haben. Entgegensetzungen, die wir als Gegebenheiten akzeptieren: z. B. zwischen dem privaten Raum und dem öffentlichen Raum, zwischen dem Raum der Familie und dem gesellschaftlichen Raum, zwischen dem kulturellen Raum und dem nützlichen Raum, zwischen dem Raum der Freizeit und dem Raum der Arbeit. Alle diese Gegensätze leben noch von einer stummen Sakralisierung. Das –

unermeßliche – Werk von Bachelard, die Beschreibungen der Phänomenologen haben uns gelehrt, daß wir nicht in einem homogenen und leeren Raum leben, sondern in einem Raum, der mit Qualitäten aufgeladen ist, der vielleicht auch von Phantasmen bevölkert ist. Der Raum unserer ersten Wahrnehmung, der Raum unserer Träume, der Raum unserer Leidenschaften – sie enthalten in sich gleichsam innere Qualitäten; es ist ein leichter, ätherischer, durchsichtiger Raum, oder es ist ein dunkler, steiniger, versperrter Raum; es ist ein Raum der Höhe, ein Raum der Gipfel oder es ist im Gegenteil ein Raum der Niederung, ein Raum des Schlammes; es ist ein Raum, der fließt wie das Wasser; es ist ein Raum, der fest und gefroren ist wie der Stein oder der Kristall. Diese für die zeitgenössische Reflexion grundlegenden Analysen betreffen vor allem den Raum des Innen. Ich möchte nun vom Raum des Außen sprechen.

Der Raum, in dem wir leben, durch den wir aus uns herausgezogen werden, in dem sich die Erosion unseres Lebens, unserer Zeit und unserer Geschichte abspielt, dieser Raum, der uns zernagt und auswäscht, ist selber auch ein heterogener Raum. Anders gesagt: wir leben nicht in einer Leere, innerhalb derer man Individuen und Dinge einfach situieren kann. Wir leben nicht innerhalb einer Leere, die nachträglich mit bunten Farben eingefärbt wird. Wir leben innerhalb einer Gemengelage von Beziehungen, die Plazierungen definieren, die nicht aufeinander zurückzuführen und nicht miteinander zu vereinen sind. Gewiß könnte man die Beschreibung dieser verschiedenen Plazierungen versuchen, indem man das sie definierende Relationenensemble aufsucht. So könnte man das Ensemble der Beziehungen beschreiben, die die Verkehrsplätze definieren: die Straßen, die Züge (ein Zug ist ein außerordentliches Beziehungsbündel, denn er ist etwas, was man durchquert, etwas, womit man von einem Punkt zum anderen gelangen kann, und etwas, was selber passiert). Man könnte mit dem Bündel der sie definierenden Relationen die provisorischen Halteplätze definieren – die Cafés, die Kinos, die Strände. Man könnte ebenfalls mit seinem Beziehungsnetz den geschlossenen oder halbgeschlossenen Ruheplatz definieren, den das

Haus, das Zimmer, das Bett bilden ... Aber was mich interessiert, das sind unter allen diesen Plazierungen diejenigen, die die sonderbare Eigenschaft haben, sich auf alle anderen Plazierungen zu beziehen, aber so, daß sie die von diesen bezeichneten oder reflektierten Verhältnisse suspendieren, neutralisieren oder umkehren. Diese Räume, die mit allen anderen in Verbindung stehen und dennoch allen anderen Plazierungen widersprechen, gehören zwei großen Typen an.

Es gibt zum einen die Utopien. Die Utopien sind die Plazierungen ohne wirklichen Ort: die Plazierungen, die mit dem wirklichen Raum der Gesellschaft ein Verhältnis unmittelbarer oder umgekehrter Analogie unterhalten. Perfektionierung der Gesellschaft oder Kehrseite der Gesellschaft: jedenfalls sind die Utopien wesentlich unwirkliche Räume.

Es gibt gleichfalls – und das wohl in jeder Kultur, in jeder Zivilisation – wirkliche Orte, wirksame Orte, die in die Einrichtung der Gesellschaft hineingezeichnet sind, sozusagen Gegenplazierungen oder Widerlager, tatsächlich realisierte Utopien, in denen die wirklichen Plätze innerhalb der Kultur gleichzeitig repräsentiert, bestritten und gewendet sind, gewissermaßen Orte außerhalb aller Orte, wiewohl sie tatsächlich geortet werden können. Weil diese Orte ganz *andere* sind als alle Plätze, die sie reflektieren oder von denen sie sprechen, nenne ich sie im Gegensatz zu den Utopien die *Heterotopien*. Und ich glaube, daß es zwischen den Utopien und diesen anderen Plätzen, den Heterotopien, eine Art Misch- oder Mittelerfahrung gibt: den Spiegel. Der Spiegel ist nämlich eine Utopie, sofern er ein Ort ohne Ort ist. Im Spiegel sehe ich mich da, wo ich nicht bin: in einem unwirklichen Raum, der sich virtuell hinter der Oberfläche auftut; ich bin dort, wo ich nicht bin, eine Art Schatten, der mir meine eigene Sichtbarkeit gibt, der mich mich erblicken läßt, wo ich abwesend bin: Utopie des Spiegels. Aber der Spiegel ist auch eine Heterotopie, insofern er wirklich existiert und insofern er mich auf den Platz zurückschickt, den ich wirklich einnehme; vom Spiegel aus entdecke ich mich als abwesend auf dem Platz, wo ich bin, da ich mich dort sehe; von diesem Blick aus, der sich auf mich richtet, und aus der Tiefe dieses virtuellen Raumes hinter dem Glas kehre ich zu mir zurück und beginne meine Augen wieder auf mich zu richten und mich da wieder einzufinden, wo ich bin. Der Spiegel funktioniert als eine Heterotopie in dem Sinn, daß er den Platz, den ich einnehme, während ich mich im Glas erblicke, ganz wirklich macht und mit dem ganzen Umraum verbindet, und daß er ihn zugleich ganz unwirklich macht, da er nur über den virtuellen Punkt dort wahrzunehmen ist. Was nun die eigentlichen Heterotopien anlangt: wie kann man sie beschreiben, welchen Sinn haben sie? Man könnte eine Wissenschaft annehmen – nein, lassen wir das heruntergekommene Wort, sagen wir: eine systematische Beschreibung, deren Aufgabe in einer bestimmten Gesellschaft das Studium, die Analyse, die Beschreibung, die »Lektüre« (wie man jetzt gerne sagt) dieser verschiedenen Räume, dieser anderen Orte wäre: gewissermaßen eine zugleich mythische und reale Bestreitung des Raumes, in dem wir leben; diese Beschreibung könnte *Heterotopologie* heißen.

Erster Grundsatz: Es gibt wahrscheinlich keine einzige Kultur auf der Welt, die nicht Heterotopien etabliert. Es handelt sich da um eine Konstante jeder menschlichen Gruppe. Aber offensichtlich nehmen die Heterotopien sehr unterschiedliche Formen an, und vielleicht ist nicht eine einzige Heterotopieform zu finden, die absolut universal ist. Immerhin kann man sie in zwei große Typen einteilen.

In den sogenannten Urgesellschaften gibt es eine Form von Heterotopien, die ich die Krisenheterotopien nennen würde; d. h. es gibt privilegierte oder geheiligte oder verbotene Orte, die Individuen vorbehalten sind, welche sich im Verhältnis zur Gesellschaft und inmitten ihrer menschlichen Umwelt in einem Krisenzustand befinden: die Heranwachsenden, die menstruierenden Frauen, die Frauen im Wochenbett, die Alten usw. In unserer Gesellschaft hören diese Krisenheterotopien nicht auf zu verschwinden, obgleich man noch Reste davon findet. So haben das Kolleg des 19. Jahrhunderts oder der Militärdienst für die Knaben eine solche Rolle gespielt – die

ersten Äußerungen der männlichen Sexualitat sollten »anderswo« stattfinden als in der Familie. Für die Mädchen gab es bis in die Mitte des 20. Jahrhunderts eine Tradition, die sich »Hochzeitsreise« nannte; ein althergebrachtes Phänomen. Die Defloration des Mädchens mußte »nirgendwo« stattfinden – da war der Zug, das Hotel der Hochzeitsreise gerade der Ort des Nirgendwo: Heterotopie ohne geographische Fixierung.
Aber diese Krisenheterotopien verschwinden heute und sie werden, glaube ich, durch Abweichungsheterotopien abgelöst. In sie steckt man die Individuen, deren Verhalten abweichend ist im Verhältnis zur Norm. Das sind die Erholungsheime, die psychiatrischen Kliniken; das sind wohlgemerkt auch die Gefängnisse, und man müßte auch die Altersheime dazu zählen, die an der Grenze zwischen der Krisenheterotopie und der Abweichungsheterotopie liegen; denn das Alter ist eine Krise, aber auch eine Abweichung, da in unserer Gesellschaft, wo die Freiheit die Regel ist, der Müßiggang eine Art Abweichung ist.

Der *zweite Grundsatz* dieser Beschreibung der Heterotopien ist, daß eine Gesellschaft im Laufe ihrer Geschichte eine immer noch existierende Heterotopie anders funktionieren lassen kann; tatsächlich hat jede Heterotopie ein ganz bestimmtes Funktionieren innerhalb der Gesellschaft, und dieselbe Heterotopie kann je nach der Synchronie der Kultur, in der sie sich befindet, so oder so funktionieren. Als Beispiel nehme ich die sonderbare Heterotopie des Friedhofs. Der Friedhof ist sicherlich ein anderer Ort im Verhältnis zu den gewöhnlichen kulturellen Orten; gleichwohl ist er ein Raum, der mit der Gesamtheit der Stätten der Stadt oder der Gesellschaft oder des Dorfes verbunden ist, da jedes Individuum, jede Familie auf dem Friedhof Verwandte hat. In der abendländischen Kultur hat der Friedhof praktisch immer existiert. Aber er hat wichtige Mutationen erfahren. Bis zum Ende des 18. Jahrhunderts war der Friedhof im Herzen der Stadt, neben der Kirche, angesiedelt. Da gab es eine ganze Hierarchie von möglichen Gräbern. Da war der Karner, in dem die Leichen jede Individualität verloren; es gab einige individuelle Gräber; und dann gab es innerhalb der Kirche die Grüfte, die wieder von zweierlei Art waren: entweder einfach Steinplatten mit Inschrift oder Mausoleen mit Statuen usw. Dieser Friedhof, der im geheiligten Raum der Kirche untergebracht war, hat in den modernen Zivilisationen eine ganz andere Richtung eingeschlagen; ausgerechnet in der Epoche, in der die Zivilisation, wie man gemeinhin sagt, atheistisch geworden ist, hat die abendländische Kultur den Kult der Toten installiert. Im Grunde war es natürlich, daß man in der Zeit, da man tatsächlich an die Auferstehung der Leiber und an die Unsterblichkeit der Seele glaubte, den sterblichen Überresten keine besondere Bedeutung zumaß. Sobald man jedoch nicht mehr ganz sicher ist, daß man eine Seele hat, daß der Leib auferstehen wird, muß man vielleicht dem sterblichen Rest viel mehr Aufmerksamkeit schenken, der schließlich die einzige Spur unserer Existenz inmitten der Welt und der Worte ist. Jedenfalls hat seit dem 19. Jahrhundert jedermann ein Recht auf seinen kleinen Kasten für seine kleine persönliche Verwesung; andererseits hat man erst seit dem 19. Jahrhundert begonnen, die Friedhöfe an den äußeren Rand der Städte zu legen. Zusammen mit der Individualisierung des Todes und mit der bürgerlichen Aneignung des Friedhofs ist die Angst vor dem Tod als »Krankheit« entstanden. Es sind die Toten, so unterstellt man, die den Lebenden die Krankheiten bringen, und es ist die Gegenwart, die Nähe der Toten gleich neben den Häusern, gleich neben der Kirche, fast mitten auf der Straße, es ist diese Nähe, die den Tod selber verbreitet. Das große Thema der durch die Ansteckung der Friedhöfe verbreiteten Krankheit hat das Ende des 18. Jahrhunderts geprägt; und erst im Laufe des 19. Jahrhunderts hat man begonnen, die Verlegung der Friedhöfe in die Vorstädte vorzunehmen. Seither bilden die Friedhöfe nicht mehr den heiligen und unsterblichen Bauch der Stadt, sondern die »andere Stadt«, wo jede Familie ihre schwarze Bleibe besitzt.

Dritter Grundsatz: Die Heterotopie vermag an einem einzigen Ort mehrere Räume, mehrere Plazierungen zusammenzulegen, die an sich unvereinbar sind. So läßt das Theater auf dem Viereck der Bühne eine ganze Reihe von einander fremden Orten aufeinander folgen; so ist das Kino ein merkwürdiger viereckiger Saal, in dessen Hintergrund man einen zweidimensionalen Schirm einen dreidimensionalen Raum sich projizieren sieht. Aber vielleicht ist die älteste dieser Heterotopien mit widersprüchlichen Plazierungen der Garten. Man darf nicht vergessen, daß der Garten, diese erstaunliche Schöpfung von Jahrtausenden, im Orient sehr tiefe und gleichsam übereinander gelagerte Bedeutungen hatte. Der traditionelle Garten der Perser war ein geheiligter Raum, der in seinem Rechteck vier Teile enthalten mußte, die die vier Teile der Welt repräsentierten, und außerdem einen noch heiligeren Raum in der Mitte, der gleichsam der Nabel der Welt war (dort befanden sich das Becken und der Wasserstrahl); und die ganze Vegetation des Gartens mußte sich in diesem Mikrokosmos verteilen. Und die Teppiche waren ursprünglich Reproduktionen von Gärten: der Garten ist ein Teppich, auf dem die ganze Welt ihre symbolische Vollkommenheit erreicht, und der Teppich ist so etwas wie ein im Raum mobiler Garten. Der Garten ist die kleinste Parzelle der Welt und darauf ist er die Totalität der Welt. Der Garten ist seit dem ältesten Altertum eine selige und universalisierende Heterotopie (daher unsere zoologischen Gärten).

Vierter Grundsatz: Die Heterotopien sind häufig an Zeitschnitte gebunden, d. h. an etwas, was man symmetrischerweise Heterochronien nennen könnte. Die Heterotopie erreicht ihr volles Funktionieren, wenn die Menschen mit ihrer herkömmlichen Zeit brechen. Man sieht daran, daß der Friedhof ein eminent heterotopischer Ort ist; denn er beginnt mit der sonderbaren Heterochronie, die für das Individuum der Verlust des Lebens ist und die Quasi-Ewigkeit, in der es nicht aufhört, sich zu zersetzen und zu verwischen.
Überhaupt organisieren und arrangieren sich Heterotopie und Heterochronie in einer Gesellschaft wie der unsrigen auf ziemlich komplexe Weise. Es gibt einmal die Heterotopien der sich endlos akkumulierenden Zeit, z. B. die Museen, die Bibliotheken. Museen und Bibliotheken sind Heterotopien, in denen die Zeit nicht aufhört, sich auf den Gipfel ihrer selbst zu stapeln und zu drängen, während im 17. und noch bis zum Ende des 18. Jahrhunderts die Museen und die Bibliotheken Ausdruck

einer individuellen Wahl waren. Doch die Idee, alles zu akkumulieren, die Idee, eine Art Generalarchiv zusammenzutragen, der Wille, an einem Ort alle Zeiten, alle Epochen, alle Formen, alle Geschmäcker einzuschließen, die Idee, einen Ort aller Zeiten zu installieren, der selber außer der Zeit und sicher vor ihrem Zahn sein soll, das Projekt, solchermaßen eine fortwährende und unbegrenzte Anhäufung der Zeit an einem unerschütterlichen Ort zu organisieren – all das gehört unserer Modernität an. Das Museum und die Bibliothek sind Heterotopien, die der abendländischen Kultur des 19. Jahrhunderts eigen sind.
Gegenüber diesen Heterotopien, die an die Speicherung der Zeit gebunden sind, gibt es Heterotopien, die im Gegenteil an das Flüchtigste, an das Vorübergehendste, an das Prekärste der Zeit geknüpft sind: in der Weise des Festes. Das sind nicht mehr ewigkeitliche, sondern absolut chronische Heterotopien. So die Festwiesen, diese wundersamen leeren Plätze am Rand der Städte, die sich ein- oder zweimal jährlich mit Baracken, Schaustellungen, heterogensten Objekten, Kämpfern, Schlangenfrauen, Wahrsagerinnen usw. bevölkern. Jüngst noch hat man eine neue chronische Heterotopie erfunden, es sind die Feriendörfer: diese polynesischen Dörfer, die den Bewohnern der Städte drei kurze Wochen einer ursprünglichen und ewigen Nacktheit bieten. Sofern sich da zwei Heterotopien treffen, die des Festes und die der Ewigkeit der sich akkumulierenden Zeit, sind die Strohhütten von Djerba auch Verwandte der Bibliotheken und der Museen; denn indem man ins polynesische Leben eintaucht, hebt man die Zeit auf; aber ebenso findet die Zeit sich wieder, und die ganze Geschichte der Menschheit steigt zu ihrer Quelle zurück wie in einem großen unmittelbaren Wissen.

Fünfter Grundsatz: Die Heterotopien setzen immer ein System von Öffnungen und Schließungen voraus, das sie gleichzeitig isoliert und durchdringlich macht. Im allgemeinen ist ein heterotopischer Platz nicht ohne weiteres zugänglich. Entweder wird man zum Eintritt gezwungen, das ist der Fall der Kaserne, der Fall des Gefängnisses, oder man muß sich Riten und Reinigungen unterziehen. Man kann nur mit einer gewissen Erlaubnis und mit der Vollziehung gewisser Gesten eintreten. Übrigens gibt es sogar Heterotopien, die gänzlich den Reinigungsaktivitäten gewidmet sind – ob es sich nun um die halb religiöse, halb hygienische Reinigung in den islamischen Hammam handelt oder um die scheinbar rein hygienische Reinigung wie in den skandinavischen Saunen. Es gibt aber auch Heterotopien, die ganz nach Öffnungen aussehen, jedoch zumeist sonderbare Ausschließungen bergen. Jeder kann diese heterotopischen Plätze betreten, aber in Wahrheit ist es nur eine Illusion: man glaubt einzutreten und ist damit ausgeschlossen. Ich denke etwa an die berühmten Kammern in den großen Pachthöfen Brasiliens oder überhaupt Südamerikas. Die Eingangstür führte gerade nicht in die Wohnung der Familie. Jeder Passant, jeder Reisende durfte diese Tür öffnen, in die Kammer eintreten und dann eine Nacht schlafen. Diese Kammern waren so, daß der Ankömmling niemals mit der Familie zusammenkam. So ein Gast war kein Eingeladener, sondern nur ein Vorbeigänger. Dieser Heterotopietyp, der in unseren Zivilisationen praktisch verschwunden ist, ließe sich vielleicht in den Zimmern der amerikanischen Motels wiederfinden, wo man mit seinem Wagen und mit seiner Freundin einfährt und wo die illegale Sexualität zugleich geschützt und versteckt ist, ausgelagert, ohne ins Freie gesetzt zu sein.

Der letzte Zug der Heterotopien besteht schließlich darin, daß sie gegenüber dem verbleibenden Raum eine Funktion haben. Diese entfaltet sich zwischen zwei extremen Polen. Entweder haben sie einen Illusionsraum zu schaffen, der den gesamten Realraum, alle Plazierungen, in die das menschliche Leben gesperrt ist, als noch illusorischer denunziert. Vielleicht ist es diese Rolle, die lange Zeit die berühmten Bordelle gespielt haben, derer man sich nun beraubt findet. Oder man schafft einen anderen Raum, einen anderen wirklichen Raum, der so vollkommen, so sorgfältig, so wohlgeordnet ist wie der unsrige ungeordnet, mißraten und wirr ist. Das wäre also nicht die Illusionsheterotopie, sondern die Kompensationsheterotopie, und ich frage mich, ob nicht Kolonien ein wenig so funktioniert haben. In einigen Fällen haben sie für die Gesamtorganisation des Erdraums die Rolle der Heterotopie gespielt. Ich denke etwa an die erste Kolonisationswelle im 17. Jahrhundert, an die puritanischen Gesellschaften, die die Engländer in Amerika gründeten und die absolut vollkommene andere Orte waren. Ich denke auch an die außerordentlichen Jesuitenkolonien, die in Südamerika gegründet worden sind: vortreffliche, absolut geregelte Kolonien, in denen die menschliche Vollkommenheit tatsächlich erreicht war. Die Jesuiten haben in Paraguay Kolonien errichtet, in denen die Existenz in jedem ihrer Punkte geregelt war. Das Dorf war in einer strengen Ordnung um einen rechteckigen Platz angelegt, an dessen Ende die Kirche stand; an einer Seite das Kolleg, an der andern der Friedhof, und gegenüber der Kirche öffnete sich eine Straße, die eine andere im rechten Winkel kreuzte. Die Familien hatten jeweils ihre kleine Hütte an diesen beiden Achsen, und so fand sich das Zeichen Christi genau reproduziert. Die Christenheit markierte so mit ihrem Grundzeichen den Raum und die Geographie der amerikanischen Welt. Das tägliche Leben der Individuen wurde nicht mit der Pfeife, sondern mit der Glocke geregelt. Das Erwachen war für alle auf dieselbe Stunde festgesetzt; die Arbeit begann für alle zur selben Stunde; die Mahlzeiten waren um 12 und 5 Uhr; dann legte man sich nieder, und zur Mitternacht gab es das, was man das Ehewachen nannte, d. h. wenn die Glocke des Klosters ertönte, erfüllte jeder seine Pflicht.

Bordelle und Kolonien sind zwei extreme Typen der Heterotopie, und wenn man daran denkt, daß das Schiff ein schaukelndes Stück Raum ist, ein Ort ohne Ort, der aus sich selber lebt, der in sich geschlossen ist und gleichzeitig dem Unendlichen des Meeres ausgeliefert ist und der, von Hafen zu Hafen, von Ladung zu Ladung, von Bordell zu Bordell, bis zu den Kolonien suchen fährt, was sie an Kostbarstem in ihren Gärten bergen, dann versteht man, warum das Schiff für unsere Zivilisation vom 16. Jahrhundert bis in unsere Tage nicht nur das größte Instrument der wirtschaftlichen Entwicklung gewesen ist (nicht davon spreche ich heute), sondern auch das größte Imaginationsarsenal. Das Schiff, das ist die Heterotopie schlechthin. In den Zivilisationen ohne Schiff versiegen die Träume, die Spionage ersetzt das Abenteuer und die Polizei die Freibeuter.

Michel Foucault bei einer Vorlesung im Collège de France
Foto: Michèle Bancilhon

4 Schalten und Walten
Macht / Technologie

Warum ich die Macht untersuche

Die Frage des Subjekts

Die Ideen, die ich hier erörtern will, stellen weder eine Theorie noch eine Methodologie dar. Zunächst möchte ich darlegen, was das Ziel meiner Arbeit während der letzten 20 Jahre war. Es war nicht die Analyse der Machtphänomene und auch nicht die Ausarbeitung der Grundlagen einer solchen Analyse.
Meine Absicht war es vielmehr, eine Geschichte der verschiedenen Verfahren zu entwerfen, durch die in unserer Kultur Menschen zu Subjekten gemacht werden. Meine Arbeit befaßte sich darum mit drei Weisen der Objektivierung, die Menschen in Subjekte verwandeln. Zunächst waren da die Untersuchungsverfahren, die sich den Status von Wissenschaften zu geben versuchen; ich denke zum Beispiel an die Objektivierung des sprechenden Subjekts in der Allgemeinen Grammatik, in der Philologie und in der Linguistik. Oder etwa die Objektivierung des produktiven Subjekts, des Subjekts, das arbeitet, in der Analyse der Reichtümer und der Ökonomie. Oder, drittes Beispiel, die Objektivierung der puren Tatsache des Lebens in der Naturgeschichte oder Biologie.

Im zweiten Abschnitt meines Arbeitens habe ich die Objektivierung des Subjekts durch das, was ich »Teilungspraktiken« nennen würde, untersucht. Das Subjekt ist entweder in seinem Inneren geteilt oder von den anderen abgeteilt. Dieser Vorgang macht aus ihm einen Gegenstand. Die Aufteilung in Verrückte und geistig Normale, in Kranke und Gesunde, in Kriminelle und »anständige Jungs« illustriert dies.

Schließlich habe ich versucht, die Art und Weise, in der ein Mensch sich selber in ein Subjekt verwandelt, zu untersuchen.

Als Beispiel habe ich den Bereich der Sexualität gewählt: wie der Mensch gelernt hat, sich als Subjekt einer »Sexualität« zu erkennen. Nicht die Macht, sondern das Subjekt ist deshalb das allgemeine Thema meiner Forschung. Aber die Analyse der Macht ist selbstverständlich unumgänglich. Denn wenn das menschliche Subjekt innerhalb von Produktions- und Sinnverhältnissen steht, dann steht es zugleich auch in sehr komplexen Machtverhältnissen.

Nun schien mir, daß wir mit der Geschichte und Theorie der Ökonomie über angemessene Werkzeuge für die Analyse der Produktionsverhältnisse verfügen; ebenso liefern Linguistik und Semiotik Werkzeuge für die Untersuchung der Sinnverhältnisse. Für Machtverhältnisse aber gab es kein bestimmtes Werkzeug. Wir verfügen lediglich über Weisen, die Macht zu denken, die sich entweder auf juristische Modelle (Wer legitimiert die Macht?) oder auf institutionelle Modelle (Was ist der Staat?) stützten. Wollte man sie zur Untersuchung der Objektivierung des Subjekts verwenden, mußte man also die Dimensionen einer Definition der Macht erweitern. Brauchen wir eine Theorie der Macht? Da jede Theorie eine vorhergehende Objektbildung voraussetzt, kann keine als Grundlage der analytischen Arbeit dienen. Aber die analytische Arbeit kommt nicht ohne weiterführende Begriffsbildung voran. Und diese Begriffsbildung impliziert kritisches Denken: ein ständiges Überprüfen. Zunächst gilt es zu überprüfen, was ich den »Begriffsbedarf« nennen würde. Ich meine, daß die Begriffsbildung nicht auf einer Theorie des Objekts aufgebaut werden sollte: das begrifflich erfaßte Objekt ist nicht das alleinige Kriterium einer guten Begriffsbildung. Wir müssen die historischen Bedingungen kennen, die unserer Begriffsbildung zugrunde liegen. Wir brauchen ein geschichtliches Bewußtsein unserer gegenwärtigen Situation.

Als zweites muß man den Realitätstyp überprüfen, mit dem wir es zu tun haben. Ich bezweifle, daß die Frage der Macht erst im 20. Jahrhundert gestellt worden ist. Allerdings ist für uns die Macht nicht nur eine theoretische Frage, sondern ein Teil unserer Erfahrung. Ich will nur zwei ihrer »pathologischen Formen« anführen, jene zwei »Krankheiten der Macht«, Faschismus und Stalinismus. Einer der zahlreichen Gründe dafür, daß sie uns so verwirren, ist, daß sie trotz ihrer historischen Einmaligkeit nichts Ursprüngliches sind. Sie benutzten und erweiterten Mechanismen, die in den meisten anderen Gesellschaften schon vorhanden waren. Mehr als das: trotz ihres inneren Wahnsinns haben sie in großem Ausmaße die Ideen und Verfahrensweisen unserer politischen Rationalität benutzt. Wir brauchen eine neue Ökonomie der Machtverhältnisse, und ich gebrauche hier das Wort »Ökonomie« in seinem theoretischen und praktischen Sinn. Anders gesagt: seit Kant besteht die Rolle der Philosophie darin, die Vernunft davor zu bewahren, über die Grenzen dessen, was uns durch die Erfahrung gegeben ist, hinauszugehen. Aber seitdem, das heißt, seit der Entwicklung des modernen Staats und der politischen Lenkung der Gesellschaft, hat die Philosophie auch die Funktion, die Machtausübung der politischen Rationalität zu begrenzen – eine ziemlich hochgeschraubte Erwartung.

Das Verhältnis zwischen der Rationalisierung und den Auswüchsen der politischen Macht ist offensichtlich. Es bedarf nicht erst der Bürokratie oder der Konzentrationslager, um die Existenz derartiger Verhältnisse zu erkennen. Das Problem ist nur, was man mit solch einer offensichtlichen Tatsache anfängt. Sollen wir uns an die Vernunft halten? Nichts wäre steriler als das. Zunächst, weil das Feld nichts mit Schuld oder Unschuld zu tun hat. Zweitens, weil es sinnlos ist, sich auf die Vernunft als Gegenstück der Unvernunft zu beziehen. Letztlich, weil ein solches Vorgehen uns darauf festlegen würde, die willkürliche und langweilige Rolle entweder des Rationalisten oder des Irrationalisten zu spielen. Sollen wir den Typ von Rationalität untersuchen, der unserer modernen Kultur zueigen scheint und der in der *Aufklärung* (im Original deutsch, *Anm. d. Hrsg.*) gründet? Das war wohl der Ansatz einiger Mitglieder der Frankfurter Schule. Ich habe indes nicht vor, eine Diskussion ihrer Werke zu beginnen, so wichtig und wertvoll sie auch sind. Vielmehr will ich ein anderes Untersuchungsver-

fahren für die Beziehungen zwischen Rationalisierung und Macht vorschlagen.
Vielleicht täten wir gut daran, die Rationalisierung der Gesellschaft oder der Kultur nicht global zu betrachten, sondern den Vorgang in verschiedenen Bereichen zu analysieren, deren jeder auf eine grundlegende Erfahrung verweist: Wahnsinn, Krankheit, Tod, Verbrechen, Sexualität usw. Ich halte das Wort »Rationalisierung« für gefährlich. Wir sollten spezifische Rationalitäten untersuchen, statt ständig vom Fortschreiten der Rationalisierung im allgemeinen zu reden.

Auch wenn die *Aufklärung* eine sehr wichtige Phase unserer Geschichte und der Entwicklung der politischen Technologie war, glaube ich, daß wir auf sehr viel entferntere Vorgänge zurückgehen müssen, wenn wir verstehen wollen, kraft welcher Mechanismen wir zu Gefangenen unserer eigenen Geschichte geworden sind. Ich möchte einen Weg in Richtung einer neuen Ökonomie der Machtverhältnisse vorschlagen, der empirischer und direkter auf unsere gegenwärtige Situation bezogen ist, und der mehr Beziehungen zwischen Theorie und Praxis umfaßt. Sein Ausgangspunkt sind die Formen des Widerstands gegenüber den verschiedenen Machttypen. Metaphorisch gesprochen heißt das, den Widerstand als chemischen Katalysator zu gebrauchen, mit dessen Hilfe man die Machtverhältnisse ans Licht bringt, ihre Positionen ausmacht und ihre Ansatzpunkte und Verfahrensweisen herausbekommt. Statt die Macht von ihrer inneren Rationalität her zu analysieren, heißt es, die Machtverhältnisse durch den Gegensatz der Strategien zu analysieren.

Um zum Beispiel herauszufinden, was unsere Gesellschaft unter *vernünftig* versteht, sollten wir vielleicht analysieren, was im Feld der Unvernunft vor sich geht. Wir sollten untersuchen, was im Feld der Illegalität vor sich geht, um zu verstehen, was wir mit Legalität meinen, und um zu verstehen, worum es bei den Machtverhältnissen geht, sollten wir viel leicht die Widerstandsformen und die Versuche zur Auflösung dieser Verhältnisse untersuchen. Als Ausgangspunkt könnten wir eine Reihe von Oppositionen nehmen, die sich während der letzten Jahre entwickelt haben: die Opposition gegen die Macht der Männer über die Frauen, der Eltern über ihre Kinder, der Psychiatrie über die Geisteskranken, der Medizin über die Bevölkerung, der Verwaltung über das Leben der Leute. Es genügt nicht zu sagen, daß diese Oppositionen antiautoritäre Kämpfe sind; wir müssen präziser definieren, was ihnen gemeinsam ist:

1. Es sind »transversale« Kämpfe; damit meine ich, daß sie nicht auf ein bestimmtes Land beschränkt sind. Sicherlich fördern einige Länder ihre Entwicklung und erleichtern ihre Ausbreitung, aber sie sind nicht auf eine bestimmte politische oder ökonomische Regierungsform beschränkt.

2. Diese Kämpfe zielen auf die Auswirkungen der Macht als solcher. Die Vorwürfe gegen den Berufsstand der Mediziner richten sich nicht so sehr darauf, daß er Profite macht, sondern daß er über die Körper und die Gesundheit der Leute, über ihr Leben und ihren Tod unkontrolliert Macht ausübt.

3. Aus zwei Gründen sind es »unmittelbare« Kämpfe. In diesen Kämpfen kritisieren die Leute diejenigen Machtinstanzen, die ihnen am nächsten sind, jene, die direkt auf die Individuen einwirken. Sie fragen nicht nach dem »Hauptfeind«, sondern nach dem unmittelbaren Feind. Auch setzen sie nicht darauf, daß die Lösung ihres Problems in irgendeiner Zukunft liegen könnte (Befreiungen, Revolutionen, Ende des Klassenkampfes). Gemessen an den theoretischen Erklärungsmustern oder an der revolutionären Ordnung, die ihnen der Historiker unterlegt, sind dies anarchische Kämpfe. Aber das sind nicht ihre ursprünglichen Kennzeichen. Spezifischer scheinen mir die folgenden:

4. Es sind Kämpfe, die den Status des Individuums in Frage stellen: Einerseits behaupten sie das Recht, anders zu sein, und unterstreichen all das, was Individuen wirklich individuell macht. Andererseits bekämpfen sie all das, was das Individuum absondert, seine Verbindungen zu anderen abschneidet, das

Gemeinschaftsleben spaltet, das Individuum auf sich selbst zurückwirft und zwanghaft an seine Identität fesselt. Diese Kämpfe sind nicht im engeren Sinne für oder gegen das »Individuum« gerichtet, sondern eher Kämpfe gegen das, was man »Regieren durch Individualisieren« nennen könnte.

5. Sie bekämpfen jene Machtwirkungen, die an Wissen, Kompetenz und Qualifikation gebunden sind. Es sind Kämpfe gegen die Privilegien des Wissens. Aber sie wenden sich auch gegen Verheimlichung, Entstellung und Mystifizierung in den Darstellungen, die den Leuten aufgezwungen werden. In all dem liegt kein »Szientismus« (das heißt keinerlei dogmatischer Glaube an den Wert wissenschaftlichen Wissens), aber auch keine skeptische oder relativistische Verweigerung jeglicher erwiesenen Wahrheit. Was in Frage steht, ist die Weise, in der Wissen zirkuliert und funktioniert, seine Beziehungen zur Macht. Kurz, das *Regime des Wissens.*

6. Schließlich kreisen all diese gegenwärtigen Kämpfe um dieselbe Frage: Wer sind wir? Sie weisen die Abstraktionen ab, die ökonomische und ideologische Staatsgewalt, die nicht wissen will, wer wir als Individuen sind, die wissenschaftliche und administrative Inquisition, die bestimmt, wer man sei.

Man kann zusammenfassen: Das Hauptziel dieser Kämpfe ist nicht so sehr der Angriff auf diese oder jene Machtinstitution, Gruppe, Klasse oder Elite, sondern vielmehr auf eine Technik, eine Form von Macht. Diese Form von Macht wird unmittelbar im Alltagsleben spürbar, welches das Individuum in Kategorien einteilt, ihm seine Individualität aufprägt, es an seine Identität fesselt, ihm ein Gesetz der Wahrheit auferlegt, das es anerkennen muß und das andere in ihm anerkennen müssen. Es ist eine Machtform, die aus Individuen Subjekte macht. Das Wort *Subjekt* hat einen zweifachen Sinn: vermittels Kontrolle und Abhängigkeit jemandem unterworfen sein und durch Bewußtsein und Selbsterkenntnis seiner eigenen Identität verhaftet sein. Beide Bedeutungen unterstellen eine Form von Macht, die einen unterwirft und zu jemandes Subjekt macht.

Allgemein kann man sagen, daß es drei Typen von Kämpfen gibt: die gegen Formen der (ethischen, sozialen und religiösen) Herrschaft; die gegen Formen der Ausbeutung, die das Individuum von dem trennen, was es produziert; die gegen all das, was das Individuum an sich selber fesselt und dadurch andern unterwirft (Kämpfe gegen Subjektivierung, gegen Formen von Subjektivität und Unterwerfung). Die Geschichte ist reich an Beispielen für diese drei Typen gesellschaftlicher Kämpfe, ob sie nun isoliert oder vermischt auftreten. Aber selbst wenn sie vermischt sind, dominiert fast immer einer von ihnen. In den Feudalgesellschaften etwa überwogen die Kämpfe gegen die Formen ethnischer oder sozialer Herrschaft, auch wenn die ökonomische Ausbeutung eine wichtige Ursache des Aufruhrs hätte abgeben können.

Im 19. Jahrhundert ist der Kampf gegen die Ausbeutung in den Vordergrund getreten. Und heute wird der Kampf gegen die Formen der Subjektivierung, gegen die Unterwerfung durch Subjektivität zunehmend wichtiger, auch wenn die Kämpfe gegen Herrschaft und Ausbeutung nicht verschwunden sind, ganz im Gegenteil. Ich vermute, daß unsere Gesellschaft es nicht zum ersten Mal mit dieser Art von Kampf zu tun hat. All die Bewegungen zwischen dem 15. und 16. Jahrhundert, die ihren Hauptausdruck und ihren Niederschlag in der Reformation fanden, müssen als Anzeichen einer großen Krise der abendländischen Erfahrung von Subjektivität und als Aufstand gegen den Typ religiöser und moralischer Macht, der im Mittelalter diese Subjektivität geprägt hatte, verstanden werden. Das damals verspürte Bedürfnis nach direkter Teilhabe am geistlichen Leben, am Werk der Erlösung, an der Wahrheit, die im heiligen Buch liegt – all das war ein Kampf für eine neue Subjektivität.

Ich weiß, welche Einwände man vorbringen kann. Man kann sagen, alle Typen der Subjektivierung seien bloß abgeleitete Phänomene, Konsequenzen anderer ökonomischer und gesellschaftlicher Prozesse: Produktivkräfte, Klassenkonflikte und ideologischer Strukturen, die die Form der Subjektivität bestimmen. Es ist klar, daß man die Subjektivierungsmechanismen nicht studieren kann, ohne ihre Beziehungen zu den Ausbeutungs- und Herrschaftsmechanismen zu berücksichtigen. Gleichwohl stellen sie nicht bloß den Endpunkt anderer, grundlegenderer Mechanismen dar, sondern unterhalten komplexe und zirkuläre Beziehungen zu den anderen Formen. Der Grund dafür, daß dieser Kampfestyp in unserer Gesellschaft überhand nimmt, liegt darin, daß sich seit dem 16. Jahrhundert kontinuierlich eine neue Form politischer Macht entwickelt hat. Diese neue politische Struktur ist bekanntlich der Staat. Der Staat wird jedoch zumeist als ein Typ politischer Macht wahrgenommen, der die Individuen nicht zur Kenntnis nimmt, da er sich nur mit den Interessen der Allgemeinheit oder vielmehr einer Klasse oder Gruppe bestimmter Bürger befaßt. Das ist vollkommen richtig. Ich möchte aber unterstreichen, daß die Macht des Staates (und das ist einer der Gründe für ihre Stärke) eine zugleich individualisierende und totalisierende Form der Macht ist. Ich glaube, daß es niemals in der Geschichte der menschlichen Gesellschaften, nicht einmal in der altchinesischen Gesellschaft, eine so verwickelte Kombination von Individualisierungstechniken und Totalisierungsverfahren innerhalb ein und derselben politischen Struktur gegeben hat. Das liegt daran, daß der moderne abendländische Staat eine alte Machttechnik, die den christlichen Institutionen entstammt, nämlich die Pastoralmacht, in eine neue politische Form integriert hat.

Man hat oft gesagt, das Christentum habe einen ethischen Code hervorgebracht, der sich von dem der antiken Welt grundlegend unterschied. Was man weniger betont, ist, daß das Christentum der gesamten antiken Welt neue Machtverhältnisse beschert hat. Das Christentum ist die einzige Religion, die sich als Kirche organisiert hat. Als solche vertritt das Christentum prinzipiell, daß einige Individuen kraft ihrer religiösen Eigenart befähigt seien, anderen zu dienen, und zwar nicht als Fürsten, Richter, Propheten, Wahrsager, Wohltäter oder Erzieher usw., sondern als Pastoren (Hirten). Dieses Wort bezeichnet jedenfalls eine ganz eigentümliche Form von Macht:

1. Sie ist eine Form von Macht, deren Endziel es ist, individuelles Seelenheil in der anderen Welt zu sichern.
2. Pastoralmacht ist nicht bloß eine Form von Macht, die befiehlt; sie muß auch bereit sein, sich für das Leben und Heil der Herde zu opfern. Darin unterscheidet sie sich von der Königsmacht, die von ihren Subjekten Opfer fordert, wenn es gilt, den Thron zu retten.
3. Sie ist eine Machtform, die sich nicht nur um die Gemeinde insgesamt, sondern um jedes einzelne Individuum während seines ganzen Lebens kümmert.
4. Man kann diese Form von Macht nicht ausüben, ohne zu wissen, was in den Köpfen der Leute vor sich geht, ohne ihre Seelen zu erforschen, ohne sie zu veranlassen, ihre innersten Geheimnisse zu offenbaren. Sie impliziert eine Kenntnis des Gewissens und eine Fähigkeit, es zu steuern.

Diese Form von Macht ist auf das Seelenheil gerichtet (im Gegensatz zur politischen Macht). Sie ist selbstlos (im Gegensatz zum Prinzip der Souveränität) und individualisierend (im Gegensatz zur juridischen Macht). Sie erstreckt sich über das gesamte Leben und begleitet es ununterbrochen; sie ist mit einer Produktion von Wahrheit verbunden, der Wahrheit des Individuums selbst.

All dies, werden Sie sagen, ist Geschichte; das Pastorat hat, sofern es nicht verschwunden ist, doch seine Wirksamkeit weitgehend eingebüßt. Das stimmt, aber ich denke, wir sollten zwischen zwei Aspekten der Pastoralmacht unterscheiden: der kirchlichen Institutionalisierung, die verschwunden ist oder seit dem 18. Jahrhundert viel an Lebenskraft verloren hat, und der Funktion selbst, die sich ausgebreitet und außerhalb der kirchlichen Institution vermehrt hat. Um das 18. Jahrhundert hat sich ein wichtiges Phänomen ergeben: eine neue Verteilung, eine neue Organisation dieser Art von individualisierter Macht. Ich glaube nicht, daß wir den »modernen Staat« als eine Entität betrachten sollten, die sich unter Mißachtung der Individuen entwickelt hat und nicht wissen wollte, wer diese sind noch ob sie überhaupt existieren, sondern im Gegenteil als eine sehr raffinierte Struktur, in die Individuen durchaus integrierbar sind – unter einer Bedingung: daß die Individualität in eine neue Form gebracht und einer Reihe spezifischer Modelle unterworfen werde. In gewisser Hinsicht kann man den modernen Staat als eine Individualisierungs-Matrix oder eine neue Form der Pastoralmacht ansehen.

Noch einige Worte zu dieser neuen Pastoralmacht:

1. Man beobachtet einen Wechsel ihrer Ziele. Es geht nicht mehr darum, die Leute zur Erlösung in der anderen Welt zu führen, sondern ihnen das Heil in dieser Welt zu sichern. Und in diesem Kontext nimmt das Wort *Heil* mehrere Bedeutungen an: es meint Gesundheit, Wohlergehen (das heißt: ausreichende Mittel, Lebensstandard), Sicherheit, Schutz gegen Unfälle. Eine Reihe »weltlicher« Ziele ersetzt die religiösen des traditionellen Pastorats, und das um so leichter, als letztere aus verschiedenen Gründen immer schon zusätzlich manche der ersteren mit abgedeckt hatten; man denke an die Rolle der Medizin und ihre soziale Funktion, die lange Zeit durch die katholischen und die protestantischen Kirchen wahrgenommen worden ist.

2. Zugleich verstärkte sich die Verwaltung der Pastoralmacht. Manchmal ist diese Machtform vom Staatsapparat ausgeübt worden oder zumindest von einer öffentlichen Institution wie der Polizei. (Vergessen wir nicht, daß die Polizei im 18. Jahrhundert nicht nur dazu erfunden worden ist, um über die Aufrechterhaltung von Gesetz und Ordnung zu wachen und um den Regierungen im Kampf gegen deren Feinde zu helfen, sondern auch um die Versorgung der Städte zu gewährleisten, Hygiene und Gesundheit zu schützen und die Bedingungen zu gewährleisten, die für die Entwicklung des Handwerks und des Handels notwendig waren.) Manchmal ist die Macht von Privatunternehmungen, Fürsorgevereinen, Wohltätern und Philanthropen ausgeübt worden. Es sind aber auch alte Institutionen, wie zum Beispiel die Familie, mobilisiert worden, um Pastoralfunktionen zu übernehmen. Diese Macht ist auch von komplexen Strukturen wie der Medizin ausgeübt worden, die sowohl Privatinitiativen – einschließlich des Verkaufs von Dienstleistungen auf der Grundlage der Markt wirtschaft – als auch öffentliche Einrichtungen wie die Hospitäler umfaßte.

3. Schließlich hat die Vervielfachung der Ziele und der Agenten der Pastoralmacht dazu geführt, daß sich das Wissen über den Menschen nach zwei Polen hin entwickelte: der eine, globale und quantitative, betraf die Bevölkerung, der andere, analytische, das Individuum.

Eine der Konsequenzen ist, daß Macht vom pastoralen Typ, die jahrhundertelang, ja länger als ein Jahrtausend an eine bestimmte Institution gebunden gewesen war, plötzlich den gesamten Gesellschaftskörper durchdrang; dabei konnte sie sich auf eine Menge von Institutionen stützen. Anstelle einer pastoralen und einer politischen Macht, die mehr oder weniger miteinander im Bunde waren und mehr oder weniger miteinander rivalisierten, gab es nun eine individualisierende »Taktik«, die das Kennzeichen einer Reihe von Mächten wie der Familie, der Medizin, der Psychiatrie, der Erziehung, der Arbeitgeber usw. war.

Abschließend könnte man sagen, daß das politische, ethische, soziale und philosophische Problem, das sich uns heute stellt, nicht darin liegt, das Individuum vom Staat und dessen Institutionen zu befreien, sondern uns sowohl vom Staat als auch vom Typ der Individualisierung, der mit ihm verbunden ist, zu befreien. Wir müssen neue Formen der Subjektivität zustandebringen, indem wir die Art von Individualität, die man uns jahrhundertelang auferlegt hat, zurückweisen.

Die Maschen der Macht

Mit meiner Analyse des Begriffs Macht bin ich bei weitem nicht der erste, der versucht, Freuds Schema umzuformen, das Instinkt und Unterdrückung, Instinkt und Kultur gegenüberstellt. Eine ganze Schule von Psychoanalytikern hat vor Jahrzehnten versucht, dieses freudianische Schema von Instinkt *versus* Kultur und Instinkt *versus* Unterdrückung zu modifizieren, weiterzuentwickeln – ich verweise sowohl auf englisch- als auch französischsprachige Psychoanalytiker wie Melanie Klein, Winnicott und Lacan, die zu zeigen versuchten, daß die Unterdrückung, weit davon entfernt, ein sekundärer nachfolgender, späterer Mechanismus zu sein, der ein naturgegebenes Spiel der Instinkte zu kontrollieren sucht, im Gegenteil selbst ein Teil des Triebmechanismus ist oder zumindest des Prozesses, durch den sich der Geschlechtstrieb entwickelt, entfaltet und als Trieb konstituiert.

Der Freudsche Begriff *Trieb* (Deutsch im Original) darf nicht als einfache Naturgegebenheit verstanden werden, als natürlicher biologischer Mechanismus, dem die Unterdrückung ihr Gesetz des Verbots auferlegt, sondern, den Psychoanalytikern zufolge, als etwas, das schon tief von der Unterdrückung durchdrungen ist. Das Bedürfnis, die Kastration, der Mangel, das Verbot, das Gesetz sind bereits Elemente, durch die der Wunsch zum sexuellen Wunsch wird, und das impliziert eine Umformung des ursprünglichen Begriffs des Geschlechtstriebs, den Freud am Ende des 19. Jahrhunderts eingeführt hat. Man soll sich den Instinkt also nicht als eine Naturgegebenheit denken, sondern schon als etwas Ausgearbeitetes, als ein komplexes Spiel zwischen Körper und Gesetz, zwischen dem Körper und den kulturellen Mechanismen, die die Kontrolle über das Volk sichern.

Die Psychoanalytiker haben das Problem also, glaube ich, erheblich verschoben, indem sie einen neuen Begriff von Instinkt auftauchen ließen, jedenfalls eine neue Konzeption des Instinkts, des Triebs, des Wunsches. Gleichwohl finde ich es verwirrend, zumindest unzureichend, daß die Psychoanalytiker in dieser Bearbeitung zwar die Auffassung vom Wunsch ändern, die von der Macht jedoch ganz und gar nicht.
Sie bleiben vielmehr bei ihrer Meinung, der Sinn der Macht, ihr Kernpunkt, das, worin die Macht besteht, das Verbot, das Gesetz, die Tatsache des Neinsagens sei wiederum die Form, die Formel »du sollst nicht«. Die Macht ist wesentlich das, was »du sollst nicht« sagt. Diese Auffassung scheint mir – ich komme gleich darauf zu sprechen – völlig unzureichend, eine juristische, formale Auffassung der Macht, und es ist nötig, an einer anderen Auffassung zu arbeiten, die zweifellos ein besseres Verständnis der Beziehungen erlauben wird, die sich in den westlichen Gesellschaften zwischen Macht und Sexualität herausgebildet haben.

Ich will versuchen, eine Analyse der Macht zu entwickeln oder besser: die Richtung zu zeigen, in der man eine Analyse der Macht versuchen könnte, die nicht einfach eine juristische, negative Auffassung der Macht wäre, sondern die Macht als Technologie begreift. Bei den Psychoanalytikern, Psychologen und Soziologen findet sich diese Auffassung häufig, derzufolge die Macht wesentlich die Regel, das Gesetz, das Verbot ist, das, was die Grenze setzt zwischen dem, was erlaubt, und dem, was verboten ist. Ich glaube, diese Auffassung von der Macht ist, am Ende des 19. Jahrhunderts, entscheidend von der Ethnologie formuliert und weiterentwickelt worden. Die Ethnologie hat in Gesellschaften, die sich von der unseren unterscheiden, immer Machtsysteme aufzuspüren versucht, als wären sie Regelsysteme. Und wenn wir selbst über unsere Gesellschaft nachzudenken versuchen, über die Art, wie dort Macht ausgeübt wird, tun wir dies im wesentlichen von einer juristischen Auffassung her: Wir fragen, wo die Macht ist, wer sie besitzt, von welchen Regeln sie regiert wird und was für ein Gesetzsystem sie über den sozialen Körper setzt.

Wir betreiben also für unsere Gesellschaft immer eine juristische Soziologie der Macht, und wenn wir andere Gesellschaften als die unsere untersuchen, betreiben wir eine Ethnologie, die hauptsächlich eine Ethnologie der Regel, eine Ethnologie des Verbots ist. Schauen Sie beispielsweise in den ethnologischen Studien von Durkheim bis Lévi-Strauss, welches Problem dort immer wieder auftaucht und ständig von neuem bearbeitet wird: das Problem des Verbots, vor allem des Inzestverbots. Von dieser Matrix, diesem Kern ausgehend, der das Inzestverbot sein soll, wollte man das Funktionieren des Systems im allgemeinen verstehen. Erst in den letzten Jahren sind neue Perspektiven der Macht aufgetaucht, die dem klassischen Marxismus näher oder ferner stehen. Jedenfalls sehen wir seitdem, zum Beispiel mit den Arbeiten von Pierre Clastres *(La societé contre l'État. Recherche de l'anthropologie politique. Paris 1974)*, eine neue Auffassung der Macht als Technologie auftauchen, die sich vom Vorrang, von diesem Vorrecht der Regel und des Verbots zu emanzipieren versucht, das im Grunde die Ethnologie von Durkheim bis zu Lévi-Strauss beherrscht hatte.

Die Frage jedenfalls, die ich aufwerfen möchte, lautet: Wie kommt es, daß unsere Gesellschaft, die westliche Gesellschaft überhaupt, die Macht auf eine so restriktive, so arme, so negative Art aufgefaßt hat? Warum begreifen wir die Macht bevorzugt als Gesetz und Verbot?

Ich glaube, die Gründe dafür sind grob in folgenden Begriffen zu umreißen: Die großen Systeme, die im Westen seit dem Mittelalter entstanden sind, haben sich im Grunde über einen Machtzuwachs für die Monarchie, auf Kosten der Feudalmacht oder besser: -mächte entwickelt. Nun war in diesem Kampf zwischen den Feudalmächten und der Macht des Königs das Recht immer das Instrument des Königs gegen die

Institutionen, Sitten, Vereinbarungen und die Formen von Bindung und Zugehörigkeit, die für die Feudalgesellschaft charakteristisch waren. Ich will Ihnen dafür nur zwei Beispiele geben. Auf der einen Seite hat sich die Macht des Königs im Westen zum großen Teil entwickelt, indem sie sich auf Rechtsinstitutionen stützte und sie ausbildete; durch den Bürgerkrieg ist es ihr gelungen, die alte Lösung von privaten Rechtsstreitigkeiten durch ein System von Gerichten zu ersetzen, mit Gesetzen, die de facto der königlichen Macht die Möglichkeit gaben, die Auseinandersetzungen zwischen den Individuen selbst zu entscheiden. Ebenso war das römische Recht, das im Westen im 13. und 14. Jahrhundert wieder aufkam, in der Hand der Monarchie ein wunderbares Instrument, mit dem es ihr gelang, die Formen und Mechanismen ihrer eigenen Macht zu bestimmen, auf Kosten der Feudalmächte. Mit anderen Worten, das Wachsen des Staates in Europa ist zum Teil durch die Entwicklung eines juristischen Denkens gesichert worden oder hat es jedenfalls zumindest als Instrument benutzt. Die königliche Macht, die Macht des Staates ist wesentlich im Recht repräsentiert.

Es stellte sich nun heraus, daß das Bürgertum, das zugleich von der Entwicklung der Macht des Königs und vom Schwinden, vom Niedergang der Feudalsysteme außerordentlich profitierte, jedes Interesse hatte, dieses Rechtssystem weiterzuentwickeln, das ihm andererseits erlaubte, dem ökonomischen Tausch eine Form zu geben, der seine eigene soziale Entwicklung sicherte. Die sprachliche Form des Rechts war also das dem Bürgertum und der Monarchie gemeinsame Repräsentationssystem der Macht. Seit dem Ende des Mittelalters bis zum 18. Jahrhundert gelang es Bürgertum und Monarchie nach und nach, eine Form von Macht zu errichten, die sich als Diskurs des Rechtes gab und sich darin repräsentierte. Und als das Bürgertum sich schließlich von der Macht des Königs befreite, tat es das unter Verwendung genau dieses Rechtsdiskurses der Monarchie, den es gegen die Monarchie selbst wendete.

Ein Beispiel: Als Rousseau seine Staatstheorie entwickelte, versuchte er zu zeigen, wie ein Souverän entsteht, allerdings ein kollektiver Souverän, ein Souverän als sozialer Körper oder, besser, ein sozialer Körper als Souverän: ausgehend von der Abtretung der individuellen Rechte, deren Entfremdung und der Formulierung von Verbotsgesetzen, die jedes Individuum anzuerkennen verpflichtet ist; denn es hat sich das Gesetz selbst auferlegt, insofern es Teil des Souveräns, insofern es ja selbst der Souverän ist. Der theoretische Mechanismus, durch den man die Kritik an der Institution des Königs vollzog, war also das Instrument des Rechts, das durch die Monarchie selbst eingesetzt worden war. Mit anderen Worten: Der Westen hat nie ein anderes Repräsentationssystem, kein anderes System der Formulierung und der Analyse der Macht gehabt als das des Rechts, des Systems der Gesetze. Und ich glaube, dies ist der Grund, weshalb wir letzten Endes bis vor kurzem keine anderen Möglichkeiten hatten, die Macht zu analysieren, als unter Verwendung dieser elementaren, fundamentalen Begriffe Gesetz, Regel, Souverän, Übertragung der Macht usw. Ich glaube, von dieser juristischen Auffassung der Macht, von dieser Auffassung der Macht vom Gesetz und vom Souverän, von Regel und Verbot her muß man sich jetzt befreien, wenn wir zu einer Analyse nicht mehr der Repräsentation der Macht, sondern ihres tatsächlichen Funktionierens kommen wollen.

Wie könnten wir versuchen, die Macht in ihren positiven Mechanismen zu analysieren? Mir scheint, die Grundelemente einer solchen Art von Analyse lassen sich in einer bestimmten Zahl von Texten finden; vielleicht bei Bentham, einem englischen Philosophen Ende des 18., Anfang des 19. Jahrhunderts, der im Grund der große Theoretiker der bürgerlichen Macht war, und natürlich auch bei Marx, vor allem im zweiten Buch des *Kapital*. Dort sind, denke ich, einige Elemente zu finden, deren ich mich für die Analyse der Macht in ihren positiven Mechanismen bedienen will. Was wir im zweiten Buch des *Kapital* finden können, ist zuallererst, daß es nicht eine Macht gibt, sondern mehrere Mächte. Mächte, das heißt Formen der Herrschaft, Formen der Unterwerfung, die lokal funktionieren, beispielsweise in der Werkstatt, in der Armee, in einer Sklavenwirtschaft oder einer, wo es Knechtsverhältnisse gibt. Dies alles sind lokale, regionale Formen von Macht, die ihre eigene Funktionsweise haben, ihr eigenes Verfahren und ihre eigene Technik. All diese Formen von Macht sind heterogen. Wir können also, wenn wir eine Analyse der Macht vorhaben, nicht von *der* Macht sprechen, sondern wir müssen von Mächten sprechen und versuchen, sie in ihrer historischen und geographischen Eigentümlichkeit zu lokalisieren.

Eine Gesellschaft ist kein einheitlicher Körper, in dem eine und nur eine Macht ausgeübt würde, sondern in Wirklichkeit eine Aneinanderreihung, eine Verbindung, eine Zusammenfügung, auch eine Hierarchie von verschiedenen Mächten, die jedoch ihre Spezifität behalten. Marx beharrt beispielsweise sehr auf dem zugleich spezifischen und relativ autonomen, in gewisser Weise undurchdringlichen Charakter der faktischen Macht, die der Meister in einer Werkstatt ausübt, im Verhältnis zur juristischen Macht, die im Rest der Gesellschaft existierte. Es gibt also Machtregionen. Die Gesellschaft ist ein Archipel von verschiedenen Mächten.

Zweitens können und dürfen diese Mächte anscheinend nicht einfach als die Ableitung, die Folge aus einer Art von Zentralmacht, die vorrangig wäre, verstanden werden. Das Schema der Juristen, sei es das von Grotius, von Pufendorf oder das Rousseaus, besteht in der Aussage: »Am Anfang gab es keine Gesellschaft, und dann ist die Gesellschaft aufgetaucht, von dem Moment an, als ein zentraler Punkt von Souveränität auftauchte, der den sozialen Körper organisiert und dann eine ganze Reihe lokaler und regionaler Mächte zugelassen hat«; Marx erkennt dieses Schema implizit nicht an. Er zeigt im Gegenteil, wie aus diesen kleinen Machtregionen – der Sklavenwirtschaft, der Werkstatt, auch der Armee –, die ursprünglich und zuerst da waren, sich nach und nach große Staatsapparate bilden konnten. Die staatliche Einheit ist im Grunde, im Verhältnis zu diesen regionalen und spezifischen Mächten, die an erster Stelle kommen, sekundär.

Drittens: Die vorrangige Funktion dieser spezifischen, regionalen Mächte ist ganz und gar nicht zu verbieten, zu verhindern, zu sagen »du sollst nicht«. Die ursprüngliche, wesentliche und dauernde Aufgabe dieser lokalen und regionalen Mächte ist in Wirklichkeit, Produzenten einer Effizienz, einer Fähigkeit zu sein, Produzenten eines Produkts. Marx leistet beispielsweise großartige Analysen des Problems der Disziplin in der Armee und in den Werkstätten. Die Analyse der Disziplin in der Armee, die ich gleich vornehme, findet sich nicht bei Marx, aber das ist nicht wichtig. Was ist seit dem Ende des 16. und Beginn des 17. Jahrhunderts bis praktisch zum Ende des 18. Jahrhunderts in der Armee passiert? Eine enorme Umwandlung, in deren Folge die kleinen Einheiten von relativ austauschbaren, um einen Befehlshaber herum organisierten Individuen, aus denen die Armee bis dahin im wesentlichen bestanden hatte, durch eine große pyramidenförmige Einheit ersetzt wurden, mit einer ganzen Reihe von Verbindungsoffizieren, von Unteroffizieren, auch Technikern, und zwar im wesentlichen deshalb, weil man eine technische Erfindung gemacht hatte: das relativ schnelle, zielgenaue Gewehr.

Von diesem Moment an konnte man die Armee – es war gefährlich, sie zum Funktionieren zu bringen – nicht mehr in der Form von kleinen, isolierten Einheiten halten, die sich aus austauschbaren Elementen zusammensetzen. Damit die Armee wirkungsvoll war, damit die Gewehre so gut wie irgend möglich genutzt werden konnten, mußte jeder einzelne gut trainiert sein, um an einer ausgedehnten Front eine bestimmte Position zu besetzen, um gleichzeitig, in Übereinstimmung mit einer Linie, die nicht unterbrochen werden durfte, Posten zu beziehen, usw. Ein ganzer Komplex disziplinärer Probleme also führte zu einer neuen Machttechnik mit Unteroffizieren, einer ganzen Hierarchie mit niederen und höheren Offizieren. So konnte die Armee als eine ziemlich komplexe, hierarchische Einheit behandelt werden, und ihre maximale Leistung wurde mit dem einheitlichen Zusammenspiel aller, der spezifischen Position und Rolle eines jeden entsprechend, gesichert.

Es kam zu einer sehr viel höheren militärischen Leistung dank eines neuen Machtverfahrens, dessen Funktion keinesfalls darin bestand, etwas zu verbieten. Gewiß führte es dazu, dies oder jenes zu verbieten, dennoch war das Ziel ganz und gar nicht, »du sollst nicht« zu sagen, sondern im wesentlichen, eine bessere Leistung zu erreichen, eine bessere Produktion, eine bessere Produktivität der Armee. Die Armee als Produktion von Leichen – das ist es, was perfektioniert wurde oder, besser, was durch diese neue Machttechnik gesichert wurde. Es war jedenfalls nicht das Verbot. Dasselbe können wir von der Disziplin in den Werkstätten sagen, die sich im 17. und 18. Jahrhundert zu bilden begannen und in denen mit der Arbeitsteilung die Gesten zugleich überwacht und miteinander koordiniert werden mußten, als die kleinen Manufakturen durch Betriebe mit Hunderten von Arbeitern ersetzt wurden. Die Arbeitsteilung war der Grund, warum man diese neue Werkstattdisziplin erfinden mußte; aber umgekehrt können wir sagen, daß die Werkstattdisziplin die Voraussetzung dafür war, daß die Arbeitsteilung erreicht werden konnte. Ohne diese Werkstattdisziplin, das heißt ohne die Hierarchie, die Überwachung, ohne das Auftauchen der Vorarbeiter, ohne die chronometrische Kontrolle der Gesten wäre es nicht möglich gewesen, die Arbeitsteilung zu erreichen.

Schließlich die vierte wichtige Idee: Diese Machtmechanismen, diese Machtverfahren sind als Techniken zu sehen, das heißt als Verfahren, die erfunden worden sind, perfektioniert werden und sich unaufhörlich weiterentwickeln. Es gibt eine veritable Technologie der Macht oder, besser, der Mächte, die ihre eigene Geschichte haben. Hier kann man zwischen den Zeilen des zweiten Buchs des *Kapital* wiederum leicht eine Analyse oder wenigstens den Abriß einer Analyse finden, die eine Geschichte der Machttechnologie wäre, wie sie in den Werkstätten und Fabriken ausgeübt wurde. Ich folge also diesen wesentlichen Hinweisen und versuche, im Blick auf die Sexualität die Macht nicht unter einem juristischen, sondern technologischen Gesichtspunkt ins Auge zu fassen.

Wenn wir in einer Analyse der Macht vor allem den Staatsapparat ins Auge fassen und die Macht dabei als einen Mechanismus zu dessen Selbsterhaltung sehen, wenn wir die Macht als eine rechtliche Suprastruktur betrachten, nehmen wir im Grunde nur das klassische Thema des bürgerlichen Denkens auf, dergestalt, wie es die Macht im wesentlichen als Rechtstatsache betrachtet. Den Staatsapparat, die Erhaltungsfunktion, die rechtliche Suprastruktur hervorzuheben bedeutet im Grunde, Marx zu »rousseauisieren«. Das heißt, ihn wieder in die bürgerliche, juristische Theorie der Macht einzuschreiben. Es ist nicht verwunderlich, daß diese angeblich marxistische Auffassung der Macht als Staatsapparat, als Erhaltungsinstanz, als rechtliche Suprastruktur sich hauptsächlich in der europäischen Sozialdemokratie am Ausgang des 19. Jahrhunderts findet, als es eben darum ging, wie man Marx innerhalb eines Rechtssystems zum Funktionieren bringen könnte, das der Bourgeoisie zugehörte. Wenn ich also daran anknüpfe, was im zweiten Buch des *Kapital* zu finden ist, und alles entferne, was später – über den Vorrang des Staatsapparats, die Funktion der Machtreproduktion, den Charakter der rechtlichen Suprastruktur – hinzugefügt und hineinkorrigiert wurde, dann deshalb, weil ich eine Möglichkeit suche, eine Geschichte der Mächte im Westen zu schreiben, und zwar vor allem der Mächte, die in die Sexualität eingebracht wurden.

Wie ließe sich so, von diesem methodischen Prinzip her, eine Geschichte der Machtmechanismen in bezug auf die Sexualität schreiben? Sehr schematisch ließe sich wohl sagen: Das Machtsystem, das aufzurichten der Monarchie seit dem Ende des Mittelalters gelungen war, stellte für die Entwicklung des Kapitalismus zwei große Nachteile dar. Erstens war die politische Macht, so wie sie im sozialen Körper ausgeübt wurde, eine sehr diskontinuierliche Macht. Die Maschen des Netzes waren zu groß, eine fast unendliche Zahl von Dingen, Elementen, Verhalten, Vorgängen entzog sich der Kontrolle der Macht. Nehmen wir einen konkreten Punkt, die Bedeutung des Schmuggels in ganz Europa bis zum Ende des 18. Jahrhunderts, so bemerken wir einen sehr wichtigen ökonomischen Fluß, der fast genauso wichtig war wie der andere – ein Fluß, der der Macht völlig entging. Und andererseits war er eine der Existenzmöglichkeiten der Menschen; wenn es keine Freibeuterei gegeben hätte, hätte der Handel nicht funktionieren und die Leute hätten nicht leben können. Mit anderen Worten: Flucht aus der Legalität war eine Existenzmöglichkeit, bedeutete aber zugleich, daß es gewisse Dinge gab, die der Macht entgingen und über die sie keine Kontrolle hatte. Ökonomische Vorgänge folglich, verschiedene Mechanismen, die außerhalb der Kontrolle blieben, machten die Einsetzung einer kontinuierlichen, präzisen, gewissermaßen atomisierten Macht erforderlich, den Übergang von einer lückenhaften, globalen Macht zu einer kontinuierlichen, atomisierten und individualisierenden Macht: damit jeder, jedes Individuum in sich selbst, in seinem Körper, seinen Gesten, kontrolliert werden kann, anstelle globaler und massenweiser Kontrollen.

Der zweite große Nachteil der Machtmechanismen, wie sie in der Monarchie funktionierten, ist, daß sie außerordentlich aufwendig waren. Sie waren deshalb aufwendig, weil die Funktion der Macht – das, worin die Macht bestand – im wesentlichen die Macht der Eintreibung war, das Recht und die Stärke, etwas einzuziehen – eine Steuer, den Zehnten, wenn es sich um den Klerus handelte, auf die eingebrachten Ernten, die obligate Erhebung von soundsoviel Prozent für den Meister, für die königliche Macht, für den Klerus. Die Macht war also hauptsächlich Steuereinnehmer und auf Beute aus. Insofern nahm sie immer ökonomische Abzüge vor, und statt den ökonomischen Fluß zu beschleunigen, stand sie ihm im Wege. Daher das zweite Anliegen, die zweite Notwendigkeit: einen Machtmechanismus zu finden, der zugleich die Dinge und die Personen bis in die kleinste Einzelheit kontrollierte und doch für die Gesellschaft weder aufwendig noch seinem Wesen nach räuberisch wäre, und der im Sinne des ökonomischen Prozesses selbst ausgeübt würde.

Mit diesen beiden Zielen können wir, glaube ich, die große technologische Wandlung der Macht im Westen grob verstehen. Wiederum im Geist eines vielleicht ein wenig primären Marxismus pflegen wir zu sagen, die große Erfindung sei – alle Welt weiß es – die Dampfmaschine gewesen oder Erfindungen dieses Typs. Es stimmt, das war sehr wichtig, aber es gibt eine ganze Reihe anderer technologischer Erfindungen, ebenso wichtig wie diese, die letztendlich die Voraussetzung dafür waren, daß die anderen funktionierten. So war es mit der politischen Technologie; auf der Ebene der Machtformen hat es das 17. und 18. Jahrhundert hindurch einen ganzen Komplex von Erfindungen gegeben. Man sollte daher nicht nur die Geschichte der industriellen Techniken, sondern auch die der politischen Techniken betreiben; und die Erfindungen politischer Technologie, die wir vor allem dem 17. und 18. Jahrhundert gutschreiben müssen, lassen sich, glaube ich, in zwei große Kapitel einteilen. In zwei Kapitel würde ich sie einteilen, weil sie sich, scheint mir, in zwei verschiedene Richtungen entwickelt haben. Auf der einen Seite gibt es die Technologie, die ich »Disziplin« nennen würde. Die Disziplin ist im Grunde der Machtmechanismus, durch den es uns gelingt, im sozialen Körper auch die winzigsten Elemente zu kontrollieren, durch die es uns gelingt, auch die sozialen Atome selbst zu erreichen, das heißt die Individuen: Individualisierungstechniken der Macht. Wie jemanden überwachen, sein Verhalten kontrollieren, sein Betragen, seine Anlagen, wie seine Leistung steigern, seine Fähigkeiten vervielfachen, ihn dorthin stellen, wo er nützlicher ist. Das ist, meiner Meinung nach, die Disziplin.

Ich habe Ihnen eben als Beispiel die Disziplin in der Armee genannt. Das ist ein wichtiges Beispiel, weil genau hier die Disziplin entdeckt wurde, die sich dann fast an die erste Stelle schob. Sie hing mit einer anderen Erfindung technisch-industrieller Art zusammen, des relativ schnellen Gewehrs. Von diesem Moment an war der Soldat eigentlich nicht mehr austauschbar, er hörte auf, schlicht und einfach Kanonenfutter und Haudegen zu sein. Als guter Soldat mußte man nun schießen können, mußte man also eine Ausbildung durchlaufen haben. Es war erforderlich, daß der Soldat ebenso seinen Aufenthalt wechseln wie seine Gesten mit denen der anderen

Soldaten koordinieren konnte, kurz: der Soldat wurde zu etwas Ausgebildetem. Also Kostbarem. Und je kostbarer er war, desto mehr mußte er erhalten werden: je mehr er erhalten werden mußte, desto nötiger wurde es, ihm geeignete Techniken beizubringen, die ihm in der Schlacht das Leben retten konnten, und je mehr Techniken man ihm beibrachte, desto länger war die Ausbildung und desto kostbarer war er. Und plötzlich haben Sie eine Art Aufschwung von militärischen Dressurtechniken, gipfelnd in der berühmten preußischen Armee Friedrichs II., die den größten Teil ihrer Zeit mit Exerzieren zubrachte. Die preußische Armee, das preußische Disziplinmodell ist die Perfektion, die maximale Intensität der körperlichen Disziplin des Soldaten, die das Modell der anderen Disziplinen war.

Sehr früh taucht diese neue Disziplin-Technologie auch in der Erziehung auf. Zuerst in den Oberschulen, dann in den Grundschulen sind Disziplinmethoden zu beobachten, die in einer Vielzahl von Individuen einzelne isolieren. Die Oberschule versammelt Dutzende, Hunderte und manchmal Tausende von Schülern, und es geht darum, über sie eine Macht auszuüben, die gerade weit weniger aufwendig sein soll als die Macht des Erziehers, die nur als eine zwischen dem Schüler und seinem Meister existieren kann. Nun haben wir einen Meister für Dutzende von Schülern; indessen muß trotz dieser Vielzahl von Schülern eine Individualisierung der Macht, eine permanente Kontrolle, eine Überwachung aller Momente erreicht werden. Daher das Auftauchen der allen Internatsschülern wohlbekannten Person des Aufsehers, der in der Pyramide dem Unteroffizier in der Armee entspricht; daher auch das Auftauchen der quantitativen Benotung, der Prüfungen, der Wettbewerbe, der Möglichkeit folglich, die Individuen so zu klassifizieren, daß jeder unter den Augen des Lehrers oder auch in der Qualifikation und in dem Urteil, das wir über jeden von ihnen äußern, genau an seinem Platz ist [...] Was sich in der Armee und in den Oberschulen abgespielt hat und im Lauf des 19. Jahrhunderts auch in den Werkstätten zu beobachten ist, will ich die individualisierende Technologie der Macht nennen, eine Technologie, die im Grund auf die Individuen zielt, bis in ihren Körper, in ihr Verhalten hinein; das ist *grosso modo* eine Art politischer Anatomie, Anatomo-Politik, eine Anatomie, die auf die Individuen zielt, bis zu ihrer Anatomisierung.

Soweit zu der Gruppe von Machttechnologien, die im 17. und 18. Jahrhundert auftauchten; eine andere ist etwas später, in der zweiten Hälfte des 18. Jahrhunderts, aufgetaucht und wurde vor allem in England entwickelt (die erste ist zur Schande Frankreichs vor allem in Frankreich und in Deutschland entwickelt worden): Technologien, die nicht auf die Individuen als Individuen zielten, sondern vielmehr auf die Bevölkerung. Das 18. Jahrhundert hat, mit anderen Worten, die grundlegende Tatsache entdeckt, daß die Macht nicht einfach über Subjekte ausgeübt wird – das war die Grundthese der Monarchie, nach der es den Souverän gibt und die Untertanen. Man entdeckt also, daß es die Bevölkerung ist, über die Macht ausgeübt wird. Und Bevölkerung, was heißt das? Das meint nicht einfach eine große Gruppe von Menschen, sondern lebende Wesen, die von biologischen Prozessen und Gesetzen durchzogen, befehligt, regiert werden. Eine Bevölkerung hat eine Geburtenziffer, eine Sterblichkeitsziffer, eine Bevölkerung hat eine Alterskurve, eine Alterspyramide, sie hat eine Krankheitsziffer, einen Gesundheitszustand, eine Bevölkerung kann zugrunde gehen oder sich ausbreiten. Dies alles hat man im 18. Jahrhundert zu entdecken begonnen. Man erkennt folglich, daß die Beziehung der Macht zum Subjekt oder, besser, zum Individuum nicht einfach jene Form der Unterwerfung sein muß, die es der Macht erlaubt, vom Untertan irgendwelche Güter einzuziehen, Reichtümer, vielleicht auch seinen Körper und sein Blut, sondern daß die Macht über die Individuen in deren Eigenschaft als eine Art biologische Größe ausgeübt werden muß, die zu berücksichtigen ist, wenn man eben diese Bevölkerung als Produktionsmaschine benutzen will, um Reichtümer, Güter und andere Individuen zu produzieren. Die Entdeckung der Bevölkerung ist, neben der Entdeckung des Individuums und des dressierbaren Körpers, der zweite große Kernbestand von Technologien, der zur Veränderung der politischen Verfahren im Westen führte. Diese Entdeckung grenze ich von der eben eingeführten Anatomo-Politik ab und nenne sie Bio-Politik. In diesem Moment sehen wir Probleme wie das der Siedlung, der Lebensbedingungen in einer Stadt, der öffentlichen Hygiene, der Veränderung des Verhältnisses zwischen Geburten- und Sterberate auftauchen. In diesem Moment ist die Frage aufgetaucht, wie wir die Leute dazu bringen können, mehr Kinder zu machen, oder wie wir jedenfalls den Bevölkerungsfluß regulieren können, auch wie wir die Wachstumsrate einer Bevölkerung und die Wanderungsbewegungen zu regulieren vermögen. Und seither sind eine ganze Reihe von Beobachtungstechniken, unter ihnen natürlich die Statistik, aber auch alle großen Verwaltungs-, Wirtschafts- und politischen Organismen mit dieser Bevölkerungsregulierung beschäftigt. Es gibt zwei große Revolutionen in der Technologie der Macht: die Entdeckung der Disziplin und die Entdeckung der Regulierung, die Perfektionierung einer Anatomo-Politik und die einer Bio-Politik.

Das Leben ist jetzt, vom 18. Jahrhundert an, ein Objekt der Macht geworden. Das Leben und der Körper. Früher hat es nur Untertanen gegeben, Rechts-Subjekte, deren Güter, auch deren Leben im übrigen, man einziehen konnte. Jetzt gibt es Körper und Bevölkerungen. Die Macht ist materialistisch geworden. Sie hört auf, wesentlich juristisch zu sein. Sie muß mit jenen reellen Dingen umgehen, die der Körper, das Leben sind. Das Leben gerät in den Herrschaftsbereich der Macht: eine grundlegende Mutation, zweifellos eine der wichtigsten in der Geschichte der menschlichen Gesellschaften; und es ist sehr deutlich zu sehen, wie das Geschlecht von diesem Moment an, das heißt eben seit dem 18. Jahrhundert, zur unbestrittenen Hauptsache werden konnte; denn das Geschlecht ist im Grunde genau in die Gelenkstelle zwischen der individuellen Disziplinierung des Körpers und der Regulierung der Bevölkerung gefügt. Vom Geschlecht aus kann die Überwachung der Individuen gesichert werden, und es ist zu verstehen, warum im 18. Jahrhundert und gerade in den Internatsschulen die Sexualität der Heranwachsenden zu einem medizinischen, einem moralischen, fast zu einem politischen Problem ersten Ranges wurde, denn durch die Kontrolle der Sexualität hindurch – und unter diesem Vorwand – konnte man die Heranwachsenden in ihrem ganzen Leben, in jedem Augenblick, selbst im Schlaf überwachen. Das Geschlecht wird also ein Instrument der »Disziplinierung«, es wird zu einem der wichtigsten Elemente der Anatomo-Politik, von der ich gesprochen habe; andererseits sichert das Geschlecht aber auch die Reproduktion der Bevölkerungen, und mit dem Geschlecht, mit einer Politik des Geschlechts ist es möglich, die Beziehung zwischen Geburten- und Sterblichkeitsrate zu verändern. In jedem Fall gliedert sich die Politik des Geschlechts in jene Lebenspolitik ein, die im 19. Jahrhundert so wichtig werden wird. Das Geschlecht liegt am Berührungspunkt zwischen Anatomo-Politik und Bio-Politik, am Schnittpunkt von Disziplin und Regulierung, und in dieser Funktion ist es am Ende des 19. Jahrhunderts eines der wichtigsten politischen Mittel geworden, um aus der Gesellschaft eine Produktionsmaschine zu machen.

Wie wird Macht ausgeübt?

Für manche bedeutet die Frage nach dem *Wie* der Macht, sich auf die Beschreibung ihrer Wirkungen zu beschränken, ohne diese je mit Ursachen oder einer Natur in Verbindung zu bringen. Damit macht man nur aus dieser Macht eine mysteriöse Substanz, die man tunlichst nicht untersucht, weil man sich besser nicht mit ihr anlegt. In dieser Maschinerie, der man nicht auf den Grund geht, wähnen sie ein schicksalhaftes Walten. Aber zeigt nicht schon ihr Mißtrauen, daß sie selbst unterstellen, daß so etwas wie die MACHT existiert – mit ihrem Ursprung einerseits, ihrer Natur andererseits und endlich mit ihren Äußerungen?

Wenn ich der Frage nach dem *Wie* einen gewissen vorläufigen Vorzug zubillige, so nicht, weil ich die Frage nach dem *Was* und dem *Warum* ausschalten will, sondern weil ich sie anders stellen will, oder besser, weil ich erkennen will, ob es legitim ist, sich eine MACHT vorzustellen, die ein Was, ein Warum, ein Wie in sich vereinigt. Schroff gesagt, führt gerade der Beginn der Analyse mit dem *Wie* zu dem Verdacht, daß *die* MACHT nicht existiert; jedenfalls führt es zu der Frage, welche bestimmbaren Inhalte denn gemeint sein sollen, wenn man diesen majestätischen, globalen und substantivierenden Begriff verwendet. Dahinter steht der Verdacht, daß man ein Ensemble sehr komplexer Realitäten verpaßt, wenn man ewig um die Doppelfrage: Was ist MACHT? Woher kommt die MACHT? herumschleicht. Die kleine, platte und empirische, gewissermaßen als Spähtrupp vorgeschickte Frage: »Wie spielt sich das ab?« hat nicht die Funktion, eine »Metaphysik« oder eine »Ontologie« der Macht einzuschmuggeln, sondern dient dazu, eine kritische Untersuchung der Machtthematik anzugehen.

1. »Wie« nicht im Sinne von »Wie manifestiert sie sich?«, sondern im Sinne von »Wie wird sie ausgeübt?«, »Was geschieht, wenn Individuen, wie man sagt, ihre Macht über andere ausüben?«

Von dieser »Macht« gilt es zunächst jene zu unterscheiden, die man über die Dinge ausübt und die einen instandsetzt, zu verändern, zu gebrauchen, sie zu konsumieren oder zu zerstören – eine Macht, die auf Fertigkeiten beruht, die direkt körperlich oder über Instrumente vermittelt sind. Bezeichnen wir das als »Fähigkeit«. Die »Macht« hingegen, die es hier zu analysieren gilt, ist dadurch gekennzeichnet, daß sie Verhältnisse zwischen Individuen oder Gruppen ins Spiel bringt. Denn man darf sich nicht täuschen: wenn man von der Macht der Gesetze, der Institutionen oder der Ideologien spricht, dann nur soweit man unterstellt, daß »einige« Macht über andere ausüben. Der Begriff Macht bezeichnet Verhältnisse zwischen »Partnern« (und dabei denke ich nicht an ein Spielsystem, sondern einfach – um es zunächst ganz allgemein zu sagen – an ein Ensemble von Handlungen, die sich gegenseitig hervorrufen und beantworten). Sodann gilt es zu unterscheiden zwischen Machtverhältnissen und Kommunikationsbeziehungen, die eine Information durch eine Sprache, ein Zeichensystem oder jedes andere symbolische Medium übermitteln. Gewiß bedeutet Kommunizieren immer, in einer bestimmten Weise auf den anderen oder die anderen einzuwirken. Obwohl das Herstellen und In-Umlauf-Bringen signifikanter Elemente sehr wohl Machtwirkungen zum Ziel oder zur Konsequenz haben kann, sind diese nicht einfach ein Aspekt jener. Ob sie nun durch die Kommunikationssysteme gehen oder nicht – die Machtverhältnisse haben ihre Eigenart.

Machtverhältnisse, Kommunikationsbeziehungen und sachliche Fähigkeiten dürfen nicht miteinander verwechselt werden. Was nicht heißt, daß es sich um drei getrennte Bereiche handelt und daß es einerseits den Bereich der Dinge, der zielgerichteten Technik, der Arbeit und der Transformation des Realen gäbe, andererseits den der Zeichen, der Kommunikation, der Reziprozität und der Fabrikation des Sinns, und schließlich den der Herrschaft, der Zwangsmittel, der Ungleichheit und des Einwirkens von Menschen auf Menschen. Es geht um drei Typen von Verhältnissen, die allerdings immer ineinander verschachtelt sind, sich gegenseitig stützen und als Werkzeug benutzen. Der Einsatz von sachlichen Fähigkeiten, und sei es in den elementarsten Formen, impliziert Kommunikationsbeziehungen (ob es um die nötige Information oder um Arbeitsteilung geht); auch ist er an Machtverhältnisse gebunden (ob es sich um Pflichtarbeiten, um Gesten, die von der Tradition oder der Lehre vorgeschrieben sind, oder um mehr oder weniger obligatorische Zuweisungen oder Aufteilungen der Arbeit handelt). Die Kommunikationsbeziehungen implizieren zielgerichtetes Handeln (und wäre es nur der »korrekte« Einsatz signifikanter Elemente), und durch die Tatsache allein, daß sie das Informationsfeld der Partner verändern, lösen sie Machtwirkungen aus. Die Machtverhältnisse selbst werden in sehr bedeutendem Umfang durch die Produktion und den Austausch von Zeichen ausgeübt; sie sind auch kaum vom zielgerichteten Handeln zu trennen, seien es nun Handlungen, die die Ausübung der Macht befördern (wie die Dressurtechniken, die Herrschaftsverfahren, die Weisen, Gehorsam zu erwirken) oder solche, die, um zum Zuge zu kommen, auf Machtverhältnisse angewiesen sind (wie in der Arbeitsteilung und in der Hierarchie der Aufgaben).

Gewiß ist die Koordination zwischen diesen drei Arten von Verhältnissen weder einheitlich noch konstant. In einer bestimmten Gesellschaft gibt es nicht einen allgemeinen Typ von Gleichgewicht zwischen zielgerichtetem Handeln, Kommunikationssystemen und Machtverhältnissen. Vielmehr gibt es verschiedene Formen, verschiedene Orte, verschiedene Umstände oder Gelegenheiten, wo diese Interrelationen auf einem spezifischen Modell basieren. Es gibt aber auch »Blöcke«, in denen die Anpassung der Fähigkeiten, die Kommunikationsnetze und die Machtverhältnisse geregelte und aufeinander abgestimmte Systeme bilden. So zum Beispiel eine schulische Institution: ihre räumliche Anordnung, das minutiöse Reglement, das ihr

Innenleben lenkt, die verschiedenen dort organisierten Tätigkeiten, die verschiedenen Personen, die dort leben oder sich begegnen, von denen jeder eine wohldefinierte Funktion, einen Platz, ein Gesicht hat – all das konstituiert einen »Block« Fähigkeiten-Kommunikation-Macht. Die Tätigkeit, die das Lernen und den Erwerb von Fähigkeiten oder von Verhaltensweisen sichert, entfaltet sich darin durch ein Ensemble geregelter Kommunikationen (Unterrichtsstunden, Fragen und Antworten, Befehle, Ermahnungen, kodierte Zeichen des Gehorsams, differentielle Abzeichen des »Wertes« eines jeden und der Kenntnisstufen) sowie durch eine Reihe von Machtverfahren (Abschließung, Überwachung, Belohnung und Bestrafung, Pyramide der Hierarchie) hindurch.

Diese Blöcke, in denen der Einsatz der technischen Fähigkeiten, das Spiel der Kommunikationen und die Machtverhältnisse nach durchdachten Formeln aufeinander abgestimmt sind, bilden das, was man, wenn man den Sinn des Wortes etwas dehnt, »Disziplinen« nennen kann. Die empirische Analyse gewisser Disziplinen, so wie sie sich historisch gebildet haben, ist schon deshalb von gewissem Interesse. Zunächst, weil die Systeme anhand künstlich klarer und abgestimmter Schemata die Art und Weise aufzeigen, nach der sich die Systeme der sachlichen Finalität, der Kommunikation und der Macht untereinander verbinden können. Aber auch weil sie unterschiedliche Verbindungsmodelle aufweisen, bald mit Vorrang der Macht- und Gehorsamsverhältnisse wie in den Kloster- oder Gefängnis-Disziplinen, bald mit Vorrang zielgerichteter Tätigkeiten wie in den Werkstatt- oder Hospital-Disziplinen, bald mit dem Vorrang der Kommunikationsbeziehungen wie in den Ausbildungs-Disziplinen, bald auch mit der Sättigung der drei Typen von Verhältnissen, wie vielleicht in der militärischen Disziplin, wo eine Unmenge von Zeichen bis zur Redundanz straffe Machtverhältnisse anzeigt, die sorgfältig kalkuliert sind, um eine Reihe technischer Effekte zu erzielen. Und das, was in Europa seit dem 18. Jahrhundert die Disziplinarisierung der Gesellschaften ausmacht, ist wohlgemerkt nicht, daß die betroffenen Individuen immer gehorsamer werden; auch nicht, daß diese Gesellschaften anfangen, Kasernen, Schulen oder Gefängnissen zu ähneln; sondern, daß man sich um eine immer besser kontrollierte, immer rationellere und wirtschaftlichere Abstimmung zwischen den Produktionstätigkeiten, den Kommunuikationsnetzen und dem Spiel der Machtverhältnisse bemüht hat.

Wenn man also das Thema Macht von einer Analyse des *Wie* her anschneidet, führt das dazu, daß man sich von der Voraussetzung einer grundlegenden MACHT in mehreren Punkten kritisch absetzt. Als Gegenstand der Analyse wählt man dann *Machtverhältnisse* und nicht eine Macht; Verhältnisse von Macht, die sich von den sachlichen Fähigkeiten ebenso unterscheiden wie von den Kommunikationsbeziehungen; Machtverhältnisse schließlich, die man in der Verschiedenheit ihrer Verknüpfung mit diesen Fähigkeiten und Beziehungen erfassen kann.

2. Worin besteht die Eigenart der Machtverhältnisse?

Machtausübung bezeichnet nicht einfach ein Verhältnis zwischen individuellen oder kollektiven Partnern, sondern die Wirkungsweise gewisser Handlungen, die andere verändern. Es gibt also nicht etwas wie *die* Macht oder einen Stoff der Macht, der in globaler, massiver oder diffuser, konzentrierter oder verteilter Form existierte; es gibt Macht nur als von den »einen« auf die »anderen« ausgeübte. Macht existiert nur *in actu*, auch wenn sie sich, um sich in ein zerstreutes Möglichkeitsfeld einzuschreiben, auf permanente Strukturen stützt. Das heißt auch, daß Macht nicht der Ordnung der Übereinkunft angehört; sie steht nicht für den Verzicht auf eine Freiheit, eine Rechtsübertragung oder die Delegation der Macht aller an Einzelne (obgleich die Zustimmung eine Bedingung für die Existenz und das Fortbestehen des Machtverhältnisses sein kann). Wohl kann das Machtverhältnis auf einer vorangehenden oder permanenten Zustimmung beruhen; seiner eigentlichen Natur nach aber ist es nicht Ausdruck eines Konsenses.

Soll das heißen, man müsse den eigentlichen Charakter der Machtverhältnisse seitens der Gewalt suchen, die deren primitive Form, deren bleibendes Geheimnis und deren letzte Zuflucht wäre, das also, was letzten Endes als ihre Wahrheit erscheint, wenn sie gezwungenermaßen die Maske fallen läßt und ihr wahres Gesicht zeigt? Tatsächlich ist das, was ein Machtverhältnis definiert, eine Handlungsweise, die nicht direkt und unmittelbar auf die anderen einwirkt, sondern eben auf deren Handeln. Handeln auf ein Handeln, auf mögliche oder wirkliche, künftige oder gegenwärtige Handlungen. Ein Gewaltverhältnis wirkt auf einen Körper, wirkt auf Dinge ein: es zwingt, beugt, bricht, es zerstört: es schließt alle Möglichkeiten aus; es bleibt ihm kein anderer Gegenstand als der der Passivität. Und wenn es auf einen Widerstand stößt, hat es keine andere Wahl, als diesen niederzuzwingen. Ein Machtverhältnis hingegen errichtet sich auf zwei Elementen, ohne die kein Machtverhältnis zustandekommt: so daß der »andere« (auf den es einwirkt) als Subjekt des Handelns bis zuletzt anerkannt und erhalten bleibt und sich vor dem Machtverhältnis ein ganzes Feld von möglichen Antworten, Reaktionen, Wirkungen, Erfindungen eröffnet.

Freilich schließt die Einrichtung von Machtverhältnissen genausowenig den Gebrauch der Gewalt wie das Vorhandensein einer Übereinkunft aus; keine Machtausübung kann auf das eine oder das andere, oft auch auf beides nicht verzichten. Aber wenn sie auch deren Instrumente oder Wirkungen sind, stellen sie nicht deren Grundlage oder Natur dar. Die Machtausübung kann wohl soviel Akzeptanz hervorrufen wie sie will; sie kann Leichen anhäufen und sich hinter allen erdenklichen Drohungen verschanzen. Sie ist von sich aus weder eine Gewalt, die sich bisweilen zu verstecken weiß, noch ein Konsens, der sich aus sich selbst erneuert. Sie ist ein Ensemble von Handlungen in Hinsicht auf mögliche Handlungen; sie operiert auf dem Möglichkeitsfeld, in das sich das Verhalten der handelnden Subjekte eingeschrieben hat: sie stachelt an, gibt ein, lenkt ab, erleichtert oder erschwert, erweitert oder begrenzt, macht mehr oder weniger wahrscheinlich; im Grenzfall nötigt oder verhindert sie vollständig; aber stets handelt es sich um eine Weise des Einwirkens auf ein oder mehrere handelnde Subjekte, und dies, sofern sie handeln oder zum Handeln fähig sind. Ein Handeln auf Handlungen.

Vielleicht eignet sich ein Begriff wie *Führung* gerade kraft seines Doppelsinns gut dazu, das Spezifische an den Machtverhältnissen zu erfassen. »Führung« ist zugleich die Tätigkeit des »Anführens« anderer (vermöge mehr oder weniger strikter Zwangsmechanismen) und die Weise des Sich-Aufführens in einem mehr oder weniger offenen Feld von Möglichkeiten. Machtausübung besteht im »Führen der Führungen« und in der Schaffung der Wahrscheinlichkeit. Im Grunde ist Macht weniger von der Art der Konfrontation zweier Gegner oder der Verpflichtung des einen gegenüber dem anderen, als von der der »Regierung«. Man muß diesem Wort die sehr weite Bedeutung lassen, die es im 16. Jahrhundert hatte. Es bezog sich nicht nur auf politische Strukturen und auf die Verwaltung der Staaten, sondern bezeichnete die Weise, in der das Benehmen von Individuen oder Gruppen gelenkt wurde: Regierung der Kinder, der Seelen, der Gemeinden, der Familien, der Kranken. Es deckte nicht bloß eingesetzte und legitime Formen der politischen oder wirtschaftlichen Unterwerfung ab, sondern auch mehr oder weniger bedachte und berechnete Handlungsweisen, die dazu bestimmt waren, auf die Handlungsmöglichkeiten anderer Individuen einzuwirken. Regieren heißt in diesem Sinne, das Feld eventuellen Handelns der anderen zu strukturieren. Die der Macht eigene Verhältnisweise wäre somit weder auf seiten der Gewalt und des Kampfes, noch auf seiten des Vertrags und der Willensbande (die allenfalls ihre Instrumente sein können) zu suchen, vielmehr auf seiten dieser einzigartigen, weder kriegerischen noch juridischen Weise des Handelns: des lenkend einwirkenden Regierens.

Wenn man Machtausübung als eine Weise der Einwirkung auf die Handlungen anderer definiert, wenn man sie durch das »Regieren« – im weitesten Sinn dieses Wortes – der Menschen untereinander kennzeichnet, nimmt man ein wichtiges Element mit hinein: das der Freiheit. Macht wird nur auf »freie Subjekte« ausgeübt und nur sofern diese »frei« sind. Hierunter wollen wir individuelle oder kollektive Subjekte verstehen, vor denen ein Feld von Möglichkeiten liegt, in dem mehrere »Benehmen«, mehrere Reaktionen und verschiedene Verhaltensweisen statthaben können. Dort wo die Determinierungen gesättigt sind, existiert kein Machtverhältnis; die Sklaverei ist kein Machtverhältnis, wenn der Mensch in Eisen gekettet ist (da handelt es sich um ein physisches Zwangsverhältnis), sondern nur dann, wenn er sich bewegen und im Grenzfall entweichen kann. Macht und Freiheit stehen sich also nicht in einem Ausschließungsverhältnis gegenüber (wo immer Macht ausgeübt wird, verschwindet die Freiheit), sondern innerhalb eines sehr viel komplexeren Spiels: in diesem Spiel erscheint die Freiheit sehr wohl als die Existenzbedingung von Macht (sowohl als ihre Voraussetzung, da es der Freiheit bedarf, damit Macht ausgeübt werden kann, wie auch als ihr ständiger Träger, denn wenn sie sich völlig der Macht, die auf sie ausgeübt wird, entzöge, würde auch diese verschwinden und dem schlichten und einfachen Zwang der Gewalt weichen); aber sie erscheint auch als das, was sich nur einer Ausübung von Macht entgegenstellen kann, die letztendlich darauf ausgeht, sie vollkommen zu bestimmen. Das Machtverhältnis und das Aufbegehren der Freiheit sind also nicht zu trennen. Das zentrale Problem der Macht ist nicht das der »freiwilligen Knechtschaft« (wie können wir wünschen, Sklaven zu sein?); im Zentrum der Machtbeziehung stecken die Widerspenstigkeit des Wollens und die Intransitivität der Freiheit, die diese Machtbeziehung ständig »provozieren«. Statt von einem wesentlichen »Antagonismus« sollte man besser von einem »Agonismus« sprechen, von einem Verhältnis, das zugleich gegenseitige Anstachelung und Kampf ist, weniger von einer Opposition Kopf an Kopf, die sie einander gegenüber blockiert, als von einer fortwährenden Provokation.

3. Wie ist das Machtverhältnis zu analysieren?

Man kann es – damit meine ich: es ist völlig legitim – in bestimmten Institutionen analysieren; diese geben eine vorzügliche Beobachtungsstätte ab, um es diversifiziert, konzentriert, geordnet und zu höchster Wirksamkeit gesteigert zu erfassen; hier kann man – in erster Annäherung – Form und Logik ihrer elementaren Mechanismen hervortreten sehen. Doch die Analyse der Machtverhältnisse in geschlossenen institutionellen Räumen wirft gewisse Probleme auf. Die Tatsache, daß ein wichtiger Teil der Mechanismen, die von einer Institution in Gang gesetzt werden, dazu bestimmt sind, ihre Selbsterhaltung zu sichern, bringt das Risiko mit sich, vor allem bei den »intra-institutionellen« Machtverhältnissen, hauptsächlich reproduktive Funktionen aufzuspüren. Zweitens bringt man sich, wenn man Machtverhältnisse von Institutionen ausgehend untersucht, in die Gefahr, in diesen die Erklärung und den Ursprung jener suchen zu wollen, was schließlich hieße, Macht durch Macht zu erklären. Und in dem Maße endlich, in dem die Institutionen wesentlich durch den Einsatz zweier Elemente agieren: durch (explizite oder stillschweigende) Regeln und durch einen Apparat, unterläuft es einem, einem von beiden eine übertriebene Vorrangstellung innerhalb des Machtverhältnisses zu geben und in ihnen bloße Modulationen von Gesetz und Zwang zu erblicken.
Ich will nicht die Bedeutung von Institutionen bei der Einrichtung von Machtverhältnissen verneinen, wohl aber empfehlen, eher die Institutionen von den Machtverhältnissen her zu analysieren und nicht umgekehrt; selbst wenn sie in einer Institution Gestalt annehmen und sich herauskristallisieren, haben sie doch ihren Haltepunkt außerhalb dieser.

Kommen wir noch einmal auf die Definition zurück, wonach Machtausübung für die einen eine Weise ist, das Feld möglichen Handelns der anderen zu strukturieren. Charakteristisch für ein Machtverhältnis ist demnach, daß es eine Weise des Einwirkens auf Handlungen ist. Das heißt, daß die Machtverhältnisse tief im gesellschaftlichen Nexus wurzeln, und nicht über der »Gesellschaft« eine zusätzliche Struktur bilden, von deren radikaler Austilgung man träumen könnte. In Gesellschaft leben heißt jedenfalls so leben, daß man gegenseitig auf sein Handeln einwirken kann. Eine Gesellschaft »ohne Machtverhältnisse« kann nur eine Abstraktion sein. Dies macht, nebenbei gesagt, die Analyse dessen, was sie innerhalb einer gegebenen Gesellschaft sind, wie sie sich historisch herausgebildet haben, dessen, was sie haltbar oder zerbrechlich macht, der Bedingungen, die nötig sind, um die einen zu verwandeln und die anderen zu beseitigen, politisch nur um so notwendiger. Denn die Aussage, es könne Gesellschaft nicht ohne Machtverhältnisse geben, heißt weder, daß die jeweils gegebenen auch notwendig sind, noch daß auf alle Fälle *die* MACHT im Herzen der Gesellschaft ein unvermeidliches Geschick darstellt, sondern daß die Analyse, die Herausarbeitung, die Infragestellung der Machtverhältnisse und des »Agonismus« zwischen Machtverhältnissen und der Intransitivität der Freiheit eine beständige politische Aufgabe ist, und daß gerade dies die politische Aufgabe ist, die jeglicher gesellschaftlichen Existenz innewohnt. Konkret erfordert die Analyse von Machtverhältnissen die Feststellung einer Reihe von Punkten:

1. *Das System der Differenzierungen*, das dem Einwirken auf das Handeln anderer zugrundeliegt: juridische oder traditionelle Unterschiede des Status und der Vorrechte, ökonomische Unterschiede in der Aneignung der Reichtümer und der Güter, Unterschiede in der Stellung innerhalb des Produktionsprozesses, sprachliche oder kulturelle Unterschiede, Unterschiede im Können und in den Kompetenzen, usw. Jegliches Machtverhältnis bringt Differenzierungen mit sich, die zugleich seine Bedingungen und seine Wirkungen sind.

2. *Die Typen von Zielen*, die von jenen verfolgt werden, die auf das Handeln anderer einwirken: Aufrechterhaltung von Vorrechten, Akkumulation von Profiten, Einrichtung einer statusbedingten Autorität, Ausübung einer Funktion oder eines Fachs.

3. *Die instrumentellen Modalitäten:* je nachdem, ob Macht durch Drohung mit Waffen, durch die Wirkung des Wortes, vermittels ökonomischer Ungleichheiten, durch mehr oder minder komplexe Kontrollmechanismen, durch Überwachungssysteme, mit oder ohne Archive, nach ausgesprochenen oder unausgesprochenen, feststehenden oder veränderlichen Regeln, mit oder ohne materielle Einrichtungen usw. ausgeübt wird.

4. *Die Formen der Institutionalisierung:* diese können traditionelle Vorkehrungen, juridische Strukturen, Gewohnheits- oder Modeerscheinungen mischen (wie man es an den Machtverhältnissen sieht, die die Institution Familie durchziehen); sie können auch die Gestalt eines in sich selbst geschlossenen Dispositivs mit seinen spezifischen Orten, eigenen Regelungen, sorgfältig ausgebildeten hierarchischen Strukturen, und einer relativen funktionalen Autonomie annehmen (wie in den schulischen oder militärischen Institutionen); sie können auch sehr komplexe, mit vielfältigen Apparaten ausgestattete Systeme bilden, wie im Falle des Staates, dessen Funktion es ist, die allgemeine Hülle, die Instanz umfassender Kontrolle, das Regulierungs- und in gewissem Maß auch Verteilungsprinzip aller Machtverhältnisse in einem gegebenen gesellschaftlichen Gebilde darzustellen.

5. *Die Grade der Rationalisierung:* denn der Einsatz von Machtverhältnissen als Einwirkung auf ein Möglichkeitsfeld kann je nach der Wirksamkeit der Instrumente und der Gewißheit der Ergebnisse (mehr oder weniger große technologische Verfeinerungen in der Machtausübung) oder den eventuellen Kosten (seien es ökonomische »Kosten« der angewandten Mittel oder »Reaktionskosten«, die sich aus den auftretenden Widerständen ergeben), mehr oder weniger ausgefeilt sein.
Machtausübung ist keine rohe Tatsache, keine institutionelle Gegebenheit, auch nicht eine Struktur, die besteht oder zerbricht: sie schreibt sich fort, verwandelt sich, organisiert sich, stattet sich mit mehr oder weniger abgestimmten Prozeduren aus.

Man sieht nun, weshalb sich die Analyse von Machtverhältnissen in einer Gesellschaft nicht auf die Untersuchung einer Reihe von Institutionen beschränken kann, auch nicht auf die Untersuchung all derer, die als »politische« gelten können.

Machtverhältnisse wurzeln in der Gesamtheit des gesellschaftlichen Netzes. Das heißt jedoch nicht, daß es ein erstes und grundlegendes MACHTprinzip gibt, dessen Herrschaft bis ins winzigste Element der Gesellschaft reicht, sondern daß ausgehend von dieser Möglichkeit der Einwirkung auf das Handeln anderer, die mit jeglichem gesellschaftlichen Verhältnis einhergeht, vielfältige Formen individueller Ungleichheit, von Zielen, gegebenen Instrumentierungen uns und anderen gegenüber mehr oder weniger sektorieller oder umfassender Institutionalisierung, mehr oder weniger durchdachter Organisationen, verschiedene Formen von Macht definieren. Die Formen und Orte des »Regierens« der Menschen untereinander in einer Gesellschaft sind vielfältig, sie überlagern sich, kreuzen sich, beschränken und annulieren sich bisweilen, verstärken sich in anderen Fällen.

Es steht fest, daß der Staat in den gegenwärtigen Gesellschaften nicht bloß eine der Formen und einer der Orte ist, sondern daß in gewisser Weise alle anderen Typen von Machtverhältnissen sich auf ihn beziehen. Aber dies rührt nicht daher, daß alles von ihm abstammt, sondern eher daher, daß sich eine stetige Etatisierung von Machtverhältnissen ergeben hat (auch wenn sie in den Bereichen der Pädagogik, der Justiz, der Ökonomie, der Familie nicht dieselbe Form angenommen hat). Wenn man sich diesmal an den engeren Sinn des Wortes »Regierung« hält, kann man sagen, daß die Machtverhältnisse fortschreitend »regierungsartig gemacht«, das heißt in der Form oder unter dem Schirm staatlicher Institutionen ausgearbeitet, rationalisiert und zentralisiert worden sind.

4. Machtverhältnisse und strategische Verhältnisse

Das Wort Strategie hat drei geläufige Bedeutungen. Zunächst wird damit die Wahl der Mittel zur Erreichung eines Zwecks bezeichnet; es handelt sich um die aufgewandte Rationalität zur Erreichung eines Ziels. Um die Weise zu bezeichnen, in der in einem gegebenen Spiel ein Partner handelt, je nachdem wie er denkt, daß die anderen handeln werden, und wie er vermutet, daß die anderen denken, wie er handeln werde; also die Weise, in der man versucht, *die anderen in den Griff zu bekommen.* Schließlich, um die Gesamtheit der Verfahren zu bezeichnen, die in einer Auseinandersetzung verwandt werden, um dem Gegner seine Kampfmittel zu entziehen und ihm zum Verzicht auf den Kampf zu nötigen; hier handelt es sich um Mittel zur Erringung des *Siegs.* Diese drei Bedeutungen verbinden sich in Situationen der Gegnerschaft – Krieg oder Spiel –, in denen es der Zweck ist, auf einen Gegner dergestalt einzuwirken, daß der Kampf für ihn unmöglich wird. Die Strategie definiert sich dann durch die Wahl der »siegreichen« Lösungen. Aber man muß berücksichtigen, daß es sich hier um eine ganz besondere Art von Situation handelt, und daß es andere gibt, bei denen man die Unterscheidung zwischen den verschiedenen Bedeutungen des Wortes Strategie aufrechterhalten muß.

Bezieht man sich auf die zuerst angegebene Bedeutung, kann man »Machtstrategie« die Gesamtheit der Mittel nennen, die aufgeboten werden, um ein Machtdispositiv funktionieren zu lassen oder aufrechtzuerhalten. Man kann auch in dem Maße von den Machtverhältnissen eigenen Strategien sprechen, in dem sie Weisen der Einwirkung auf ein mögliches, eventuelles, unterstelltes Handeln anderer darstellen. Man kann also in Begriffen der »Strategie« die Mechanismen entschlüsseln, die in Machtverhältnissen zum Zuge kommen. Aber der wichtigste Punkt ist selbstverständlich die Beziehung zwischen Machtverhältnissen und Strategien der Auseinandersetzung. Denn wenn es stimmt, daß es im Kern der Machtverhältnisse und als deren ständige Existenzbedingung das Aufbegehren und die widerspenstigen Freiheiten gibt, dann gibt es kein Machtverhältnis ohne Widerstand, ohne Ausweg oder Flucht, ohne eventuelle Umkehrung. Jegliche Machtbeziehung impliziert deshalb – zumindest virtuell – eine Kampfstrategie, ohne daß sich deswegen beide überlagern, ihre Spezifität verlieren und sich letztlich verwischen. Sie bilden füreinander eine Art ständiger Grenze, einen möglichen Umkehrpunkt. Eine Beziehung der Gegnerschaft erreicht ihr Ende, ihren Schlußmoment (und den Sieg eines der beiden Widersacher), wenn anstelle des Spiels antagonistischer Reaktionen stabile Mechanismen treten, vermittels derer der eine in ziemlich konstanter Weise und mit ausreichender Gewißheit das Verhalten der anderen lenken kann; für eine Beziehung der Gegnerschaft, sofern sie nicht Kampf bis auf den Tod ist, stellt die Fixierung eines Machtverhältnisses einen Zielpunkt, seine Vollendung und Aufhebung zugleich, dar. Umgekehrt stellt für ein Machtverhältnis die Kampfstrategie auch eine Grenze dar: jene, an der die geplante Verhaltenslenkung bei den anderen nicht mehr über die Replik auf deren eigenes Handeln hinauszugehen vermag. Da es keine Machtverhältnisse ohne Punkte des Aufbegehrens, die ihr per Definition entwischen, geben kann, können jede zwecks ihrer Unterwerfung vorgenommene Intensivierung, jede Ausweitung der Machtverhältnisse nur an die Grenzen der Machtausübung führen; diese findet also ihr Widerlager entweder in einem Typ von Handlung, der den anderen völlig zur Ohnmacht bringt (ein »Sieg« über den Gegner tritt anstelle der Machtausübung), oder in einer Auflehnung der Regierten und ihrer Verwandlung in Gegner. Letztlich träumt jede Strategie der Auseinandersetzung davon, Machtverhältnis zu werden; und jedes Machtverhältnis neigt dazu, sowohl wenn es seiner eigenen Entwicklungslinie folgt, als auch wenn es auf frontale Widerstände stößt, siegreiche Strategie zu werden.

In der Tat gibt es zwischen Machtverhältnis und Kampfstrategie eine reziproke Verlockung, unbegrenzte Verkettung und fortwährende Umkehrung. Jeden Augenblick kann das Machtverhältnis eine Auseinandersetzung zwischen Widersachern werden, und an einigen Punkten wird es das auch. Jeden

Augenblick auch schaffen Gegnerschaftsverhältnisse in einer Gesellschaft die Möglichkeit für das Zustandekommen von Machtmechanismen. Diese Instabilität bewirkt, daß dieselben Ereignisse und dieselben Verwandlungen sich sowohl innerhalb einer Geschichte der Kämpfe als auch in derjenigen der Machtverhältnisse und -dispositive entschlüsseln lassen. Daraus werden sich weder dieselben signifikanten Elemente noch dieselben Verknüpfungen ergeben, noch werden dieselben Typen von Intelligibilität erscheinen, selbst wenn sie sich auf dasselbe geschichtliche Gewebe beziehen und jede der beiden Analysen auf die andere verweisen muß. Aber gerade die Interferenz der beiden Lesarten wird jene grundlegenden Phänomene der »Herrschaft« hervortreten lassen, welche die Geschichte eines großen Teils der menschlichen Gesellschaften aufweist. Die Herrschaft ist eine umfassende Machtstruktur, deren Verzweigungen und Konsequenzen bis in das feinste Gestränge der Gesellschaft reichen können, aber zugleich ist sie eine strategische Situation, die in einer historisch langwährenden Auseinandersetzung zustandegekommen und auf Dauer gestellt worden ist. Ein Tatbestand der Herrschaft kann sehr wohl nur die Umschrift eines der Machtmechanismen einer Gegnerschaftsbeziehung und seiner Konsequenzen sein (eine politische Struktur, die von einer Invasion herrührt); ein Kampfverhältnis zwischen zwei Gegnern kann auch auf der Entwicklung der Machtverhältnisse mit den dazugehörigen Konflikten und Spaltungen beruhen. Was aber die Herrschaft einer Gruppe, einer Kaste oder einer Klasse und die Widerstände oder Revolten, auf die sie stößt, zu einem zentralen Phänomen in der Geschichte der Gesellschaften macht, ist, daß sie – umfassend, massiv und in gesamtgesellschaftlichem Maßstab – das Einhaken von Machtverhältnissen in die strategischen Beziehungen und ihren wechselseitigen Antrieb manifestieren.

Die politische Technologie der Individuen

Den allgemeinen Rahmen für das, was ich die »Technologien des Selbst« nenne, bildet eine Frage, die wohl gegen Ende des 18. Jahrhunderts aufkam. Sie sollte einer der Pole der modernen Philosophie werden. Sie unterscheidet sich deutlich von dem, was wir als die traditionellen philosophischen Fragen bezeichnen: Was ist die Welt? Was ist der Mensch? Was ist Wahrheit? Was ist Erkenntnis? Wie können wir etwas wissen? Die Frage, die, wie ich vermute, Ende des 18. Jahrhunderts hervortrat, lautet: Was sind wir gegenwärtig? Formuliert wird sie in einer Schrift von Kant. Ich behaupte nicht, daß man die alten Fragen nach Wahrheit, Erkenntnis usw. als erledigt abtun könnte, im Gegenteil, sie markieren ein starkes, konsistentes Forschungsfeld, das ich als formale Ontologie der Wahrheit umschreiben möchte. Aber ich denke, es hat sich ein neuer Pol für das Philosophieren herausgebildet, und dieser Pol ist durch die immergleiche und in stetem Wandel begriffene Frage »Was sind wir heute?« gekennzeichnet. Hier haben wir, so meine ich, das Feld der historischen Reflexion über uns selbst. Kant, Fichte, Hegel, Nietzsche, Max Weber, Husserl, Heidegger, die Frankfurter Schule haben versucht, diese Frage zu beantworten. Im Rückgriff auf diese Tradition möchte ich einige partielle und provisorische Antworten auf die genannte Frage versuchen, und zwar auf ideengeschichtlicher Grundlage, genauer: durch historische Analyse der Beziehungen zwischen unserem Denken und unseren Praktiken in der westlichen Gesellschaft. Mit meinen Studien über Wahnsinn und Psychiatrie, Verbrechen und Strafe habe ich herauszufinden gesucht, wie wir unser Selbst auf indirekte Weise durch den Ausschluß Anderer – z. B. Krimineller, Irrer usw. – konstituiert haben. Meine gegenwärtige Arbeit befaßt sich mit der Frage: Wie haben wir auf direkte Weise unsere Identität geschaffen mit ethischen Selbsttechniken, die sich von der Antike bis in unsere Zeit entwickelt haben?

Da gibt es freilich noch ein anderes Forschungsfeld, das ich jetzt betreten habe. Ich bemühe mich zu ergründen, wie wir mittels einer politischen Technologie der Individuen dahin gelangt sind, uns selbst als Gesellschaft wahrzunehmen, als Teil eines sozialen Gebildes, einer Nation oder eines Staates. Ich möchte im folgenden eine knappe Skizze nicht der Selbsttechniken, sondern der politischen Technologie der Individuen vorstellen. [...]

Im Jahre 1779 erschien der erste Band eines Werkes, das den Titel *System einer vollständigen Medicinischen Polizey* trägt und von dem deutschen Autor J. P. Frank stammt. Es folgten fünf weitere Bände, und als 1790 der letzte Band vorlag, war die Französische Revolution bereits im Gange. Weshalb bringe ich das berühmte Ereignis der Französischen Revolution mit der Publikation eines obskuren Werkes zusammen? Die Begründung dafür ist einfach: Franks Werk enthält das erste große Programm eines öffentlichen Gesundheitswesens für den modernen Staat. Es erläutert an und mit einer Vielzahl von Details, was eine Regierung tun muß, um für die Bevölkerung ausreichende Ernährung, ordentliche Wohnverhältnisse, verläßliche ärztliche Versorgung und solide medizinische Einrichtungen zu gewährleisten, kurz, was eine Regierung bewerkstelligen muß, um das Leben des Einzelnen zu fördern. Das Buch von Frank hilft uns erkennen, daß die Sorge für das Leben des Einzelnen um diese Zeit zu einer Aufgabe des Staates wurde.

In derselben Epoche gab die Französische Revolution das Signal zu den großen nationalen Kriegen, die mit Nationalarmeen geführt wurden und ihren Höhepunkt in fürchterlichen Massenschlächtereien fanden. Ein verwandtes Phänomen läßt sich im Zweiten Weltkrieg beobachten. In der gesamten uns bekannten Geschichte scheint es kein ähnliches Gemetzel gege-

ben zu haben wie im Zweiten Weltkrieg, und genau in dieser Phase wurden die gewichtigen Wohlfahrts- und öffentlichen Gesundheitsprogramme auf den Weg gebracht. Der Beveridge-Plan wurde zwar nicht in dieser Zeit erdacht, wohl aber veröffentlicht. Man könnte diesen prekären Zusammenhang mit der Parole krönen: »Laß' dich abschlachten, und wir versprechen dir ein langes, angenehmes Leben.« Die Lebensversicherung ist an ein Todeskommando gekoppelt.
Die Koexistenz großer destruktiver Mechanismen und auf die Sorge um das individuelle Leben eingeschworener Institutionen in politischen Strukturen ist verwirrend und bedarf der Analyse. Sie gehört zu den zentralen Antinomien unserer politischen Vernunft. Diese Antinomien verdienen Aufmerksamkeit. Ich meine nicht, die Massenschlächtereien seien die Wirkung, das Ergebnis, die logische Folge unserer Rationalität, noch meine ich, der Staat habe die Pflicht, sich um den Einzelnen zu kümmern, weil er das Recht habe, Millionen Menschen zu töten. Auch will ich keineswegs leugnen, daß Massenschlächtereien ebenso wie die Gesundheitsfürsorge ihre ökonomischen Ursachen oder ihre emotionalen Motive haben.

Verzeihen Sie mir, wenn ich auf einen Punkt zurückkomme: Wir sind denkende Wesen. Das heißt, selbst wenn wir töten oder getötet werden, selbst wenn wir Kriege führen oder um Arbeitslosenhilfe nachsuchen, selbst wenn wir für oder gegen eine Regierung stimmen, die die Sozialausgaben kürzt und den Verteidigungsetat erhöht, selbst in diesen Fällen sind wir denkende Wesen, und wir tun dies alles nicht nur aufgrund universeller Verhaltensregeln, sondern auch infolge einer spezifischen historischen Rationalität. Genau diese Rationalität und das Spiel auf Leben und Tod, das in ihr stattfindet, möchte ich in historischer Perspektive erfassen. Dieser Rationalitätstypus, der zu den Hauptmerkmalen der modernen politischen Vernunft zählt, bildete sich im 17. und 18. Jahrhundert heraus, und zwar mittels der allgemeinen Idee einer »Staatsraison« sowie eines eigentümlichen Komplexes von Regierungstechniken, die man damals mit dem Begriff »Polizey« umschrieb, der freilich eine sehr spezielle Bedeutung besaß. [...]

Welche politischen Techniken, welche Technologie des Regierens, hat man im allgemeinen Rahmen der Staatsraison entwickelt und eingesetzt, um das Individuum zu einem für den Staat wichtigen Element zu machen? Wenn die Rolle des Staates innerhalb unserer Gesellschaft analysiert wird, dann konzentriert sich die Aufmerksamkeit meist entweder auf Institutionen – Armeen, zivile Körperschaften, Bürokratien usw. – und auf die Menschen, die sie steuern, oder auf die Theorien oder Ideologien, deren Zweck es ist, die Existenz des Staates zu begründen oder zu legitimieren. Ich dagegen fahnde nach den Techniken oder Praktiken, die der neuen politischen Rationalität und dem neuartigen Verhältnis zwischen der sozialen Entität und dem Individuum konkrete Gestalt verleihen. Und überraschenderweise erkannte man jedenfalls in Ländern wie Deutschland und Frankreich, wo das Problem des Staates aus verschiedenen Gründen als besonders gewichtig erschien, die Notwendigkeit, die neue Machttechnologie, die neuen Techniken, welche den Einzelnen in die soziale Entität zu integrieren halfen, genau zu definieren, zu beschreiben und zu organisieren. Man erkannte die Notwendigkeit dieser Tätigkeit und gab ihr einen Namen. Im Französischen heißt dieser Name *police* und im Deutschen *Polizei*. (Ich glaube, das englische Wort *police* hat eine ganz andere Bedeutung.) Wir müssen zu klären versuchen, was die französischen und deutschen Worte *police* und *Polizei* damals bedeuteten. Ihre Bedeutung ist ziemlich verwirrend, denn zumindest seit dem 19. Jahrhundert verwendet man sie zur Bezeichnung einer ganz bestimmten Institution, die zumindest in Frankreich und Deutschland – ich weiß nicht, wie es in den Vereinigten Staaten war oder ist – nicht immer in einem sonderlich guten Ruf gestanden hat. Doch vom Ende des 16. bis zum Ende des 18. Jahrhunderts besaßen die Worte *police* und *Polizei* eine sehr weite und zugleich sehr präzise Bedeutung. Wenn Menschen damals von *Polizei* sprachen, dann meinten sie die spezifischen Techniken, durch die eine Regierung im Rahmen des Staates in die Lage versetzt wurde, Menschen zu regieren.

Um diese neue Regierungstechnologie besser zu verstehen, erscheint es nützlich, sie in den drei Formen zu betrachten, die jede Technologie im Zuge ihrer Entwicklung und Geschichte anzunehmen vermag: als Traum oder als Utopie, sodann als Praxis oder Regelwerk für bestimmte reale Institutionen, schließlich als akademische Disziplin.

Louis Turquet de Mayenne bietet zu Beginn des 17. Jahrhunderts ein gutes Beispiel für die zeitgenössische Auffassung der utopischen oder universellen Technik des Regierens. In seinem Buch *La Monarchie aristo-démocratique* (1611) schlägt er eine Spezialisierung der Exekutivgewalt und der Polizeigewalt vor. Aufgabe der Polizei sollte es sein, den bürgerlichen Respekt und die öffentliche Moral zu fördern. Turquet empfiehlt, in jeder Provinz vier Polizeibehörden einzurichten, um die Wahrung von Gesetz und Ordnung zu gewährleisten, wobei zwei von ihnen die Menschen und zwei die Sachen im Blick behalten sollten. Die erste Behörde sollte insbesondere auf die Erziehung achten und genau ermitteln, über welche Fähigkeiten und Vorlieben jeder Einzelne verfügte. Sie sollte die Fähigkeiten der Kinder von frühester Kindheit an beobachten. Jeder, der älter als fünfundzwanzig Jahre war, sollte mit seinen Fähigkeiten und seiner Tätigkeit in ein Register eingetragen werden; der Rest bildete den Bodensatz der Gesellschaft.
Die zweite Behörde hatte sich um Arme, Witwen, Waisen und Alte, die der Hilfe bedurften, zu kümmern. Sie sollte diejenigen überwachen, die nur widerwillig einer Beschäftigung nachgingen und zur Arbeit gezwungen werden mußten, und die, deren Tätigkeit einer finanziellen Unterstützung bedurfte; auch hatte sie eine Art Bank zu betreiben, die in Not geratene Menschen mit Geldmitteln versorgte oder ihnen Kredite gewährte. Außerdem sollte sie Krankheiten und Epidemien sowie Unglücksfälle wie Brände und Überschwemmungen im Blick behalten und eine Art Versicherung aufbauen, die den Menschen in Notlagen beisprang.
Die dritte Behörde hatte sich auf Waren und Manufakturgüter zu spezialisieren. Sie bestimmte, was auf welche Weise produziert werden sollte. Außerdem kontrollierte sie die Märkte und

den Handel, was im übrigen eine traditionelle Aufgabe der Polizei war.
Die vierte Behörde hatte sich der *demesne* zu widmen, d.h. Grund und Boden, Privateigentum, Erbschaftsangelegenheiten, Schenkungen, Verkäufen, aber auch Pachtrechten, Straßen, Flüssen, öffentlichen Gebäuden usw.

Viele Aspekte dieser Argumentation sind mit den politischen Utopien verwandt, die damals und schon im 16. Jahrhundert geläufig waren. Der Text von Turquet ist jedoch zugleich Teil der großen theoretischen Diskussionen über die Staatsraison und den Verwaltungsaufbau in den Monarchien; er ist repräsentativ für das Bild, welches das Zeitalter sich von einem gut regierten Staat machte. Was zeigt uns dieser Text? Zunächst einmal zeigt er, daß »die Polizei« als eine Verwaltungsbehörde fungiert, die gemeinsam mit den Gerichten, der Armee und dem Fiskus an vorderster Stelle im Staate steht. In Wirklichkeit freilich umfaßt sie auch die anderen Institutionen, oder wie Turquet sagt: »Sie verzweigt sich in alle Lebensbereiche des Menschen, in alles, was sie tun oder unternehmen. Zu ihrem Tätigkeitsbereich gehören das Rechtswesen, die Finanzen und die Armee.«

Wir sehen also, daß die Polizei in diesem utopischen System allgegenwärtig ist, allerdings in einer speziellen Perspektive: Menschen und Dinge werden entschieden in ihren wechselseitigen Beziehungen wahrgenommen. Die Polizei befaßt sich mit dem Zusammenleben der Menschen auf ihrem Territorium, mit ihrem Verhältnis zum Eigentum, mit dem, was sie produzieren, was auf den Märkten ausgetauscht wird; sie kümmert sich auch darum, wie sie leben, um die Krankheiten und Unglücksfälle, von denen sie heimgesucht werden können. Mit einem Wort, der Blick der Polizei gilt dem lebendigen, aktiven, produktiven Menschen. Turquet benutzt eine bemerkenswerte Wendung, er sagt: »Das wahre Objekt der Polizei ist der Mensch.«

Ich habe ein wenig Angst, Sie könnten meinen, ich hätte mir diesen Satz ausgedacht, um einen dieser boshaften Aphorismen zu prägen, für die ich anscheinend bekannt bin; aber es handelt sich um ein Zitat. Glauben Sie nicht, ich wollte sagen, der Mensch sei ein Nebenprodukt der Polizei. Wichtig an dem Gedanken, das wahre Objekt der Polizei sei der Mensch, ist ein historischer Wandel in der Beziehung zwischen der Macht und den Individuen. In einer ersten Annäherung ließe der Wandel sich so beschreiben: Die Feudalgewalt gründete in Beziehungen zwischen Rechtssubjekten, insofern sie durch Geburt, Stand oder persönliches Zutun in rechtliche Verhältnisse zueinander traten. Mit dem neuen Polizei-Staat hat die Regierung es nun mit Individuen zu tun, und zwar nicht nur, soweit deren rechtlicher Status betroffen ist, sondern mit Individuen als lebendigen, arbeitenden, wirtschaftenden Wesen.

Wir wollen jetzt den Traum verlassen und uns der Realität und den administrativen Praktiken zuwenden. Wir besitzen ein Kompendium, das Anfang des 18. Jahrhunderts in Frankreich verfaßt wurde und in systematischer Ordnung die wichtigsten Polizeivorschriften des französischen Königreichs versammelt. Es handelt sich um ein Handbuch oder eine Enzyklopädie zum Gebrauch durch die Staatsbeamten. Der Autor des Handbuchs war N. Delamare, und er gliedert seine Enzyklopädie (*Traité de la police*, 1705) in elf Kapitel. Das erste Kapitel befaßt sich mit der Religion, das zweite mit der Moral, das dritte mit der Gesundheit, das vierte mit der Versorgung, das fünfte mit Wegen, Straßen und städtischen Bauten, das sechste mit der öffentlichen Sicherheit, das siebte mit den freien Künsten (grob gesagt mit Kunst und Wissenschaft), das achte mit dem Handel, das neunte mit den Fabriken, das zehnte mit Dienstleuten und Fabrikarbeitern, das elfte mit den Armen. Damit war für Delamare und seine Nachfolger die Verwaltungspraxis in Frankreich charakterisiert. Sie war die Domäne der Polizei und reichte von der Religion über Moral, Gesundheit, freie Künste usw. bis zur Armenfürsorge. Auf die gleiche Klassifikation stößt man in den meisten Kompendien oder

Abhandlungen über die Polizei. Sieht man einmal von der Armee und dem Rechtswesen im engeren Sinne sowie von den direkten Steuern ab, so kümmerte sich die Polizei ganz wie in Turquets Utopie offenbar um alles.

Worin bestand nun in dieser Sicht die reale Verwaltungspraxis in Frankreich? Welche Logik stand hinter dem Eingriff in religiöse Riten oder kleinbetriebliche Produktionstechniken, in das geistige Leben oder das Straßennetz? Delamare scheint sich nicht ganz sicher bei der Beantwortung dieser Frage zu sein. Manchmal sagt er: »Die Polizei muß nach allem sehen, was das Glück der Menschen angeht.« An anderer Stelle heißt es: »Die Polizei soll auf alles achten, was der Regulation der Gesellschaft dient«, und mit »Gesellschaft« meint er soziale Beziehungen, »die zwischen den Menschen bestehen«. Dann wieder fordert er, die Polizei solle sich um »das Leben« kümmern. An dieser Definition möchte ich festhalten, denn sie ist die ursprüngliche. Im übrigen erhellt sie die beiden anderen Definitionen. Zu den elf Gegenständen der Polizei gibt Delamare folgende Erläuterungen: Mit der Religion befaßt die Polizei sich nicht im Hinblick auf die rechte Lehre, sondern aus der Sicht der moralischen Qualität des Lebens. Wenn die Polizei sich um Gesundheit und Versorgung kümmert, hat sie es mit der Erhaltung des Lebens zu tun. Was Handel, Fabriken, Arbeiter, die Armen und die öffentliche Ordnung angeht, so kümmert die Polizei sich hier um die angemessenen Lebensgrundlagen, und bei Theater, Literatur und Unterhaltung geht es um das Vergnügen. Kurz gesagt, Objekt der Polizei ist das Leben. Das Notwendige, das Nützliche und das Überflüssige – das sind die drei Arten von Dingen, die wir in unserem Leben brauchen oder nutzen können. Daß die Menschen überleben, daß sie leben und daß sie noch etwas mehr tun, als nur zu überleben – dafür hat die Polizei zu sorgen.

Diese Systematisierung der französischen Verwaltungspraxis scheint mir aus mehreren Gründen bedeutsam zu sein. Zunächst einmal versucht sie, wie man sieht, Bedürfnisse zu klassifizieren; das ist natürlich eine alte philosophische Übung, doch hier ist das technische Vorhaben daran geknüpft, den Zusammenhang zwischen der Nützlichkeit für den Einzelnen und der Nützlichkeit für den Staat zu bestimmen. Delamares These lautet, was überflüssig für das Individuum ist, könne für den Staat unerläßlich sein, und umgekehrt. Der zweite wichtige Punkt ist, daß Delamare das menschliche Glück zum Thema der Politik macht. Ich weiß sehr wohl, daß seit den Anfängen der politischen Philosophie im Westen alle Welt gewußt und gesagt hat, das Glück der Menschen sei das oberste Ziel der Regierung, doch damals sah man im Glück das Ergebnis oder die Wirkung einer wirklich guten Regierung. Nun aber ist Glück nicht einfach eine Wirkung. Das Glück des Einzelnen ist die Voraussetzung für den Fortbestand und die Entwicklung des Staates. Es ist eine Vorbedingung, ein Instrument, nicht bloß eine Folge. Das Glück der Menschen wird zu einem Baustein des starken Staates. Auch sagt Delamare, der Staat habe es nicht nur mit Menschen oder einer Vielzahl von Menschen zu tun, die zusammenleben, sondern mit der Gesellschaft. Die Gesellschaft und die Menschen als soziale Wesen, die Individuen mit all ihren sozialen Beziehungen sind jetzt das wahre Objekt der Polizei.

Und schließlich wurde *Polizei* zu einer Disziplin. Sie war nicht nur reale Verwaltungspraxis; sie war nicht nur ein Traum; sie war eine Disziplin in der akademischen Bedeutung des Wortes. Unter dem Namen »Polizeywissenschaft« wurde sie an verschiedenen Universitäten in Deutschland gelehrt, vor allem in Göttingen. Die Universität Göttingen besaß allergrößte Bedeutung für die politische Geschichte Europas, denn dort wurden hohe Beamte aus Preußen, Österreich und Rußland ausgebildet, eben jene Beamten, die die Reformen Josephs II. oder Katharina der Großen durchführen sollten. Auch eine Reihe von Franzosen, insbesondere in der Umgebung Napoleons, kannten die Lehren der »Polizeywissenschaft«.

Das wichtigste Zeugnis der Polizeilehre, das wir besitzen, ist eine Art Handbuch für Studenten, das Johann Heinrich Gottlob von Justi geschrieben hat; es trägt den Titel *Grundsätze der*

Polizeywissenschaft. In diesem Handbuch wird die Aufgabe der Polizei ganz wie bei Delamare als Sorge um die in Gesellschaft lebenden Individuen definiert. Dennoch baut Justi sein Werk ganz anders auf als Delamare. Er untersucht zunächst die »Cultur der Länder«, das heißt deren Territorium. Und er betrachtet es unter zwei verschiedenen Gesichtspunkten: nach der Art der Besiedlung (Stadt im Verhältnis zum Land) und nach der Art der Bevölkerung (Größe, Wachstum, Gesundheit, Sterblichkeit, Einwanderung usw.). Danach analysiert er »die Maßregeln, einen blühenden Nahrungsstand zu befördern«, das heißt die Produktion und Zirkulation der Waren, die Fragen nach Kosten, Kredit und Währung aufwerfen. Den letzten Teil der Studie widmet er dem Verhalten der Individuen, ihrer Moral, ihrer Berufstätigkeit, ihrer Ehrsamkeit und dem Problem, wie sie in die Lage versetzt werden, die Gesetze zu beachten.

Nach meiner Ansicht demonstriert Justis Werk in weitaus fortgeschrittenerer Weise als Delamares Einleitung zu seinem Kompendium, wie die Polizei sich entwickelte, und zwar aus mehreren Gründen. Der erste Grund liegt darin, daß Justi eine wichtige Unterscheidung trifft zwischen dem, was er die »Polizey«, und dem, was er »Staatskunst« (Politik) nennt. Staatskunst bezeichnet für ihn die negative Aufgabe des Staates. Sie umfaßt den Kampf des Staates gegen innere und äußere Feinde, die Anwendung der Gesetze gegen innere, den Einsatz der Armee gegen äußere Gegner. Die Polizei dagegen hat eine positive Aufgabe. Ihre Instrumente sind weder Waffen und Gesetze noch Abwehr und Verbot. Ziel der Polizei ist die erweiterte Hervorbringung von etwas Neuem, das dem Leben des Einzelnen und der Stärke des Staates förderlich sein soll. Polizei regiert nicht durch Gesetz, sondern durch permanenten ordnenden Eingriff in das Verhalten der Individuen. Obwohl die semantische Unterscheidung zwischen einer mit negativen Aufgaben betrauten Politik und einer auf positive Ziele ausgerichteten Polizei schon bald aus dem politischen Diskurs und aus dem politischen Vokabular verschwand, ist das Problem eines permanenten Eingriffs des Staates in die sozialen Prozesse – auch jenseits der Gesetzesform – charakteristisch für die moderne Politik und politische Reflexion. Die seit dem Ende des 18. Jahrhunderts geführte Debatte über Liberalismus, Polizeistaat, Rechtsstaat usw. hat ihren Ursprung in dieser Frage nach den positiven und negativen Aufgaben des Staates, in der Möglichkeit, daß der Staat vielleicht nur negative und keine positiven Aufgaben hat und daß er eventuell gar nicht die Macht besitzt, das Verhalten der Menschen zu beeinflussen.

Es gibt noch einen weiteren zentralen Punkt in der Konzeption Justis, die am Ende des 18. und zu Beginn des 19. Jahrhunderts beträchtlichen Einfluß auf das gesamte politische und administrative Personal der europäischen Länder ausgeübt hat. Zu den wichtigsten Vorstellungen, die in seinem Buch verhandelt werden, gehört das Konzept der Bevölkerung, und ich vermute, daß man es in keinem anderen Werk über die Polizei findet. Ich weiß sehr wohl, daß Justi den Begriff oder das Wort nicht erfunden hat; es ist jedoch aufschlußreich, daß er unter dieser Bezeichnung all das berücksichtigt, was die Demographen seiner Zeit gerade entdeckten. In seinen Augen bilden die physischen und ökonomischen Elemente des Staates eine Umwelt, von der die Bevölkerung abhängt und die ihrerseits von der Bevölkerung abhängt. Natürlich sprachen Turquet und andere Utopisten von Flüssen, Wäldern, Feldern usw., aber im wesentlichen erblickten sie darin Ressourcen, um Steuern oder Einkommen zu schaffen. Für Justi dagegen stehen Bevölkerung und Umwelt in einer ständigen lebendigen Wechselwirkung, und der Staat hat diese Wechselwirkung zu lenken. Man kann also sagen, das wahre Objekt der Polizei wird am Ende des 18. Jahrhunderts die Bevölkerung. Sie übt Herrschaft über Lebewesen als Lebewesen aus, und ihre Politik ist deshalb Biopolitik. Da die Bevölkerung nicht mehr ist als das, worum der Staat sich um seiner selbst willen kümmert, hat der Staat natürlich das Recht, diese Bevölkerung, falls nötig, auch abzuschlachten. Das Gegenstück zur Biopolitik ist die Thanatopolitik.

Ich weiß sehr wohl, daß dies alles nur skizzenhafte Vorschläge und Leitlinien sind. Doch vom Ende des 16. bis zum Ende des

18. Jahrhunderts erschließt sich uns zumindest in Andeutungen die Entwicklung einer politischen Rationalität, die mit einer politischen Technologie verknüpft ist. Von der Idee, daß der Staat ein eigenes Wesen und eine eigentümliche Bestimmung besitzt, bis hin zu dem Begriff vom Menschen als einem lebendigen Individuum oder einem Teil einer Bevölkerung, die in Wechselwirkung mit der Umwelt steht, erkennen wir, daß der Zugriff des Staates auf das Dasein des Einzelnen immer nachdrücklicher wird, daß die Probleme des Lebens für die politische Gewalt an Bedeutung gewinnen und daß sich neue Arbeitsfelder für die Sozial- und Humanwissenschaften herausbilden, insofern sie sich mit den Themen individuellen Verhaltens innerhalb der Bevölkerung sowie mit den Beziehungen zwischen einer Bevölkerung und ihrer Umwelt befassen.

Ich will kurz zusammenfassen, was ich zu sagen versucht habe. Zunächst: Es ist durchaus möglich, politische Rationalität zu analysieren, so wie es ja auch möglich ist, wissenschaftliche Rationalität zu analysieren. Allerdings ist die politische Rationalität mit anderen Formen von Rationalität verknüpft. Ihre Entwicklung hängt zu einem Gutteil von ökonomischen, sozialen, kulturellen und technischen Prozessen ab. Sie verkörpert sich stets in Institutionen und Strategien und hat spezifischen Charakter. Da politische Rationalität die Wurzel einer Vielzahl von Postulaten, von Evidenzen aller Art, von Institutionen und Ideen ist, die wir für gesichert halten, ist es sowohl von theoretischer als auch von praktischer Bedeutung, die historische Kritik, die historische Analyse unserer politischen Rationalität voranzutreiben, die etwas anderes ist als die Diskussion über politische Theorien und auch etwas anderes als die Meinungsunterschiede angesichts verschiedener politischer Grundentscheidungen. Das Scheitern der wichtigsten politischen Theorien darf uns nicht zu unpolitischem Denken verleiten; vielmehr sollten wir uns bewußt machen, wie das politische Denken in unserem Jahrhundert beschaffen ist.
Anzumerken ist, daß das Scheitern der politischen Theorien in der alltäglichen politischen Rationalität weder der Politik noch

der Theorie anzukreiden ist, sondern mit dem Rationalitätstypus zusammenhängt, in dem sie gründen. Das in dieser Hinsicht wichtigste Kennzeichen der modernen Rationalität ist weder die Konstitution des Staates, dieses kältesten aller kalten Ungeheuer, noch der Aufstieg des bürgerlichen Individualismus, noch auch das unablässige Bemühen, den Einzelnen in die politische Totalität zu integrieren. Ich glaube, das wichtigste Kennzeichen unserer politischen Rationalität ist, daß die Integration des Individuums in eine Gemeinschaft oder in eine Totalität aus der stetigen Korrelation zwischen einer wachsenden Individualisierung und der Stärkung eben dieser Totalität resultiert. Nur so wird verständlich, weshalb die moderne politische Rationalität mit der Antinomie von Gesetz und Ordnung verträglich ist.

Das Gesetz bezieht sich *per definitionem* stets auf ein Rechtssystem, Ordnung dagegen auf ein Verwaltungssystem, auf die spezifische Ordnung eines Staates, und das entsprach ja durchaus den Vorstellungen der Utopisten zu Beginn des 17. Jahrhunderts und auch den Vorstellungen der sehr realistischen Verwaltungsleute des 18. Jahrhunderts. Ich denke, die Versöhnung zwischen Recht und Ordnung, von der diese Männer träumten, ist dazu verdammt, ein Traum zu bleiben. Es ist nicht möglich, Recht und Ordnung miteinander zu versöhnen, denn wann und wo immer dies versucht wurde, kam es zur Integration des Rechts in die staatliche Ordnung.

Noch eine letzte Bemerkung: Die Entstehung der Sozialwissenschaften läßt sich nicht von der Entstehung der neuen politischen Rationalität und von der neuen politischen Technologie trennen. Wir alle wissen, daß die Ethnologie aus dem Kolonialisierungsprozeß hervorgegangen ist (was nicht heißt, daß sie eine kolonialistische Wissenschaft ist). Und daß wir als lebende, sprechende, arbeitende Wesen zum Objekt verschiedener Wissenschaften werden, hat seinen Grund nicht in einer Ideologie, sondern in der Existenz dieser politischen Technologie, die wir in unseren eigenen Gesellschaften entwickelt haben.

Aktenzeichen »Foucault«

von Jan Engelmann

Die Skepsis des Archivars

Foucault pflegte zeit seines Lebens einen äußerst ambivalenten Umgang mit »den« Medien. Zwar war er gelegentlich selbst als Journalist in Erscheinung getreten, hatte für den *Corriere della sera* den Iran bereist und die Gründung von *Libération* aktiv unterstützt. Aber ungeachtet seiner Stellung als öffentlicher Intellektueller und der damit verbundenen Häufung von Interviewwünschen seitens der Zeitungen, Fernseh- und Radiostationen, zog er die Ruhe der Pariser Nationalbibliothek oder des Lesesaals von Saulchoir entschieden dem Lärm einer mediatisierten Öffentlichkeit vor. Nicht, daß er sich verweigert hätte. Sein Wirkungskreis war nicht gerade klein und die Zahl der Abnehmer beträchtlich. Allein, die allzu rasche Zirkulation von Themen, die schlechterdings nur »Meinungseffekte« bewirken könne, bereitete ihm, dem ernsthaften Gelehrten, großes Unbehagen. Dazu kam eine gewisse Frustration über die Politik der großen Verlagshäuser: »Offenkundig existiert heute keinerlei Publikationstyp mehr, der eine wirklich kritische Funktion übernehmen könnte«. Zu Beginn der achtziger Jahre, als Foucault diese bittere Feststellung traf, dachte er deshalb laut über die Gründung eines eigenen Verlags nach. Zu der Realisierung dieses Projekts kam es, neben so vielem anderen, bekanntlich nicht mehr.

Die Art und Weise, wie Foucault sich an der ihn umgebenden Medienlandschaft abarbeitete, sie einerseits für seine Zwecke nutzte und andererseits zu unterlaufen suchte, gipfelte 1980 in jenem berühmt gewordenen Gespräch *Der maskierte Philosoph*, in dem Foucault als Anonymus aufritt, in der Hoffnung, vorschnellen Urteilen zu entgehen und, gleichsam unverstellt und unmittelbar, »Gehör zu finden«. Ein Maskenspiel, das trotz seiner vordergründigen Koketterie auch dazu dienen sollte, die eigene theoretische Position zu markieren: Foucault faßte Identität als »Unterschied der Masken« auf, keinesfalls als unhintergehbare Essenz und weit davon entfernt, »wiedererlangter Ursprung zu sein« (*Das historische Apriori und das Archiv*). Nicht zuletzt war er mit der Beweisführung angetreten, daß der Mensch eine historisch kontingente Erfindung seiner selbst darstelle und eines Tages ebenso verschwinden könne »wie am Meeresufer ein Gesicht im Sand«. Das Authentizitätsbegehren und die Zuschreibungen, die sich an die Person eines Autors heften, beantwortete Foucault maliziös mit Beckett: »Wen kümmert's, wer spricht?« (*Was ist ein Autor?*) Die Maske, Kennzeichen der Subversion der Normalität, schien ihm Sinnbild der eigenen Arbeit zu sein. Dabei war seine berühmte, fast schon zu Tode zitierte Rede vom Tod des Autors, womit die Verabschiedung des autonomen Schöpfergeistes gemeint war, nicht nur eine provokante Geste, sondern vielmehr zutreffende Prophetie: »Man kann sich eine Kultur vorstellen, in der Diskurse verbreitet oder rezipiert würden, ohne daß die Funktion Autor jemals erschiene.« Ein Ausblick von 1969 auf die telematische Gesellschaft der Neunziger, in der innerhalb der dezentralen Kommunikation Urheberrechte und Kommentarebenen zusehends verschwimmen.

Noch etwas anderes bezweckte Foucault mit diesem Interview für *Le Monde* (: die Nachwelt). Er nutzte es als Forum, um eine Kritik an der institutionellen Struktur der Medien einzulagern: »Woran leidet man? Am ›Zuwenig‹: ungenügende, quasimonopolisierte, kurze, enge Kanäle. Es geht nicht darum, eine protektionistische Haltung einzunehmen, um zu verhindern, daß die ›schlechte‹ Information durchkommt und die ›gute‹ erstickt. Man müßte eher die Hin- und Her-Wege und -Möglichkeiten vermehren.« Zwar sollte Foucault die Ausbreitung und weltweite Popularisierung des Internets nicht mehr erleben – zumal er nicht einmal dessen Geburtswehen bei seinem Aufenthalt in Berkeley 1983 registrierte –, doch was sich hier sprach, als anonyme Rede, war bereits die Forderung nach vernetzten Kommunikationskanälen und einem weitgehenderen Strukturwandel der Öffentlichkeit, als ihn das Bürgertum der Aufklärung bewirkt hatte. Diese Forderung schien um so konsequenter, als Foucault seinen Blick auf die Unterdrückung des freien Rauschens des Diskurses, die gesellschaftlichen Ausschlußpraktiken und damit einhergehende Strategien der Verknappung – auch und gerade ab der Aufklärungsepoche – gerichtet hatte. Diese Themen hatte er zum Angelpunkt seines Schaffens in den siebziger Jahren gemacht. Seine programmatische Kehre, d. h. seine Hinwendung zur Machtanalytik, um die Fluchtpunkte gesellschaftlicher Auseinandersetzung zu beschreiben, leitete er in *Die Ordnung des Diskurses* folgendermaßen ein: »Ich setze voraus, daß in jeder Gesellschaft die Produktion des Diskurses zugleich kontrolliert, selektiert, organisiert und kanalisiert wird – und zwar durch gewisse Prozeduren, deren Aufgabe es ist, die Kräfte und die Gefahren des Diskurses zu bändigen, sein unberechenbar Ereignishaftes zu bannen, seine schwere und bedrohliche Materialität zu umgehen.« Fast zwangsläufig muß uns Foucault heute als Kronzeuge jener Fortschrittseuphoriker gelten, die das elektronische Netz der Netze als ein Nebeneinander unkontrollierter Ströme, als machtfreien Raum begrüßten. Doch gerade dieses Vertrauen in den Vorsprung durch Technik ist er schuldig geblieben.

Graben ohne Gestell

Statt dessen müßte man eher sagen, Foucault pflegte zeit seines Lebens einen äußerst selektiven Umgang mit den Medien, wobei er die technische Entwicklung nachgerade ignorierte. Der »neue Archivar« (Gilles Deleuze), der da in die Stadt, nach Lille, Uppsala, Hamburg, Tunis, Berkeley, Warschau und Paris berufen wurde, war ein Archivar klassischen Zuschnitts. Ein selbsternannter Ethnograph der eigenen Gesellschaft, der allerdings nur selten seinen akademischen Elfenbeinturm verließ, um sich in die Niederungen der Massenkultur zu begeben. Als Wissensarchäologe interessierte sich Foucault zuvor-

derst für ältere Texte, für Bücher oder Bilder, die das Laufen noch nicht gelernt hatten – die alten Speichermedien der darstellenden Künste. Zwar war ihm das Kino als heterotoper Raum erschienen, als »Ort außerhalb aller Orte« (*Andere Räume*), der durch Phantasmen bevölkert wird, doch hatte dies für die eigenen Arbeiten kaum Konsequenzen. Zwar findet man da und dort Gedanken etwa zu Syberbergs Hitler-Film oder den Retro-Stil bei Louis Malle und Max Ophüls, eine strukturierte Gesamtschau auf die einflußreichsten Verführer seiner Zeit, die Bergmans, Godards und Fellinis, sucht man hingegen vergeblich. Freilich hätte Foucault nie eine Zuständigkeit für derlei Analysen beansprucht, er war schließlich kein ausgewiesener Filmtheoretiker. Daß er sich dem Film als wichtigem Leitmedium und Repräsentationsforum vieler kollektiver Imaginationen aber höchstens sporadisch widmete, lag wohl doch eher in seiner Methodik begründet.
Als Archivar hatte sich Foucault dem Graben in Tiefenschichten, dem Sammeln und Ordnen von verstaubtem Material verschrieben. Seine Archäologie des Wissens sollte die theoretischen Werkzeuge dafür bereitstellen, um die in vergangenen Epochen gegebenen Bedingungen für die Formation von Diskursen zu ermitteln. Als »glücklicher Positivist«, als der er sich bezeichnete, nahm er Aussagen in ihrer völlig individualisierten und nackten Materialität an – sie bildeten den Schatz, den es freizulegen galt. In dem Abschnitt aus der Archäologie über die Zufälligkeit von Aussagen, wie sie die Tastatur einer Schreibmaschine nahelegt (*Was ist eine Aussage?*), wird die ganze Schwierigkeit dieser Vorgabe deutlich: Können wir nur aus-sagen, was wir *wissen*? Was überhaupt *ist* eine Aussage? *Was* spricht, wenn wir sprechen? Foucaults Lehrmeister, Friedrich Nietzsche, hatte dazu notiert: »Unser Schreibzeug arbeitet mit an unseren Gedanken«. Mußte die archäologische Diskursanalyse deshalb nicht materialistisch verfahren?
In letzter Konsequenz führten seine wissenstheoretischen Vorgaben Foucault dazu, daß er sich nicht nur von der subjektphilosophischen Vorstellung des Autors, des Autorenfilmers etc. freimachen, sondern auch Dokumente aus ihren Bedeutungszusammenhängen, Interpretationen und Definitionsmächten

»herausschälen« mußte. So forderte er angesichts kultureller Artefakte, »bis auf den Grund der Mine« zu schürfen, »um nicht mehr alles, worüber man reflektieren wollte, fix und fertig aus den Händen der Historiker in Empfang nehmen [zu müssen]«. Der nachträglichen Monumentalisierung von Menschen und Kulturprodukten, wie sie vor allem die Massenmedien betreiben, entzog er deshalb seine Mitarbeit.

Ein zweites Moment, das sich aus seinen theoretischen Setzungen ergab, erschwerte Foucault den Blick auf den unmittelbaren Medienkontext. Die Beschreibung des eigenen Medienarchivs mußte in dem Maße mißlingen, in dem vorausgesetzt wurde, daß man immer schon innerhalb von dessen Regeln sprach. Der Wissensarchäologe schürfte nur das, »was uns außerhalb von uns begrenzt«. Erfaßbar werden konnte nur das bereits Gesagte, *le déjà dit*, das in seiner Gesamtheit das historische *Apriori* bildet. Die gesellschaftliche Wirklichkeit, die Produktion von »Wahrheit«, unterlag in dieser Perspektive vorgängigen Einflußgrößen, eingespielten Regelhaftigkeiten, die als abstrakte Strukturen jedoch nicht dem Bereich der Übertragungs- oder Speichermedien angehörten. Zwar hatte sich für Foucault ein technologisches Verständnis von Wahrheit etabliert, denn seit dem 19. Jahrhundert standen jene chemischen und elektrischen Instrumente zur Verfügung, die Wahrheitsproduktion experimentell durchführbar, wiederholbar und für jedermann konstatierbar machten (*Technologien der Wahrheit*). Aber dieser Hinweis auf die technischen Einflußgrößen, die an unseren Gedanken, unserer Erkenntnis mitarbeiten, führte ihn nicht etwa dazu, ein *technisches Apriori* in seine Wissensarchäologie einzuführen: Im Gegenteil, Foucault, der Datensammler, blendete diesen Punkt so hartnäckig aus, daß man fast von einem blinden Fleck zu sprechen geneigt ist.

Daten und Disziplinen

Ein Faktum, über das sich die deutsche Medientheorie, die zuallererst eine technische ist, heute noch verwundert die

Augen reibt, zumal sie sich gerne auf Foucault als Stichwortgeber beruft. Warum ist sein Archiv ein eher virtuelles Phänomen, das zwar reale Wirkungen auf Diskurse zeitigt, aber nicht in seiner ganzen Materialität beschrieben wird? Warum einerseits der Fokus auf die nicht-beliebige Form der Datenverknüpfung, andererseits aber die Nichtbeachtung von bestimmten Datenträgern? Sicher, Foucault konnte als ein früher Softwareexperte gelten, wies er doch mit seiner Definition des Archivs auf die Gesetze dessen hin, was gesagt, gedacht, imaginiert werden kann. Dagegen war die Ordnung der Dinge durch die Hardware, durch Bleilettern, Leinwände, Druckerwalzen, Zelluloid, Transistoren, Röhren, Frequenzen, Pixel, Silizium etc. seine Sache nicht. Das Aufschreibesystem, so wie Foucault es be-schreibt, ist in erster Linie ein Effekt von amorphen Machttechniken, welche sich aus ihrer basalen Form heraus zur Disziplin entwickeln. In *Überwachen und Strafen*, seiner großen Studie über die Geburt des Gefängnisses und die daran angeschlossenen Wissenschaften, notiert er: »Die Prüfung stellt die Individuen in ein Feld der Überwachung und steckt sie gleichzeitig in ein Netz des Schreibens und der Schrift; sie überhäuft sie und erfaßt sie und fixiert sie mit einer Unmasse von Dokumenten. Von Anfang an waren die Prüfungsverfahren an ein System der Registrierung und Speicherung von Unterlagen angeschlossen.« Das System der Aussagbarkeit im 18. Jahrhunderts, das Foucault sehr wohl beschreiben kann, stützt sich auf Dokumente, die um des Dokumentierens willen entstanden sind. Es sind Aufzeichnungstechniken des Machtapparats, die das Individuum als Datenmaterial »festschreiben« und disziplinieren – das mediale Dispositiv in seiner dunklen Frühform.

Unsere Ära des Digitalen hält freilich längst Aufzeichungsverfahren bereit, die wesentlich perfekter, als sich Foucault dies noch vorstellen konnte, ein mediales Körper-»Environment« erzeugen, das subtilste Formen der Kontrolle möglich macht. Der panoptische Blick, den Foucault in *Überwachen und Strafen* analysiert, wird inzwischen durch dezentralisierte Computersysteme ausgeübt, die durch ihre Fähigkeit zur Datenspeicherung und schnellen Informationsverarbeitung in idealer

Weise dazu geeignet sind, die *Maschen der Macht* enger zu knüpfen. Die Kunst der Lenkung, die Regulierung breiter Bevölkerungsschichten, die Foucault in ihrer historischen Entwicklung nachzeichnet (*Die politische Technologie der Individuen*), obliegt nun nicht mehr Menschen sondern Maschinen. Im öffentlichen Raum verteilte Videoleinwände, Monitore und Überwachungskameras führen heute zu einem Überwachungs-»Surrounding«, wobei längst zwischen einem passiven, d. h. beobachtbaren, und aktiven, d. h. beobachtenden, Modus hin- und hergeschaltet werden kann. Auf diese Technologieförmigkeit der Macht hatte Foucault oftmals hingewiesen; in einem Gespräch mit Gérard Raulet erklärte er: »Wenn ich die Rationalität von Herrschaft untersuche, versuche ich Schaltungen darzustellen.«

Der Gedächtniskörper

Einmal, beinahe unkenntlich gemacht, arbeitete Foucault dann auch mit einem Medienbegriff, welcher von der Kybernetik inspiriert war. Im Umfeld von *Die Geburt der Klinik* und *Die Ordnung der Dinge* entstanden, ist der hier erstmals in deutscher Übersetzung vorliegende kurze Text *Botschaft oder Rauschen?* eine kleine Sensation – im wahrsten Sinne des Wortes, da der Körper berührt wird. Bei Foucaults strukturaler Analyse der ärztlichen Tätigkeit stellt sich »Verstehen« nicht als hermeneutisches, sondern als kryptologisches Problem dar: als Entschlüsselung von Körpersignalen, die dem Krankheitsbefund vorausgeht. Der Arzt wird zum Gewährsmann der informationstechnischen Grunderkenntnis, daß Nachrichten zwar berechenbar, aber nicht determiniert sind. Die Chance der Krankheit, erhört zu werden, beruht indes allein auf der medizinischen Kombinatorik und Selektion, die »in der Tat viel mehr [macht], als sie selber zu glauben bereit ist«.

Der Körper als Datenspeicher – eine Denkfigur, die Foucault auch bei seiner Flaubert-Lektüre anwendet (*Die Phantasmen der Bibliothek*). Die Halluzination figuriert dort als Datenvirus, der den heiligen Antonius erfaßt, weil – so könnte man sagen –

durch das Lesen sein »Arbeitsspeicher«, die Random Access Memory, schlicht überlastet wurde. Foucault deutet an, wie erst die Gesamtheit der Lektüren Flauberts, dessen Literaturgedächtnis – als Read Only Memory –, diesen vielschichtigen Text triggern und prozessieren konnte. Hier erkennt man die Umrisse einer übertragungswissenschaftlich fundierten Medientheorie, wobei, wie Wolfgang Ernst bemerkt, Foucaults Festhalten an diskurstheoretischen bzw. literaturwissenschaftlichen Begriffen »gerade den technischen Anteil daran dissimuliert«.

Diesen aber zu reklamieren, hat längst Schule gemacht. Wird nicht auch in der beliebten Metapher der »Wissensnavigation«, in der Vorstellung vom forschen *Explorer*, aufgrund der Einheitlichkeit der Icons die tatsächliche Vielfalt der Übertragungswege verschleiert – das ganze Ausmaß der Adreßräume von Algorithmen? »Eine Diskursanalyse kann solche Wucherungen weder zähmen noch debuggen«, konstatierte Friedrich Kittler bereits vor Jahren und plädierte dafür, statt der Textualität der Informationsströme deren Technizität in den Blick zu nehmen. Dem notorischen *information overload* als der Grundverfassung unseres Archivs zu begegnen, erfordert in dieser Perspektive, sich vom rein passiven Empfang durch die *user* bzw. die Abwehrhaltung ihrer kulturpessimistischen Pendants abzukoppeln. Gerade im Zusammenhang mit den äußerst effizienten Diskursverknappern, wie sie die Suchmaschinen im Internet darstellen, gilt es – durchaus im Anschluß an Foucault – »die expliziten oder impliziten Relevanzkriterien nachzuzeichnen, mit denen diese Institutionen ihre Verzeichnisse updaten« (Hartmut Winkler). Notwendig wird eine Intervention im technischen Bereich; dort hätte sich die politische Funktion des Intellektuellen allererst zu beweisen.

Let 's talk about Sex

Ebenso wie das Archiv bei Foucault keinen diskursrepressiven Speicher darstellt, sondern im Gegenteil hervorbringend wirkt, ist auch die Macht im medialen Dispositiv eine produk-

tive. Eine ihrer lautesten Botschaften ist der Sex, der nicht heimlich, sondern offen und omnipräsent an die Oberfläche der Diskurse drängt (*Das Abendland und die Wahrheit des Sexes*).
Diese anonyme Anreizungs-Macht, die uns ununterbrochen über Sex sprechen läßt, knüpft ihrerseits, wie Foucault zeigt, am altchristlichen Geständniseifer und dem Modell der Beichte an. Die Machttechniken im medialen Dispositiv führen in indirekter Linie vom Beicht- zum *Heißen Stuhl*. Am Endpunkt dieser Entwicklung, ganz oben auf der archäologischen Schicht, begegnen wir dem soften Exorzismus von *Liebe Sünde*, *Wa(h)re Liebe* oder *Bärbel Schäfer*. All diese Symptome einer Politik des Sexes, die Foucault allerdings noch anhand von Büchern nachweist, bestimmen heute unseren täglichen Fernsehkonsum und können als ganz neue Techniken der Selbstdisziplinierung, als Form der stimulierenden Kontrolle angesehen werden. Die unaufgeforderte Rechtfertigung dafür, schon seit zwanzig Jahren Jungfrau zu sein, vollzieht sich als öffentliches Machtspiel, ebenso wie die tränenreiche Enthüllung, daß Mutter und Schwester ein und dieselbe sind. »Das TV-Outing, das Aufgenommen- und Gesendetwerden avanciert zum ultimativen Existenzbeweis«, schreibt Klaus Theweleit und schlägt deshalb vor, McLuhans Satz, wonach jedes technische Medium eine Erweiterung des menschlichen Körpers sei, ganz einfach umzudrehen.
Das ist eine mediale Situation, wie sie nicht einmal die französische Gesellschaftstheorie zu Anfang der achtziger Jahre vorausblicken konnte: Der Zwang, »alles zu sagen«, die Macht, alles wissen zu lassen, im Gewande neugewonnener Freiheit auf allen Kanälen. Ironie der Geschichte: Das unbändige »Gemurmel der Diskurse« rief gar die Forderung seitens der Machtwächter nach einer neuen Selbstpraxis, der »freiwilligen Selbstbeschränkung«, auf den Plan. Keine Frage, Foucault hätte seinen Spaß gehabt an den täglich stattfindenden Geständnissen des Fleisches auf dem Trümmerhaufen des Gender Trouble – und nicht zuletzt seine Thesen zum Macht-Wissen bestätigt gefunden.

Im 17. Jahrhundert befand sich die Medienkultur noch in einem ganz anderen Stadium. Visuelle, statische Darstellungen, mit dicker Farbe auf große Leinwände aufgetragen, bewirkten einen Illusionsraum und gaben nicht vor, »real« zu sein. In einem seiner vielleicht schönsten Texte, der Beschreibung von Velázquez' *Las Meninas* (*Die Großzügigkeit des Spiegels*), zeigt Foucault, daß nicht etwa die Repräsentation von Königsmacht das Entscheidende an der Botschaft ist, welche die Oberfläche des Bildes aussendet. Vielmehr ist es die Repräsentation des Repräsentationsproblems selbst. Velázquez zeigt durch eine Reihe von kalkulierten Abwesenheiten, daß die Darstellung des Repräsentationsakts als solchem durch den klassischen Bildraum nicht geleistet werden kann. Der Clou der Kommunikationsstruktur von *Las Meninas* besteht zudem in der Subversion des Blickregimes bzw. der medialen Konditionierung, der die zeitgenössischen Betrachter unterlagen. Der Spiegel bewirkt hier nicht, wie sonst der Konvention nach üblich, eine bloße Verdopplung des repräsentierten Raumes, sondern er etabliert einen virtuellen Raum, eine Verlängerung des repräsentierten Raumes zu dem des Betrachters (der seinerseits ein doppelter, ein »echter« und virtueller ist). Der Empfänger wird gleichzeitig zum Sender, der sich in jenen Raum einschreibt, den der Bildrahmen materiell begrenzt. Die Botschaft des Bildes ist somit sein Möglichkeitsraum, seine – da Macht von »möglich« kommt – Medienmacht. Die allmähliche, sich schrittweise vollziehende Decodierung der Kommunikationsstruktur des Gemäldes, der Frage, wer hier wen betrachtet, erweitert das interaktive Potential, das man den »guten alten Bildern« (Vilém Flusser) ehemals zugemessen hatte. Man erkennt nach der Lektüre von Foucaults genialem Text, daß vielleicht niemals zuvor ein Bild so dialogisch geschaltet war – fast ließe es sich in die Nähe von neuen, apparatischen Medien rücken, die den Spiegel umkehren. Allerdings wurde die von Foucault suggerierte Reihenfolge bei der Entzifferung der Bildinformationen – die »späte« Entdeckung des Spiegels im Bildhintergrund durch den Rezipienten – inzwischen von der Forschung dahingehend kommentiert, daß dies keinerlei Schlüsse auf die Produktion des Gemäldes zulasse. So sei der Spiegel mitnichten das zuletzt bzw. erst nachträglich von Velázquez aufgetragene Element gewesen. Auch hier verläuft also die Medienanalyse nicht ohne genaue Kenntnisnahme der Materialität ihres Gegenstandes.

Die Bausteine zu einer Repräsentationstheorie, die Foucault hier liefert, erfahren eine Art Erweiterung mit dem Essay über eine Skizze und ein Bild von Magritte (*Dies ist keine Pfeife*). Dem Text war ein Briefwechsel vorausgegangen, in dem der Maler Überlegungen zu den Begriffen Ähnlichkeit und Gleichartigkeit, zwei Leitmotiven von *Die Ordnung der Dinge*, angestellt hatte. Auch hier wird für Foucaults konzise Bildbeschreibung die Irritation zentral, welche die Kommunikationsstruktur von Zeichnung bzw. Bild auslöst. Dem Betrachter, obschon an seine aktive Rolle gewöhnt, die ihm der Surrealismus abfordert, will die Synchronisierung zweier Medien bzw. Codes, eines alphabetischen und eines symbolischen, nicht auf Anhieb gelingen. Wie Foucault ausführt, betreffen die Einstellungen, die Magritte vornimmt, um (k)eine Pfeife darzustellen, nicht nur den materiellen Raum, sondern den gesamten Raum unserer Imagination. Das Medium Schrift ruft eine andere Wahrnehmung hervor, wird zur subjektiven »Vorstellung« und überschreitet die Ordnung seines alphabetischen Codes. Einerseits wirkt es in seiner Zweidimensionalität weiterhin abstrahierend, andererseits kündigt es seine Selbstlosigkeit auf und konkretisiert die bildliche Darstellung: »Das ist keine Pfeife, da ist keine Pfeife«. Eine alternative Wirklichkeit erscheint, das Bild flackert und verschwindet wieder, sobald die Konkurrenz der Fläche, der gemalten »Pfeife«, obsiegt. Bei Magritte legt die bildhafte Repräsentation ihre beiden unterschiedlichen Ebenen offen, teilt sich in ihren Abbild- und Vorbildcharakter, und fügt sich wieder neu zusammen. Eine kurzzeitige Bildstörung?

Zugegeben, grob fahrlässig wäre es, nach all dem Gesagten Foucaults große Werkzeugkiste auf die Grabschaufel der Medienarchäologie zu verkleineren – zu vielschichtig und monströs erscheinen seine materialgesättigten Studien zu Institutionen, zur Subjektivierung und antiken Ästhetik des Selbst. Er, der sich als »Rezeptaussteller, Richtungsanzeiger, Kartograph und Waffenschmied«, also als vielseitiges *tool*, verstand, beherrschte eines nicht: die Kunst der Beschränkung; zum Glück, möchte man hinzufügen. Denn dabei tat er genau das, was Medien im emphatischen Sinne tun, nämlich fortlaufend Schnittstellen und Anschlüsse herzustellen. Für weitere Botschaften bleiben deshalb die Kanäle offen.

Nachweise

Der maskierte Philosoph. Übersetzt von Peter Gente; Erstveröffentlichung in: *Von der Freundschaft. Michel Foucault im Gespräch*, Berlin 1984 (Merve).

Die politische Funktion des Intellektuellen. Übersetzt von Ingrid Fischer-Schreiber; Erstpublikation in deutscher Sprache; entnommen aus: Michel Foucault, *Dits et Écrits*, Band 3, Paris 1994 (Gallimard).

Was ist ein Autor? Übersetzt von Karin von Hofer; Erstveröffentlichung in: Michel Foucault, *Schriften zur Literatur*, München 1974 (Nymphenburger Verlagshandlung in der F. A. Herbig Verlagsbuchhandlung); leicht gekürzt.

Was ist eine Aussage? Übersetzt von Ulrich Köppen; entnommen aus: Michel Foucault, *Archäologie des Wissens*, Frankfurt am Main 1973 (Suhrkamp).

Die Ordnung des Diskurses. Übersetzt von Walter Seitter; Erstveröffentlichung in: Michel Foucault, *Die Ordnung des Diskurses*, München 1974 (Hanser); stark gekürzt.

Das historische Apriori und das Archiv. Übersetzt von Ulrich Köppen; entnommen aus: Michel Foucault, *Archäologie des Wissens*, Frankfurt am Main 1973 (Suhrkamp).

Die Phantasmen der Bibliothek. Übersetzt von Karin von Hofer; unter dem Titel »Un ›fantastique‹ de bibliothèque« in: Michel Foucault, *Schriften zur Literatur*, München 1974 (Nymphenburger Verlagshandlung in der F. A. Herbig Verlagsbuchhandlung); stark gekürzt.

Die Großzügigkeit des Spiegels. Übersetzt von Ulrich Köppen; unter dem Titel »Die Hoffräulein« in: Michel Foucault, *Die Ordnung der Dinge*, Frankfurt am Main 1971 (Suhrkamp).

Dies ist keine Pfeife. Übersetzt von Walter Seitter; Erstveröffentlichung in: Michel Foucault, *Dies ist keine Pfeife*, München 1974 (Hanser); stark gekürzt.

Das Abendland und die Wahrheit des Sexes. Übersetzt von Ulrich Raulff; Erstveröffentlichung in: Michel Foucault, *Dispositive der Macht*, Berlin 1978 (Merve); leicht gekürzt.

Technologien der Wahrheit. Übersetzt von Claudia Honegger; unter dem Titel »Macht-Wissen« in: *Befriedungsverbrechen. Über die Dienstbarkeit von Intellektuellen*, hrsg. von Franco Basaglia u.a., Frankfurt am Main 1980 (Europäische Verlagsanstalt).

Botschaft oder Rauschen? Übersetzt von Friedrich Kittler; Erstpublikation in deutscher Sprache; entnommen aus: Michel Foucault, *Dits et Écrits*, Band 1, Paris 1994 (Gallimard).

Andere Räume. Übersetzt von Walter Seitter; entnommen aus: *Zeitmitschrift*, Heft 1, 1990.

Warum ich die Macht untersuche: die Frage des Subjekts. Übersetzt von Claus-Dieter Rath und Ulrich Raulff; entnommen aus: Hubert L. Dreyfus und Paul Rabinow, *Michel Foucault. Beyond Structuralism and Hermeneutics*, Chicago 1986 (The University of Chicago Press); dt. Ausgabe: Frankfurt am Main 1994 (Beltz Athenäum).

Die Maschen der Macht. Übersetzt von Barbara Schäfer; entnommen aus: Michel Foucault, *Dits et Écrits*, Band 4, Paris 1994 (Gallimard); leicht gekürzt.

Wie wird Macht ausgeübt? Übersetzt von Claus Rath und Ulrich Raulff; entnommen aus: Hubert L. Dreyfus und Paul Rabinow, *Michel Foucault. Beyond Structuralism and Hermeneutics*, Chicago 1986 (The University of Chicago Press); dt. Ausgabe: Frankfurt am Main 1994 (Beltz Athenäum).

Die politische Technologie der Individuen. Übers. von Michael Bischoff; entnommen aus: Luther H. Martin u. a., *Technologien des Selbst*, Massachusetts 1988 (The University of Massachusetts Press); dt. Ausgabe: Frankfurt am Main 1993 (S. Fischer); leicht gekürzt.

Die Deutsche Bibliothek – CIP-Einheitaufnahme

Foucault, Michel:
Botschaften der Macht : Der Foucault-Reader,
Diskurs und Medien / Michel Foucault.
Hrsg. von Jan Engelmann. –
Stuttgart : Deutsche Verlags-Anstalt, 1999
ISBN 3-421-05300-6

Umschlag- und Reihengestaltung: sans serif, Berlin
Druck- und Bindearbeiten: Clausen & Bosse, Leck
Printed in Germany
ISBN 3-421-05300-6